全面推进
依法治国研究

王宗礼 赫蓉◎编 著

中国社会科学出版社

图书在版编目（CIP）数据

全面推进依法治国研究／王宗礼，赫蓉编著．—北京：
中国社会科学出版社，2020.5
ISBN 978－7－5203－6474－4

Ⅰ.①全… Ⅱ.①王… ②赫… Ⅲ.①社会主义法制—建设—研究—中国 Ⅳ.①D920.0

中国版本图书馆 CIP 数据核字(2020)第 077438 号

出 版 人 赵剑英
责任编辑 喻 苗
责任校对 胡新芳
责任印制 王 超

出 版 中国社会科学出版社
社 址 北京鼓楼西大街甲 158 号
邮 编 100720
网 址 http://www.csspw.cn
发 行 部 010－84083685
门 市 部 010－84029450
经 销 新华书店及其他书店

印 刷 北京明恒达印务有限公司
装 订 廊坊市广阳区广增装订厂
版 次 2020 年 5 月第 1 版
印 次 2020 年 5 月第 1 次印刷

开 本 710×1000 1/16
印 张 18.25
插 页 2
字 数 238 千字
定 价 96.00 元

目　　录

导　言

一　西方法治的基本内涵

毋庸讳言，近代意义上的“法治”一词，源自于西方。早在两千多年前的古代希腊，大思想家亚里士多德就提出了“法治”概念，并论证了“法治”优于“人治”的理由。亚里士多德曾明确指出“法治应包含两重含义：已成立的法律获得普遍的服从，而大家所服从的法律又应该本身是制订的良好法律”①。他还认为“谁都承认法律是最优良的统治者”②，因为法治可以避免个人的情感和偏私，能够免除一切情欲因素的影响，而做出符合其本旨的最优良的裁决。亚里士多德的法治思想，厘定了西方法治思想及其实践的基本走向。从一定意义上说，从古希腊罗马，中经中世纪，再到西方近现代，几乎所有的法治思想家都对亚里士多德的法治思想进行了符合自己时代的阐发和拓展。

到了欧洲中世纪时期，虽然基督教思想一统天下，神学思想和教条成了禁锢人们的精神枷锁，但法治思想仍然得到了保留和传承。中世纪神学思想的集大成者托马斯·阿奎那在基督教神学的外

① ［古希腊］亚里士多德：《政治学》，吴寿彭译，商务印书馆 1965 年版，第 199 页。

② 同上书，第 171 页。

衣下全面继承、阐释、拓展了亚里士多德的法治思想，他提出，法律的目的就是追求绝大多数人的最大幸福，只有符合这样标准的法律才是良好的法律，必须用法律来限制公权力的滥用，防止其对公民的伤害。

17、18世纪，资产阶级开始登上了政治历史舞台，资产阶级从自身的利益出发，把自己的阶级利益装扮成了全体公民的意志，提出了一系列法治思想，继承和完善了古希腊以来法治思想，并把这种法治思想制度化、实践化。霍布斯、洛克、卢梭、孟德斯鸠等思想家提出“主权在民”“法律是公民意志的体现”“法律面前人人平等”以及“三权分立”“司法独立”等思想，这些思想在资产阶级革命胜利之后，成了他们构建自己国家制度和法律制度的思想理论依据。尽管不同的国家其政治法律制度在表现形态上不尽相同，随着时间的推移其也在不断变革和发展，但上述思想都是贯穿于其政治法律制度的核心理念。从西方法治思想和法治实践的发展流变中我们可以看出，其法治的基本原则有：

第一，人权保护原则。自然法观念在西方源远流长。古罗马思想家西塞罗就认为，“法就是最高的理性，并且它固植于支配应该做的行为和禁止不应该做的行为的自然之中，当这种最高的理性，在人类的理智中稳固地和充分地发展了的时候，就是法”[①]。在他看来，法就是最高的理性，它植根于自然之中，是衡量正义与非正义的标准，是人们行为的根本准则。从那时起，近代几乎所有的启蒙思想家都是自然法理论的拥护者和宣扬者，他们根据自然法理论所阐发的自然状态学说、天赋人权学说、社会契约学说必然地通向近代西方的法治思想。根据自然法观念，生命权、健康权、财产权、

---

① ［古罗马］西塞罗：《法律篇》，载《西方法律思想史资料选编》，北京大学出版社1982年版，第64页。

自由权是人与生俱来不可剥夺的自然权利，一切政治法律制度都必须建基于对这些权利的确认和保障之上。法治的根本目的也在于保护人权，这是西方法治的实质性含义。

第二，自由平等原则。自由平等本是资产阶级商品经济在意识形态上的反映。资产阶级为了发展商品经济就必然要求摆脱自古以来就形成的人身依附关系，摆脱封建的、神权的、行会的限制，造就自由平等的自由竞争环境，因此，资产阶级从反对封建主义的历史进步性出发，把自由平等也确立为天赋人权的重要组成部分。几乎所有的启蒙者思想家都把维护自由和平等看成是法治的核心价值。在他们看来，自由并不是为所欲为、想干什么就干什么的自由，而是以遵守法律为前提的自由。早期自由主义思想的奠基人洛克就认为："法律按其真正的含义而言，与其说是限制还不如说是指导一个自由而有智慧的人去追求他的正当利益。假如没有法律他们更快乐的话，那么法律作为一件无用之物自己就会消灭。"① 他又说："法律的目的不是废除和限制自由，而是保护和扩大自由。"② 同样，平等也不是平均主义的平等，而是以承认社会成员自然差别为前提的平等，是机会平等、法律面前的平等。可见，自由平等原则与人权保护原则一样，都是西方法治所追求的基本价值，构成了西方法治理论与实践的实质性含义。

第三，权力分立与制衡原则。在启蒙思想家看来，对公民自由、平等的最大威胁来自于专横的政府权力，因此，为了保证公民的自由、平等和人权，就必须实行权力分立与制衡的制度。法国启蒙思想家孟德斯鸠是权力分立与制衡学说的集大成者，他认为，要保障公民的政治自由，就必须建立一种政府，这种政府就是三权分

① ［英］洛克：《政府论》下卷，商务印书馆 1983 年版，第 38 页。
② 同上书，第 36 页。

立的政府。孟德斯鸠认为，任何国家的权力都可以划分成三种，即立法权、行政权和司法权，要保证公民的政治自由，这三种权力必须交由不同的人和不同的机构来行使，他说，一切有权力的人都容易滥用权力，这是一条万古不易的经验，要防止滥用权力，就必须以权力制约权力。在孟德斯鸠看来，如果立法权和行政权集中于一个人或一个机构手中，政治自由便不复存在了，因为人们将要害怕这个国王或议会制定暴虐的法律，并暴虐地执行这些法律；如果司法权和立法权（或行政权）同时集中于一个人或一个机构手中的话，政治自由也将不复存在了。因为，如果司法权同立法权合二为一，则将成为对公民的生命和自由实行专断的权力，如果司法权同行政权合二为一，法官便将握有压迫者的权力。孟德斯鸠认为，如果三种权力都同时集中在一个人或一个机构手中，那么独揽一切权力的个人或机构，既可以用“一般的意志”蹂躏全国，又可以用“个别的意志”去毁灭每一个公民，人民群众的生命财产和政治自由将处于毫无保障的地位。[①] 可见，如果说公民的人权和自由平等是法治的目的的话，则权力分立和制衡则是保障公民人权和自由平等的制度安排。美国资产阶级革命取得胜利之后，其政治制度设计较好地体现了孟德斯鸠的权力分立与制衡学说。

第四，法律至上原则。从历史渊源上来说，法律至上原则早在中世纪时期就形成了。中世纪法律至上观念包括两个方面：其一，“如果教皇违反法律，那么就应该废黜他”；其二，“国王有义务服从法律；国王处于‘上帝和法律之下’；不是国王创制法律而是法律造就国王”。这实际上涉及法大还是权大这一法治的核心问题。法治要求树立法律的权威与信仰，必然要求权力处于法律之下。中世纪的这一基本原则经由宗教传统的加强在西方社会具有了信仰的

① ［法］孟德斯鸠：《论法的精神》上册，商务印书馆1982年版，第155—156页。

力量。从一种制度形态和法律精神来看，法律至上则无疑是近代以来西方法治社会化的产物。源自于西方古老法治传统中的这一原则，经过启蒙思想家的系统论证和宣传，至19世纪便发展成为西方法治的一项基本原则在理论上和制度上被确立下来。法律至上，意味着在治理国家的各种规则体系中法律处在至高无上的地位，要求社会全体成员只服从国家法律，而不是服从权力意志。他要求一切国家机关、社会组织以至公民个人，都必须以法律作为自己行为的最高准则。从自由主义的观点来看，国家或政府的目的是保障公民的自然权利，而要保障公民的自然权利不受侵害，就必须把国家和政府置于法律之下。因此，政府守法、依法行政、依法司法等原则便成了法律至上原则的题中应有之义。

第五，法律面前人人平等。法律面前人人平等实际上是亚里士多德关于法律必须被普遍遵从思想的延伸和发展。古罗马著名法学家西塞罗早就提出了法律面前人人平等的理念。在他看来，人是理性动物，既然理性是人类共同具有的特征，人类就应当是平等的，至少在法律面前应当是平等的，因为法律就是人类的理性。法律面前人人平等，意味着法律应该成为调解人与人之间社会关系和行为的普遍性准则，没有任何例外和偏私，法律只能考虑不特定人的、抽象的行为，而不能考虑个别人的、具体的行为，法律确认人人平等地享有权利和承担义务，任何人都没有超越法律之外的特权。从法律适用的角度来看，法律在它涉及的哪些领域中具有普遍的约束力。确认这一原则，就是要在立法、行政、司法、守法各环节都要有体现这一原则的制度安排，使这一原则落到实处。

从19世纪末20世纪初以来，西方资本主义国家经济社会各方面都发生了深刻变化，西方法治也面临着很大挑战，在不断发生调整和适应。特别是进入21世纪以来，随着新技术革命向纵深推进，信息技术突飞猛进，人类的生存方式、生产方式、生活方式都发生了前所未有的变化，西方法治的理论与实践也面临着许多新的挑战，甚至出现了所谓的“法治危机”。但资产阶级革命和启蒙运动时期所奠定的这些法治理论和制度框架则是一脉相承的。这些法治理论和制度实践深深地内嵌于西方经济社会的深层结构中，融入到西方特有的历史文化之中，成为西方社会整体的有机组成部分，对保障西方社会秩序、推进西方社会的发展发挥着重要作用。西方的法治理论和实践在某些方面也反映了人类法治文明的进步，对人类的法治实践也有启迪和借鉴意义。我国是社会主义国家，与西方国家无论是社会制度、还是历史文化都存在着很大差别，对于西方的法治理论和制度实践不能照搬照抄，但我们却不能完全拒斥西方法治文明中所蕴含的合理的成分。要建设成为强大的社会主义法治国家，我们必须学习和借鉴包括西方法治文化在内的全人类共有的优秀法治文化。

二　法治中国道路的艰难探索

马克思指出：“人们自己创造自己的历史，但是他们并不是随心所欲地创造，并不是在他们自己选定的条件下创造，而是在直接碰到的、既定的、从过去承继下来的条件下创造。”[①] 中国的法治道路也是如此。作为一个具有五千年文明历史的国家，我国古代也有着源远流长的法律思想以及在这种法律思想指导下的法律实践。早在两千多年前的春秋战国时期，中国就产生了丰富的法治思想。以孔子为代表的儒家，就提出了“礼制”“德治”“法治”等治国思想，如孔子曾经说：“道之以政，齐之以刑，民免而无耻；道之以

① 《马克思恩格斯选集》第1卷，人民出版社1995年版，第585页。

德、齐之以礼，有耻且格。”[1] 这就清楚地表明，在孔子看来，德、礼、政、刑都是治国的手段，但德礼之教明显地优于政刑之治。但孔子并不否认刑法或制度的作用，甚至主张在一些特殊时期可以使用“猛”的措施。而以商鞅、韩非子为代表的法家，则直接提出了“法治”的主张。虽然他们提出的法治与今天我们所讲的法治有很大的不同，但也反映了法家重视依法治理的思想。与儒家的“德主刑辅”“为政以礼”等主张不同，法家提出了“法与时转则治，治与世宜则有功”[2] 的主张，认为制度和法令是君主治理国家的根本，君主应“缘法而治”或“垂法而治”，明确提出“依法为本，本治者名尊，本乱者名绝”[3] 的思想。自春秋战国以来，特别是汉武帝时期董仲舒提出“罢黜百家、独尊儒术”的主张以来，中国就形成了以儒家思想为核心的法律和治理思想。“德主刑辅”“王霸并用”也就成了古代中国历代统治者的治国方式。只是到了明末清初，以黄宗羲、顾炎武为代表的一些思想家才对儒家为主导的这一法治思想提出了质疑和挑战，但总体看也仅仅停留在思想层面，对于专制统治下的法治实践并没有发挥明显影响。

自1840年鸦片战争始，中国进入到了近代社会。随着帝国主义列强的入侵和中国陷入日益深重的民族危机、社会危机之后，一批先进的中国人开始探索中国的富国强兵之路。在中西文化的激烈碰撞当中，他们认识到中国与西方之间的差距，不仅是物质、军事上的，更重要的是法律制度和价值层面的，认为中国要富国强兵，必须学习了解西方的知识，不仅要学习西方的船坚炮利，也要学习西方的政治、法律制度。随着西方列强侵略的加剧和中国人对西方了解的加深，以郑观应、康有为、梁启超、严复等人为代表的维新

① 《论语·为政》。
② 《韩非子·心度》。
③ 《韩非子·饰邪》。

派开始主张全面引进西方的政治、法律制度和观念。早在 1884 年，郑观应就上书清政府要求开国会，认为只有设立议院，才能改变中国。甲午战争失败以后，以康有为、梁启超为代表的维新派开始倡导以学习西方君主立宪制为目标的戊戌维新变法运动。他们主张变法维新，认为“法者，天下之公器也，变者，天下之公理也”。变法不仅是强国之要，而且也是形势所迫。他们反对君主专制，主张开国会、立宪法，使宪法成为国家根本大法，一旦制定宪法，包括君主在内的所有人就要一体遵守。维新派还主张要改革旧制，制定“为民而立”之法，使法律成为天下之公意。他们还提出了“权利”概念，认为是否享有权利是人区别于动物的主要特征之一。这些思想和观念，极大地改变了中国的传统法治思想，为古老的中国走上近代法治之路提供了思想启蒙和知识储备。

1911 年，孙中山领导的辛亥革命推翻了统治中国几千年的封建帝制，1912 年元月建立了中华民国，为中国的法治道路开辟了新的可能性。以孙中山为首的革命派为了巩固辛亥革命的胜利成果，制定了中国历史上第一部也是仅有的一部资产阶级宪法，即《中华民国临时约法》，《临时约法》确立了人民主权、人民的权利与自由以及权力分立与制约、法律面前人人平等等法治原则，使近代法治理念在中国第一次变为一种制度实践，促进了中国人法治观念的形成和发展。但辛亥革命的成果很快就被袁世凯所窃取，袁世凯为了恢复帝制，在解散国会的基础上，又废止了《中华民国临时约法》，炮制出了《中华民国约法》，大大加强了总统的权力，限制了人民的权利与自由，他还公然恢复帝制，在法治道路上开历史的倒车。袁世凯去世之后，北洋军阀开始分裂，中国陷入军阀混战、民不聊生的局面，法治就成了一块军阀们争权夺利、相互倾轧的遮羞布。

北伐战争结束以后，以蒋介石为首的国民党政权表面上统一了中国。国民党政权先后制定了《中华民国训政时期约法》和《中华民国宪法》，虽然也规定了民主共和、人民权利、权力分立与制衡等原则，在政治制度方面也进行了一些探索，但总的来看，它们强化了蒋介石国民党集团的统治，其内容没有超出《中华民国临时约法》的范围，在一些方面还有退步。在这一时期，中国共产党领导中国人民为了反抗国民党的独裁统治和日本帝国主义的侵略，在全国部分地区建立了革命根据地和抗日根据地，制定并颁布实施了如《中华苏维埃共和国宪法大纲》（1931）、《陕甘宁边区施政纲领》（1941）、《陕甘宁边区宪法原则》（1946）等宪法性文件，这些文件规定了人民权利、民主选举、政权组织结构等内容，初步探索了符合中国实际的政治制度，有力地推动了根据地的法治建设。

中华人民共和国的建立为当代中国的发展进步奠定了根本制度基础。在新中国成立前夕，中国人民政治协商会议第一届全体会议通过了具有临时宪法作用的《中国人民政治协商会议共同纲领》，《共同纲领》规定了新中国的国体和政体，规定了人民代表大会制度为我国的政权组织形式，规定了公民的权利义务，开启了新中国法治建设的历程。1954 年，全国人民代表大会第一届第一次会议召开，一致通过了《中华人民共和国宪法》，这是我国历史上第一部社会主义类型的宪法，他规定了我国的国家制度和社会制度，规定了公民在法律面前一律平等的法治原则，规定了公民广泛的权利和自由，为新中国法治建设奠定了初步基础。但是随着 1957 年反右斗争的扩大化和党内个人专断等不良现象的发生，刚刚起步的我国法治建设进程被阻断，特别是在“文化大革命”时期，社会上法律虚无主义开始盛行，法律在社会生活中的地位和作用日益下降，无法可依、有法不依、执法不严、违法不究的现象成了常态，甚至“公、检、法”机关被彻底砸烂，使整个社会陷入了混乱状态，我国法治建设遭受了严重挫折。

1978 年底召开的党的十一届三中全会，深刻反思“文化大革命”时期破坏社会主义法制的惨痛教训，做出了加强社会主义民主法制建设的重大决策，掀开了我国法治建设的新的一页。我国司法制度、法学教育制度先后恢复，明确提出要树立法律的权威，要求各级领导干部要按照宪法和法律办事，提出了“有法可依、有法必依、执法必严、违法必究”的社会主义法制建设原则，我国法制建设逐步走上了正轨。特别是党的十五大，向全党全国人民提出了“依法治国，建设社会主义法治国家”的奋斗目标，提出了一系列法治建设的基本原则，如人民民主原则、人权保障原则、法律至上原则、法律面前人人平等原则、依法独立审判原则等，将新中国法治建设推进到一个新的高度。经过几十年的努力，到党的十八大召开之前，我国法治建设取得了长足的进展，主要表现在：第一，确立了依法治国的基本方略；第二，形成了党的领导、人民当家作主和依法治国相统一的制度框架；第三，以宪法为核心的中国特色社会主义法律体系基本建成；第四，人权和公民权得到有效保护；第五，权力监督制约机制初步形成；第六，法治建设对经济社会发展的保障和推动作用日益发挥；第七，公民的法治意识得到了加强。这些成就的取得，为我国法治建设向纵深推进奠定了可靠的基础。

三　新时代全面推进依法治国的时代要求

经过长期的努力，中国特色社会主义进入新时代，这是我国发展的新的历史方位。在这个新的历史方位上，我国面临的国内外形势变了、社会的主要矛盾变了、我们的奋斗目标和任务变了。这种新形势、新变化，对我国法治建设必然提出新要求。党的十九大报告全面描绘了新时代我国法治建设的宏伟蓝图，提出了新时代我国法治建设的价值取向、总体目标和重要任务，构建了新时代全面推进依法治国的基本方略。深刻把握新时代全面推进依法治国的时代要求，对于把我国建成社会主义法治强国，具有重要意义。

第一，新时代全面推进依法治国必须坚持以人民为中心这个根本价值立场。与西方个人本位的法治观不同，我国社会主义法治建设的根本目的就是坚持法治为了人民、依靠人民、造福人民、保护人民，要把体现人民利益、反映人民意愿、维护人民权益、增进人民福祉落实到依法治国全过程，使法律及其实施充分体现人民意志。这既是社会主义法的本质属性决定的，也是新时代我国社会主要矛盾转化的必然要求。社会主义法的本质是人民意志的反映，它必然要把保障人民利益、维护人民福祉作为其价值追求。而我国社会主要矛盾的转化，意味着人民群众的利益要求已经转化为对美好生活的需要，主要体现为人民群众对高质量生活的要求，对民主法治、公平正义以及美好生态环境等方面的需要。新时代全面推进依法治国必须回应这些新的时代要求，不断满足人民日益增长的美好生活需要。从法治本身的性质和功能来看，法治能够调节和规范社会关系、维护社会秩序，为人民安居乐业创造和谐稳定的环境；它还能够以其稳定性使人民对自己的行为及其后果形成合理预期，从而确保人民的权利与自由。法治还是社会公平正义的体现和防线，它通过确保和维护社会公平正义，满足人民对公平正义的需要，确保人民有尊严地生活。为此，新时代全面推进依法治国，必须把促进社会公平正义、保障人民基本权利与自由、实现人民美好生活作为核心价值。党的十九大报告提出，要切实保障公民的人身权、财产权、人格权，切实促进人的全面发展和社会全面进步，切实加强环境保护立法和社会保障立法，这充分体现了社会主义条件下人民的主体地位，体现了社会主义法的本质属性。

第二，新时代全面推进依法治国必须坚持和加强中国共产党的领导。中国特色社会主义最本质的特征是中国共产党的领导，中国特色社会主义制度的最大优势也是中国共产党的领导，党是最高政治领导力量。我国是社会主义国家，法是人民意志的体现，中国共产党是我国各族人民利益的忠实代表，党的意志和人民的意志从本质上看是一致的，坚持党的领导和坚持依法治国也是一致的，社会主义法治必须坚持党的领导，党的领导必须依靠社会主义法治。党的领导是中国特色社会主义法治最根本的保障，坚持和加强党的领导，是建设社会主义法治体系和社会主义法治国家的需要，是为实现两个一百年奋斗目标、实现中华民族伟大复兴提供法治保障的需要，也是保障人民群众根本利益的需要。只有在党的领导下才能全面推进依法治国，才能确保人民当家作主，才能保障人民群众安宁有序地生产生活。坚持和加强党对全面依法治国的领导，必须不断健全党领导全面依法治国的制度和工作机制，继续推进党的领导制度化、法治化，必须把党的领导贯穿于全面依法治国的全过程各方面。要大力加强党规党法建设，确保我们党坚强有力；要抓好领导干部这个关键少数，使领导干部带头学法、懂法、用法，带头维护法律的尊严。

第三，新时代全面推进依法治国必须把建设中国特色社会主义法治体系、建设社会主义法治国家作为总体目标。党的十八届四中全会明确提出全面推进依法治国的总目标是：建设中国特色社会主义法治体系，建设社会主义法治国家。党的十九大又重申了这一总目标。这就是，在中国共产党的领导下，贯彻中国特色社会主义法治理论，加快形成完备的法律规范体系、高效的法治实施体系、严密的法治监督体系、有力的法治保障体系、加快形成完善的党内法规体系，坚持依法治国、依法执政、依法行政共同推进，坚持法治国家、法治政府、法治社会一体建设。显然，提出建设“中国特色社会主义法治体系”具有全新的内涵。与以往我们所说的“法律体系”不同，“法治体系”内涵更丰富、表述更精准。2010 年，时任全国人大常委会委员长的吴邦国宣布中国特色社会主义法律体系已经基本建成，这只是就法律、法规本身来说的，只是就静态的、数量上的和涵盖面而言的，而“法治体系”则是动态的、立体的、高质量的，它不仅要求要有完备的法律体系，而且包括执法、司法、守法各环节。同时，建设社会主义法治国家的内涵也有了新的拓展，不仅仅着眼于国家层面，更具体化到国家、执政党、政府、社会各个层面，使法治国家建设的目标更清晰、内涵更丰富。可见，建设中国特色社会主义法治体系、建设社会主义法治国家，是全面推进依法治国的总目标。

第四，新时代全面推进依法治国必须把“科学立法、严格执法、公正司法、全民守法”作为重点工作。中国特色社会主义进入新时代，我国法治建设的工作重点也发生了变化。从立法方面来看，经过改革开放几十年的努力，我国已基本建成了社会主义法律体系，国家和社会生活的各方面都基本做到了有法可依，“但我们也要看到，实践是法律的基础，法律要随着实践的发展而发展。转变经济发展方式，扩大社会主义民主，推进行政体制改革，保障和改善民生，加强和创新社会管理，保护社会环境，都会对立法提出新的要求”①。因此，增强立法的科学性，提高立法质量，提高法律的针对性、及时性、系统性，就是新时代立法工作的当务之急。从执法方面来看，虽然过去几十年来我国已经形成了较为健全的执法体系，但问题在于执法领域有法不依、执法不严、违法不究甚至以权压法、权钱交易、徇私枉法等问题一度相当突出，人民群众深恶痛绝，执法不规范、不严格、不透明、不文明以及不作为、乱作为问题比较突出，因此，必须解决严格执法的问题，进一步健全依法决策机制，严格执法程序、严格执法责任，做到严格规范公正文明

① 中共中央文献研究室编：《习近平关于全面依法治国论述摘编》，中央文献出版社 2015 年版，第 43 页。

执法。从司法方面来讲，虽然改革开放以来，我国不断健全司法体制，司法干部的职业素养也有了很大提高，司法对保护人民、打击犯罪发挥了重要作用；但司法领域当中存在的钱权交易、以权压法、以权废法等问题依然存在，在一些地方还比较严重，大大降低了司法公信力，人民群众反响强烈。中国特色社会主义进入新时代，人民群众对民主法治、公平正义的要求不断增强，这就要求司法工作回应好人民群众的新要求，优化司法职权配置，坚持司法机关依法独立行使司法权，努力做到司法公开，加大监督力度，改进司法工作作风，使司法真正成为社会公平正义的最后一道防线。从守法方面来讲，虽然经过几十年的法治建设，人民群众的法治意识有了很大增强，信仰法律、遵守法律的社会风尚正在形成，但我们也要看到，由于我们过去在立法、执法、司法等环节存在的突出问题，所以，人民群众对法律的尊崇、敬畏意识还不够牢固，甚至出现了大闹大解决、小闹小解决、不闹不解决的现象，因此，中国特色社会主义进入新时代，要求我们必须加大法治教育力度，让人民群众在每一个案件中都能感受到公平正义，让人民在法治实践中强化法治意识，形成自觉守法的良好社会风尚，为全面依法治国提供强大的思想文化基础。

第一章

新时代全面推进依法治国的理论依据

新时代全面推进依法治国的理论依据主要来源于马克思经典作家的法治理论。阐明了为什么建设法治国家，建设一个什么样的法治国家，怎样建设法治国家等问题。马克思、恩格斯、列宁以科学的世界观和方法论，创立了马克思的法学理论，马克思主义的法学理论是科学社会主义的重要组成部分。经过了毛泽东、邓小平、江泽民、胡锦涛为领导的中央集体对马克思主义法治思想在中国的不断探索和深化，全面推进依法治国的思想和实践在新时代继续发展，继续将马克思主义法治思想中国化。习近平总书记多次论述法治，提出建设法治中国的重要思想，深化了关于法治的重要性认识，全面部署并推进依法治国的目标、任务、实现路径和基本要求，这都是新时代全面推进依法治国理论的最新成果。

一　马克思、恩格斯的法治思想

“马克思法治思想是马克思对于法的总的根本的看法观点，即关于法的起源、本质、发展等重大问题的根本的理论观点。马克思法治思想的理论渊源可以追溯到康德法学、黑格尔哲学和费尔巴哈的唯物主义思想上，他经过长期对社会现实的敏锐洞察和研究，在《莱茵报》后期，实现了从理性批判主义哲学观向历史唯物主义法学思想的转变。”[①] 马克思在《资本论》中提到，“社会上占统治地位的那部分人的利益，总是要把现状作为法律加以神圣化，并且要把习惯和传统对现状造成的各种限制，用法律固定下来”[②]。在马克思看来，法是阶级矛盾不可调和的产物，是阶级社会所固有的特征。马克思在考察社会基本矛盾的基础上指出：一切历史冲突都根源于生产力和交往形式之间的矛盾。法律作为政治上层建筑，是物质生产发展到一定阶段的必然产物，其根源于物质的生活关系。马克思运用唯物主义观点深刻剖析，指出了法的起源的物质根源。

第一，法的本质论。恩格斯在《论住宅问题》中指出：“在社会发展某个很早的阶段，产生了这样一种需要，把每天重复着的生产、分配和交换产品的行为用一个共同规则概括起来，设法使个人服从生产和交换的一般条件。这个规则首先表现为习惯，后来便成了法律。随着法律的产生，就必然产生出以维护法律为职责的公共权力机关——即国家。”[③] 恩格斯所说的“社会发展的某个很早的阶段”，就是指“游牧部落从其余的野蛮人群中分离出来——这是第一次社会大分工”。[④] 这次“社会大分工”导致私有制和阶级的产生，进而导致氏族社会演变成国家，氏族习惯演变成阶级统治的工具，即法律。法是由以经济为基础的社会关系所决定的，社会基础和以经济为基础的社会关系是被国家权力以及占统治地位的阶级所支配的，法是意志的体现，代表了国家占统治地位的阶级意志。马克思说：“立法者应该把自己看作一个自然科学家。他不是在制造法律，不是在发明法律，而仅仅是在表述法律。”[⑤] 这表明了法的

① 张瑜、刘友田：《马克思法治思想对我国实施全面依法治国战略的启示》，《哈尔滨学院学报》2017 年第 38 卷第 1 期，第 1 页。

② 《马克思恩格斯全集》第 25 卷，人民出版社 1993 年版，第 894 页。

③ 《马克思恩格斯全集》第 18 卷，人民出版社 1964 年版，第 309 页。

④ 《马克思恩格斯全集》第 21 卷，人民出版社 1965 年版，第 183 页。

⑤ 《马克思恩格斯全集》第 1 卷，人民出版社 1956 年版，第 183 页。

物质性特点。法是由法的社会基础所决定的，由以经济为基础的社会关系所决定。辩证唯物主义认为，物质决定意识，社会存在决定社会意识，法律属于社会意识的一种类型，法律思想是由社会意识决定的。历史唯物主义认为，经济基础决定上层建筑，而法律是上层建筑的一种类型，由以经济为基础的社会关系所决定。对法的认识离不开对社会经济关系的充分认识，“只有理解了每一个与之相应的时代的物质生活条件，并且从这些物质条件被引申出来的时候，才能理解”[①]。马克思主义经典作家从辩证唯物主义出发，在人类历史上第一次提出了法是在一定物质生活关系中存在的，是由这个社会的物质根源及其经济基础所决定的；法是一定物质生活方式下的法，它不可能脱离这个国家和社会的物质生活方式。法律是在社会的生产方式与交往方式下产生的法律，脱离社会生产方式和交往方式的法律是不存在的。法律产生的条件是经济基础之上的经济条件，这是法律产生的物质本源。在《共产党宣言》中，马克思、恩格斯指出：“你们的观念本身是资产阶级的生产关系和所有制关系的产物，正像你们的法不过是被奉为法律的你们这个阶级的意志一样，而这种意志的内容是由你们这个阶级的物质生活条件来决定的。”[②] 这深刻地揭示了法具有主观意志性和客观物质性的双重属性，法的客观物质性决定法的主观意志性，主观意志性是客观物质性的反映。生产力决定生产关系，经济基础决定上层建筑。马克思屡屡强调：“人们在自己生活的社会生产中发生一定的、必然的、不以他们的意志为转移的关系，即同他们的物质生产力的一定发展阶段相适合的生产关系。这些生产关系的总和构成社会的经济结构，即有法律的和政治的上层建筑竖立其上并有一定的社会意识形

---

① 《马克思恩格斯全集》第2卷，人民出版社1995年版，第38页。

② 《马克思恩格斯全集》第2卷，人民出版社2009年版，第48页。

态与之相适应的现实基础。物质生活的生产方式制约着整个社会生活、政治生活和精神生活的过程。不是人们的意识决定人们的存在，相反，是人们的社会存在决定人们的意识。”[①] 当法律反映经济规律时，就会推动社会的发展；法律违反经济规律时，就会阻碍经济的发展。这一历史唯物主义原理贯穿于马克思、恩格斯法治思想的全部。

马克思认为，法的现实基础是物质生活，或者说生产方式与交往方式。“那些决不依个人意志为转移的个人的物质生活，即他们的相互制约的生产方式和交往形式，是国家的现实基础，而且在一切还必需有分工和私有制的阶段上，都是完全不依个人的意志为转移的”[②]，在社会主义制度的国家里，“法律成为人民意志的自觉表现，也就是说，它应该同人民的意志一起产生并由人民的意志所创立”[③]。马克思使法的本质原理第一次建立在彻底的唯物史观基础之上。马克思、恩格斯既强调无产阶级政党领导的重要性，也强调法律权威的作用，认为社会主义必须发挥法治的重要作用，这是保卫无产阶级政权的客观需要，“所有通过革命取得政权的政党或阶级，就其本性说，都要求由革命创造的新的法制基础得到绝对承认，并被奉为神圣的东西”[④]。包括国家机关工作人员在内的每一个公民都要遵守法律，服从法律的权威。马克思在《资本论》中详细论述了国家与法的职能，提出国家和法两种职能的著名观点。他指出：“政府的监督劳动和全面干涉包括两方面：既包括由一切社会的性质产生的各种公共事务的执行，又包括由政府同人民大众相对立而产生的各种特有的职能。”[⑤] 恩格斯进一步阐明：“政治统治到处都

① 《马克思恩格斯全集》第 13 卷，人民出版社 1962 年版，第 8 页。
② 《马克思恩格斯全集》第 1 卷，人民出版社 1956 年版，第 183 页。
③ 同上书，第 184 页。
④ 《马克思恩格斯全集》第 10 卷，人民出版社 2009 年版，第 528 页。
⑤ 《马克思恩格斯全集》第 2 卷，人民出版社 2012 年版，第 560 页。

是以执行某种社会职能为基础，而且政治统治只有在它执行了它的这种社会职能时才能持续下去。”[①] 这阐述了两种职能的关系，表明了任何社会的法律都需要“盖上社会普遍承认的印章”才能获得普遍效力，强调了法的社会职能以及对管理公共事务的重要性。

第二，法的价值论。公平正义、自由平等、以人为本是马克思、恩格斯法治思想的核心。公平正义是马克思、恩格斯法治思想的基本要求，也是衡量人类社会文明进步的价值标准。自由平等是人类永恒的话题，是人的活动目标和价值追求。以人为本是马克思、恩格斯法治思想的精髓、价值与灵魂。

公平正义是马克思、恩格斯对先哲们法治精神的批判与吸收。古希腊的柏拉图就认为“法律是维护正义的手段，正义就是以善待友，以恶对敌”。亚里士多德也断言：“法律的实际意义应该是促成城邦人民都能进行正义和善德的永久制度。”[②] 马克思、恩格斯认为，任何权利不能超出社会的经济基础以及由经济基础所制约的社会文化发展，在变革社会制度的基础上，才能真正实现公平正义。公平正义的理念不是绝对的、抽象的，而是相对的、具体的，要从人类社会发展的运动规律去理解，人类社会经济发展水平不仅决定公平正义的内容，还决定公平正义的实现程度。公平正义作为马克思、恩格斯对未来理想社会的向往与追求，目的就在于实现人的全面与自由的发展，消灭私有制，消灭阶级，走上社会公平正义的现实道路。

自由平等始终贯穿于马克思、恩格斯的历史唯物主义法治思想。马克思认为，平等和自由不仅是在交换中得到尊重，还是一切价值交换生产的、现实的基础。马克思指出，“法律只是在自由的

---

① 《马克思恩格斯全集》第 3 卷，人民出版社 1995 年版，第 523 页。

② ［古希腊］亚里士多德：《政治学》，商务印书馆 1981 年版，第 138 页。

无意识的自然规律变成有意识的国家法律时，才起真正法律的作用。哪里的法律成为真正的法律，即实现了自由，哪里的法律就真正地实现了人的自由”[①]。他强调，“因为法律上所承认的自由在一个国家中是以法律形式存在的。法律不是压制自由的手段，正如重力定律不是阻止运动的手段一样。作为引力定律，重力定律可以支配宇宙体的永恒运动；作为落体定律，只要我违反它而打算在空中飞舞，那它就要我的命。恰恰相反，法律是肯定的、明确的、普遍的规范，在这些规范中自由的存在具有普遍的、理论的、不取决于个别人的任性的性质”[②]。法为公民自由提供了特定保障。在论证自由的相对性时，马克思明确自由不是绝对意义上的自由，“自由的每一特定范围就是一定范围的自由，同样，每一特定的生活方式就是本性的一定范围的生活方式”[③]。在《论犹太人问题》里马克思也指出，“自由就是从事一切对别人没有害处的活动的权利。每个人所能进行的对别人没有害处的活动的界限是由法律规定的，正像地界是由界标确定的一样”[④]。所谓自由只存在于法律所允许的范围内，个人自由的实现不得以牺牲别人的自由为前提，也不得阻碍其他人自由的实现。在法治与自由平等的最终目标上，马克思、恩格斯认为，消灭私有制，实现共产主义社会才能回归人的本性，实现人的自由平等。

马克思指出人权的含义、产生的物质根源和具体过程，指出人权“为基于自然的平等和不可剥夺的人权所取代”[⑤]。马克思和恩格斯在《神圣家族》中指出“创造这一切、拥有这一切、并为这一切斗争的，不是‘历史’，而正是人，现实的、活生生的人。

---

① 《马克思恩格斯全集》第 1 卷，人民出版社 1956 年版，第 72 页。

② 同上书，第 71 页。

③ 同上书，第 85 页。

④ 同上书，第 438 页。

⑤ 《马克思恩格斯全集》第 3 卷，人民出版社 1995 年版，第 356 页。

‘历史’并不是把人当作达到自己目的的工具来利用的某种特殊的人格。历史不过是追求着自己目的的人的活动而已”。这就说明马克思关于法学的观点始终将人作为法律的出发点和归宿，将人的自由和权利作为法的实现的价值目标。而自由与权力的核心是“利益”，马克思强调个人利益的实现对于社会的重要意义，“应有权利作为相互稳定的形式，一个重要的功能，就是它确保个人追求利益满足活动的合理性，意味着个体利益获得了社会的意义”。因此，法律必须充分保障人的自由和权利。人权不是人生来就有的，而是在后天以及在历史的过程中所产生的，“一旦社会的经济进步，把摆脱封建桎梏和通过消除封建不平等来确立权利平等的要求提到日程上来，这种要求就必定迅速地获得更大的规模”[①]，“所以这种要求就很自然地获得了普遍的、超出个别国家范围的性质，而自由和平等也很自然地被宣布为人权”[②]。马克思、恩格斯也同时强调“工人阶级的解放斗争不是要争取阶级特权和垄断权，而是要争取平等的权利和义务”[③]，达到“没有无义务的权利，也没有无权利的义务”[④]。马克思认为君主主权是对人民主权的否定，“民主制是君主制的真理，君主制却不是民主制的真理”[⑤]。人民主权实现的形式就是民主制。《共产党宣言》中说：“工人革命的第一步就是使无产阶级上升为统治阶级，争得民主。”[⑥] 社会主义法治是社会主义民主政权的必要条件和基本保障。只有建立属于人民的政权，人民群众的根本利益才会得到有效保障，执法为民才得以实现。只有建立社会主义法治国家，才能以制度化的形式使社会主义民主政权保

① 《马克思恩格斯全集》第20卷，人民出版社1971年版，第116页。
② 《马克思恩格斯全集》第3卷，人民出版社1995年版，第447页。
③ 《马克思恩格斯全集》第2卷，人民出版社1995年版，第609页。
④ 同上书，第610页。
⑤ 《马克思恩格斯全集》第1卷，人民出版社1956年版，第280页。
⑥ 《马克思恩格斯全集》第1卷，人民出版社1995年版，第293页。

持长期稳定。社会主义民主与社会主义法治相辅相成，缺一不可。人民主权思想是社会主义国家政权合法的理论基础。[①]

按照恩格斯的观点，无产阶级国家有两个基本职能，即政治职能和社会职能。政治职能是指镇压资本家阶级的职能，社会职能是指按新的方式去组织社会活动、改造社会经济、管理社会公共事务的职能。法是统治阶级和国家意志的体现，根据恩格斯关于两个职能的观点，法同样也有着相应的两种职能，法的这两种职能分别体现了法的政治价值和社会价值。首先，法的政治价值。恩格斯说，新的国家一经产生，马上就会随之产生新的意识形态，即用来论证国家政权合理性的法律形式。“马克思和我从 1845 年起就持有这样的观点：未来无产阶级革命的最终结果之一，将是叫做国家的政治组织逐渐消亡和最后消失。但是同时，我们始终认为，为了达到未来社会革命的这一目的以及其他更重要得多的目的，工人阶级应当首先掌握有组织的国家政权并依靠这个政权镇压资本家阶级的反抗和按新的方式组织社会。无政府主义者把一切事情颠倒过来了。他们宣称，无产阶级革命应当从废除国家这种社会组织开始，但是，无产阶级在取得胜利以后遇到的唯一现存的组织正是国家。这个国家可能需要作很大的改变，才能完成自己的新职能。”[②] 无产阶级在建立自己的新国家之后，其政权性质必定是无产阶级性质的，无产阶级性质的阶级本质决定了法的政治职能必须是执行其阶级意志的，法的职能依靠无产阶级专政和人民民主等这些重要的阶级工具来实施。无产阶级国家必须建立无产阶级法制，建立国家机器，这些既是国家实行政治职能的需要，也是法的政治价值体现。法的政治价值就是通过这些职能，即通过法律形式经由警察、监狱、法庭

---

① 颜晓峰：《建设法治中国》，社会科学文献出版社 2015 年版，第 69 页。

② 《马克思恩格斯全集》第 9 卷，人民出版社 2009 年版，第 507 页。

以适用法律的方式来实现。法的政治价值在于法是直接为阶级的政治统治服务的。尽管不同阶级的法都有其政治职能，但是政治职能的本质是不一样的。资产阶级的法的政治职能是为极少数人的各种利益服务的，而无产阶级的法的政治职能是为大多数的人服务的。其次，法的社会价值。恩格斯指出的无产阶级国家有着两个基本职能，即政治职能和社会职能。此论述也同样适用于资本主义国家，资本主义国家还承担着两种基本职能，除了政治职能之外，资本主义国家也承担着经济职能，“资本主义社会的正式代表——国家不得不承担起对生产的领导”[①]。政治职能和社会职能是相互联系、有机统一的。政治职能是保证，同时政治职能的实现需要社会职能加以促进。“政治统治到处都是以执行某种社会职能为基础，而且政治统治只有在它执行了它的这种社会职能时才能持续下去。”[②] 政治职能和社会职能相互影响，在这两种相互促进和相互交融的职能发挥中，法的价值得以实现。无论是社会主义法和资本主义法，都体现了政治价值和社会价值。

法是经济社会现实生活和社会经济关系在意识领域中的反映，法的内容、法的实施方式等有关法律的形式形态都是始终与社会情况、经济条件等客观实际联系在一起的。法归根到底是由经济基础及其产生的经济关系所决定的，经济社会的变动，时刻牵制着法的变化和发展。唯物主义辩证法告诉我们，意识对物质有着反作用的影响；历史唯物主义认为，上层建筑对经济基础的影响是具有反作用的，法对客观物质世界的发展有积极的作用，法的产生和发展对社会经济的发展有着不可分割的联系。法不仅推动社会经济，同时协调社会关系。

---

① 《马克思恩格斯全集》第9卷，人民出版社2009年版，第395页。

② 同上书，第187页。

第三，历史唯物主义的法律观。马克思、恩格斯发表了一系列重要著作和文章，尤其是《共产党宣言》的发表，标志着马克思恩格斯历史唯物主义法律观的问世。《1844 年经济学哲学手稿》是马克思唯物史观的发源地。马克思对法律异化问题进行了论证，所谓法律异化就是法律的理想和法律的效果不一致。[①]《论犹太人的问题》是向历史唯物主义法律观的转变。对历史唯物主义法律观的初步阐释是在《德意志意识形态》，即“从直接生活的物质生产出发阐释现实的生产过程，把同这种生产方式相联系的、它所产生的交往形式即各个不同阶段上的市民社会理解为整个历史的基础，从市民社会作为国家的活动描述市民社会，同时从市民社会出发阐明意识的所有各种不同的理论产物和形式，如宗教、哲学、道德等等，而且追溯它们产生的过程”[②]。《共产党宣言》（以下简称《宣言》）是历史唯物主义法律观的纲领性文件。在《宣言》里，马克思、恩格斯运用历史唯物主义的世界观和方法论分析和揭露了资产阶级及其法的阶级本质和特征，全面论述了无产阶级在法律上的诉求。

首先，《宣言》运用辩证法揭示了资本主义社会产生和发展的历史必然性，指出从封建社会的灭亡中产生出来的现代资产阶级是人类历史长期发展的产物，是人类社会生产方式和交换方式的一系列变革的产物。其次，《宣言》对资产阶级制度包括法律制度的本质予以揭示，指出对法律的统治阶级意志起到决定性作用的是社会的物质生活条件，社会物质生活条件是统治阶级创造和建立法律的根本决定因素，本阶级想要把意志按照一定的程序上升为国家意志就必须依据物质生活条件，让其具有法律性质。最后，《宣言》指出要想把本阶级的意志上升为国家的意志，为社会大众普遍认可和

① 汪家宝：《马克思法哲学思想及其当代意义》，博士学位论文，复旦大学，2008 年，第 18 页。

② 《马克思恩格斯选集》第 1 卷，人民出版社 2012 年版，第 171 页。

遵循，首先就要掌握国家政权。文明社会的发展需要动力，那么阶级斗争就充当了这一直接动力因素。阶级斗争中占优势的阶级在夺取了国家政权之后，成为本阶级利益的代表者，从自己的阶级利益出发，制定和修改现行的法律，以实现自己的利益，巩固自己的统治。《宣言》批判了资产阶级法的本质的同时又对其进行了分析，认为法体现了统治阶级的意志，而与此同时统治阶级的意志容易受到物质生活条件的影响，强调了法的阶级意志性与物质制约性的辩证统一，标志着马克思恩格斯历史唯物主义法律观的问世。

二　列宁的法律思想

第一，列宁继承了马克思和恩格斯的法律思想，并付诸实践。列宁运用马克思历史唯物主义原理，揭示了法律现象的基本性质，“和任何政治的上层建筑一样（这种上层建筑在阶级消灭之前，在无阶级的社会建立之前，是必然要存在的），归根到底是为生产服务的，并且归根到底是由该社会生产关系决定的”[①]。十月革命胜利之后，列宁意识到必须将新生苏维埃政权上升到宪法的高度，之后制定了宪法——反映和体现人民意志的国家根本大法乃是政权巩固和法制建设的关键。在关于《修改党纲的材料》中，列宁指出：“无产阶级政党面临的直接任务，就是争取一个最能保证经济发展和人民权利，特别是保证痛苦最少地向社会主义过渡的国家制度。”[②] 宪法确立了人民主权的原则，列宁指出“工人阶级夺取政权之后，像任何阶级一样，要通过改变同所有制的关系和实行新宪法来掌握和保持政权，巩固政权”[③]。列宁在实践探索中建立了社会

① 《列宁全集》第40卷，人民出版社1986年版，第276页。

② 《列宁全集》第29卷，人民出版社1985年版，第485页。

③ 《列宁全集》第38卷，人民出版社1986年版，第299—300页。

主义法律。第一步，夺取国家政权，“如果没有政权，无论什么法律，无论什么选出的代表都等于零”[①]。第二步，推翻旧法制，“社会主义的无产阶级时时刻刻都要记住，它所面临的、必然会面临的是一场群众性的革命斗争，这场斗争将捣毁注定要灭亡的资产阶级社会的全部法制”[②]。第三步，建立新法制。列宁指出：“工人阶级夺取政权之后，像任何阶级一样，要通过改变同所有制的关系和实行新宪法来掌握和保持政权，巩固政权。这是我的第一个无可争辩的基本论点。”[③] 在列宁的思想下，苏维埃国家建立了人民法院、检察院，组建了国家监督委员会。

第二，列宁的社会主义法治论。列宁高度重视社会主义民主的建设和发展，“无产阶级比任何资产阶级民主要民主百倍”[④]。社会主义革命需要无产阶级通过争取民主的斗争做好准备，否则就不能实现社会主义革命。社会主义要维持取得的胜利，就要实行充分的民主。列宁强调：“人民需要共和国，为的是教育群众实行民主。不仅仅需要民主行使的代表机构，而且需要建立由群众自己从下面来全面管理国家的制度，让群众有效地参加各方面的生活，让群众在管理国家中起积极作用。”[⑤] 只有实现社会主义民主的制度化和法律化，才能吸引人民群众，保证人民享有广泛的民主权利。列宁高度重视立法工作，认为应加强立法、完善社会主义法制，用法律来治理国家。“假使我们拒绝用法令指明道路，那我们就是社会主义的叛徒。”[⑥] 列宁列出了社会主义立法的基本原则。首先是民主立法

---

① 全国人大常委会办公厅研究室、中国社会科学院法学研究所编：《马克思恩格斯列宁斯大林论法》，法律出版社 1986 年版，第 153 页。

② 《列宁全集》第 20 卷，人民出版社 1989 年，第 16 页。

③ 《列宁全集》第 38 卷，人民出版社 1986 年版，第 300 页。

④ 《列宁全集》第 35 卷，人民出版社 1985 年版，第 249 页。

⑤ 《列宁全集》第 29 卷，人民出版社 1985 年版，第 287 页。

⑥ 《列宁全集》第 36 卷，人民出版社 1985 年版，第 188 页。

的原则。列宁指出，“民主的组织原则，其最高级形式就是由苏维埃建设和要求群众不仅积极参加一般规章、决议和法律的讨论，不仅监督他们的执行，而且还要直接执行这些规章、决议和法律，这就是说，要给每一个群众代表、每一个公民提供这样的条件，使他们既能参加国家法律的讨论，也能参加选举自己的代表，参加执行国家的法律”[①]。制定法律要体现和代表人民意志和利益，要让广大人民群众参与立法，坚持民主原则。其次是法制统一原则，这一原则是为了防止法出多门。列宁在全俄苏维埃第八次代表大会上对立法权做了明确的规定：除全俄苏维埃代表大会、全俄中央执行委员会及主席团和人民委员会外，其他任何机关没有颁布全国通行的法律的权力。再次是法随形式的发展要不断立改废的原则。列宁认为随着社会主义经济、文化、政治和社会的发展，需要修改补充、彻底废除或另立新法。“如果法律妨碍革命的发展，那就得废除或者修改”[②]，“我们根据经验知道，修改法令是必要的，因为遇到了新的困难，新的困难不断促使我们进行修改”[③]。最后是坚持党对立法的指导原则。法律是取得胜利，掌握国家政权的阶级意志的表现，“意志如果是国家的意志，就应该表现为政权机关所指导的法律”[④]。党的主张和政策要变为国家意志，变为法律，也要通过国家立法机关，按照一定立法程序来做出决定，党不能代替立法机关。“在党的代表大会上是不能制定法律的。”[⑤]

第三，司法队伍的建设。列宁认为，对党员特别是党的领导干部以权谋私、违法犯罪的行为要予以追究，严惩不贷。“法庭对于

---

① 《列宁全集》第 34 卷，人民出版社 1985 年版，第 143 页。
② 同上书，第 471 页。
③ 同上书，第 469 页。
④ 《列宁全集》第 30 卷，人民出版社 1985 年版，第 308 页。
⑤ 《列宁全集》第 32 卷，人民出版社 1958 年版，第 216 页。

共产党员的惩处必须严于非党员。”[①] 国家最高权力机关和它的成员“必须亲自工作，亲自执行自己通过对俄法律，亲自减产在实际生活中执行的结果”[②]。司法队伍要以身作则，带头遵守法律，“党应当通过苏维埃机关在苏维埃宪法的范围内来贯彻自己的决定”[③]。列宁还指出：“恐怕谁都不会否认，我们党要找十个受过充分的法学教育、能够抵制一切纯地方影响的可靠的共产党员还容易，可是要找几百个这样的人就困难了。”[④] 优秀的法律人才队伍是保障法律全面准确实施的前提，只有这样，才能更有效地治理国家。

第四，重视对法律的监督。法制统一实施不仅需要建立一个完善立法和全民守法再到严格执法公正司法的法律运行机制，而且需要建立一个专门的法律监督机制，保障法制统一的实现。列宁指出：“我们的法令太多了，而且像马雅可夫斯基所描述的那样，都是匆匆忙忙制定出来的，但对于法令的实际执行情况却没有加以检查。”[⑤] 列宁指出：“究竟用什么来保证法令的执行呢？第一，对法令的执行加以监督。第二，对不执行法令加以惩罚。”[⑥] 列宁认为要对社会主义法律实施全方位的监督，党组织、专门的法律机关、人民群众都有权利和义务监督法律的实施。为此建立了除党的监督、行政监督、群众监督和媒体监督之外的一个专门的法律监督机关——苏维埃检察机关，制定了苏俄《检察监督条例》，专门实施法律的监督任务。检察机关的建立不仅仅是法律监督机关，而且包括对犯罪行为和民事违法行为的监督和对国家行政机关和政府工作

---

① 《列宁全集》第 43 卷，人民出版社 1987 年版，第 53 页。

② 《列宁选集》第 3 卷，人民出版社 1995 年版，第 152 页。

③ 《苏联共产党代表大会，代表会议和中央全会决策汇编》第 1 分册，人民出版社 1964 年版，第 571 页。

④ 《列宁全集》第 43 卷，人民出版社 1987 年版，第 14 页。

⑤ 同上书，第 196 页。

⑥ 《列宁全集》第 2 卷，人民出版社 1984 年版，第 358 页。

人员的行政违法行为的监督。列宁不仅深刻阐释了法律监督的意义，而且对于如何监督和建立社会主义新型法律监督制度提出了科学的设想：首先，需要明确人民检察机关的职能和任务；其次，明确检察机关的领导体制；再次，加强法律监督机关的自身建设；最后，强化群众监督机制。

三　中国化马克思主义法治思想的形成和发展

新中国成立，以毛泽东同志为核心的第一代中央领导集体创造性地把马克思主义基本原理同中国革命的具体实际紧密结合起来，创立了毛泽东思想，形成了马克思主义中国化的第一次飞跃。颁布和实施了包括宪法在内的一些重要法律，科学有效并且本土化地吸收和运用了马克思主义法学理论，形成了毛泽东法律思想，奠定了依法治国的基础，积累了宝贵经验，为社会主义法制建设做出了积极有益的探索。党的十七大报告指出："我们要永远铭记，改革开放伟大事业，是在以毛泽东同志为核心的第一代中央领导集体创立毛泽东思想，带领全党全国各族人民建立新中国、取得社会主义革命和建设伟大成就以及艰辛探索社会主义建设规律取得宝贵经验的基础上进行的。新民主主义革命的胜利，社会主义基本制度的建立，为当代中国一切发展进步奠定了根本政治前提和制度基础。"①以毛泽东同志为核心的中央领导集体在探索社会主义法制建设方面，取得成就、积累经验，是依法治国的奠基阶段，为我国全面推进依法治国、全面深化改革、建设中国特色社会主义法治国家提供了现实指导。

---

① 胡锦涛：《高举中国特色社会主义伟大旗帜　为夺取全面建设小康社会新胜利而奋斗——在中国共产党第十七次全国代表大会上的报告》，《人民日报》2007年10月15日。

第一，发展丰富了马克思主义法学理论。毛泽东法律思想丰富了马克思主义法学理论。马克思主义经典作家对法律的认识主要包括以下几个方面：首先，社会物质生活条件是法律产生的基础，决定着法律的发展变化；其次，法律体现统治阶级的意志，具有鲜明的阶级性；再次，法律并非永恒不变，而要历经一个产生、发展、灭亡的过程；最后，法律的权威来源于国家的支持，由国家暴力机关保证它的贯彻执行，是国家制定的特殊行为规范。在马克思主义法学理论的指导下，毛泽东法律思想得以形成，并对马克思主义法学观点做了创造性的发展，烙上了时代的印记，具有独特的民族特征。[①] 毛泽东把中国的实际情况和马克思主义法学理论相结合，形成了具有中国特色的毛泽东法律思想，在实践中促进了马克思主义理论在中国的发展，极大地丰富和发展了马克思主义法学理论。

第二，推翻了旧法体系，展示了法律新风貌。中国新民主主义革命所要解决的一个重要问题，就是要废除以蒋介石为代表的国民党政府的伪法统，摧毁其制定的法律体系。马克思和恩格斯在阐明无产阶级必须摧毁资产阶级的旧国家机器，夺取政权，实行无产阶级专政的原理时，曾经深刻地揭示资产阶级法律的本质，在马克思和恩格斯看来，无产阶级在夺取政权的过程中，不仅必须摧毁资产阶级的国家机器，同时还必须摧毁资产阶级的法律体系，这是由资产阶级法律的本质所决定的。“法律是取得胜利、掌握国家政权的阶级的意志的表现。”[②] 无产阶级要以暴力革命的手段推翻资产阶级政府的统治，建立无产阶级专政。新民主主义革命胜利后，以毛泽东为核心的领导集体，推翻旧政权统治，遗弃了旧法体系，用马克思主义法学理论建设人民民主法制，展示了崭新的法律风貌。

---

① 宋秉武、赵菁、杨栋：《马克思主义法律思想研究》，中国社会科学出版社 2017 年版，第 382 页。

② 《列宁全集》第 13 卷，人民出版社 1959 年版，第 304 页。

第三，新中国成立后，以宪法的形式确定了我国的国体和政体。我国的国体是无产阶级占据领导地位。中华人民共和国第一部宪法于1954年9月20日在第一届全国人民代表大会第一次会议上通过，第一章总纲第1条规定：中华人民共和国是工人阶级领导的、以工农联盟为基础的人民民主国家。第2条规定：中华人民共和国的一切权力属于人民。人民行使权力的机关是全国人民代表大会和地方各级人民代表大会。我国的国体是人民民主专政，我国的政体是人民代表大会制度。以毛泽东同志为核心的党中央审时度势，坚定不移地选择了社会主义道路，确立了以工农联盟为基础的人民民主专政的国家制度，展开了新中国的法制建设。“法律是上层建筑，我们的法律是劳动人民制定的，它是维护革命秩序，保护劳动人民利益，保护社会主义经济基础，保护生产力的。”① 可见我国法制建设的目的就是维护人民民主专政，保护人民利益。

第四，颁布了诸多法律，初步奠定了社会主义法制的基本格局。1949年至1956年间，新中国奠定了有法可依的基础，厘清了立法、制定、实行等法律程序和环节。1954年至1957年全国人大及其常委会、国务院制定的法规和国务院各部委制定的重要法规性文件有731件。毛泽东十分重视法制建设，并亲身参与立法建设，在制宪工作中做出了创造性的贡献，他指出：“世界上的宪政，不论是英国、美国，或者是苏联，都是在革命成功有了民主事实之后，颁布了一个根本大法，去承认它，这就是宪法。”② 《五四宪法》的制定为这一时期的法制建设提供了统一的宪法依据，奠定了我国宪政体制的基本框架与发展模式，它所确立的人民民主原则和社会主义原则、中央国家机关组织体系、中央和地方的关系以及公

① 《毛泽东选集》第5卷，人民出版社1977年版，第358—359页。
② 《毛泽东选集》第2卷，人民出版社1991年版，第693页。

民的基本权利和义务等多方面的规定都为后来的宪法所继承。“特别是开国七年来，党领导的人民民主法制工作是有显著成绩的。我们不仅已经有了国家根本法——宪法，而且有了许多重要的法律、法令和其他各项法规。”[①] 这些法律法规初步奠定了社会主义法制的基本格局。

党的十一届三中全会以来，我国的法制建设将依法治国、建设社会主义法治作为重点。以邓小平同志为核心的第二代中央领导集体，集中全力推进社会主义法制建设，促进了社会发展。

1978 年 12 月 13 日，邓小平在中央工作会议闭幕会上讲话。他强调了民主和法制的关系，他在讲话中明确提出：“为了保障人民民主，必须加强法制。必须使民主制度化、法律化，使这种制度和法律不因领导人的改变而改变，不因领导人的看法和注意力的改变而改变。”邓小平反复强调：“民主和法制，这两个方面都应该加强。”“政治体制改革包括民主和法制，我们的民主同法制是相关联的。”邓小平提出“没有民主，就没有社会主义的现代化”[②] 的论断，党的十一届三中全会从社会主义现代化建设的战略高度强调：“民主法制建设是党和国家坚定不移的方针，什么时候都不能动摇。他要求保持党的政策的连续，诸如在独立自主、民主法制、对外开放、对内搞活等内外政策方面都应保持连续性。”[③] 建设中国特色社会主义的内在目标和基本内容是民主法制。“民主要坚持下去，法制要坚持下去，这好像两只手，任何一只手削弱都不行。”[④] “社会主义法治”这个概念是在 1979 年 9 月 9 日中共中央发布的《关于坚决保证刑法、刑事诉讼法切实实施的指示》中首次提出的。1992

① 董必武：《进一步加强国家法制，保障社会主义建设事业》（1956 年 9 月 19 日在中国共产党第八次全国代表大会上的发言），《人民日报》1978 年 5 月 15 日。

② 《邓小平文选》第 2 卷，人民出版社 1994 年版，第 360 页。

③ 《邓小平文选》第 3 卷，人民出版社 1993 年版，第 146 页。

④ 《邓小平文选》第 2 卷，人民出版社 1994 年版，第 189 页。

年，中国逐渐建立社会主义市场经济体制法律体系。邓小平治理国家的总思路就是治国理政要依靠法制建设。依法治国的总任务是“加强社会主义民主，健全社会主义法制”。法制建设的总方针是“有法可依，有法必依，执法必严，违法必究”。首先，加强社会主义民主，健全社会主义法制。民主需要法制来保障，“没有民主就没有社会主义，就没有社会主义的现代化”①。依法治国总任务就是要把民主摆在重要的位置上。“调动积极性是最大的民主。”② 调动起广大人民的积极性，使人民积极参与到社会主义现代化的建设中去。民主和法制是推进国家治理的重要有机整体，没有法制，民主就没有保障，没有民主，法制建设就会摸不清方向。人民民主是社会主义法制的前提和基础，社会主义法制是人民民主发展的方向和制度保障。其次，社会主义法制建设的总方针。邓小平确立了法制在中国特色社会主义建设中的战略地位，明确指出：“我们的国家已经进入社会主义现代化建设的新时期。我们要在大幅度提高社会生产力的同时，改革和完善社会主义的经济制度和政治制度，发展高度的社会主义民主和完备的社会主义法制。”③ 邓小平为了凸显出建立健全社会主义法制建设的地位和价值，将其提升到战略高度。1978 年 12 月，邓小平提出“有法可依，有法必依，执法必严，违法必究”是社会主义法制建设的十六字方针，将社会主义的立法、司法、执法和守法视为整体进行把握与权衡，这四个方面相互联系，有法可依是前提，有法必依是基础，执法必严和违法必究是法律秩序存在和发展的重要保障。有法可依，即加快制定出各方面的法律，保证社会生活的各个方面都有章可循，这是完备法制的基本

---

① 中共中央研究室编：《三中全会以来重要文献选编》上，人民出版社 1982 年版，第 91 页。

② 《邓小平文选》第 3 卷，人民出版社 1993 年版，第 242 页。

③ 《邓小平文选》第 2 卷，人民出版社 1994 年版，第 208 页。

前提，也是守法、执法和司法的依据。有法必依，即严格依照法律办事，一切国家机关、政党、武装力量、社会团体、企业事业单位和全体公民都必须依法办事，在宪法和法律所允许的范围内活动这是健全社会主义法制建设的中心环节，是对守法提出的基本要求。执法必严，即树立法律权威、维护法制尊严，这是加强法制建设的内在要求，有助于提高公民的法律意识，维护良好的社会秩序，保障安定团结的政治局面和人民的生命财产安全。违法必究，即只要违法犯罪就要受到法律的追究和制裁，任何人不得享有特权，公民在法律和制度面前人人平等，这是关系到人民权利能否得到保障、社会安定团结能否得到巩固和发展的重要原则，是加强法制建设的必然结果。

以江泽民同志为核心的第三代中央领导集体高举邓小平理论伟大旗帜，把邓小平法律思想发展到了新的境界，这是马克思主义法律思想中国化的重要创新。党的十三届四中全会以来，以江泽民同志为核心的第三代中央领导集体确定了依法治国，建设社会主义法治国家的治国方略。十三届全国人大一次会议表决通过的宪法修正案，将宪法序言中的“健全社会主义法制”修改为“健全社会主义法治”，这一修改是一次伟大的跨越，是我们党依法治国理念和方式的新飞跃，体现了我国法治建设理念的提升。

第一，提出依法治国概念。1989 年 9 月 26 日，江泽民在中外记者招待会上郑重宣布，我们绝不能以党代政，也绝不能以党代法，我们一定要遵循法治方针。这充分表明了法治理念已经成熟，党的第二代中央领导集体对法治的方针已被党的第三代中央领导集体全面继承。1990 年的全国“二五”普法规划和 1991 年 3 月 2 日全国人大常委会关于普法工作的决议，都继续重申了“一五”普法规划中关于“依法治国”的命题，并将依法治国的要求进一步细化，提出了全面推进各项事业依法治理的目标，决定进一步推动依法治乡、依法治县、依法治市和省、自治区、直辖市的依法治理以及行业依法治理的试点工作。由此可见，党中央已将依法治国观念推向依法治理、依法行政的实践。1992 年 10 月 12 日，江泽民在党的十四大报告中指出，没有民主和法制就没有社会主义，就没有社会主义的现代化，只有在发展社会主义民主、健全社会主义发展方向上面取得成就和进展，使得社会政治环境加以巩固和稳定，经济建设和改革开放才能顺利进行。他强调加强立法工作，特别是根据建立社会主义市场经济体制的迫切要求，抓紧制定与完善保障改革开放、加强宏观经济管理、规范微观经济行为的法律和法规。1993 年 11 月，党的十四届三中全会通过了《中共中央关于建立社会主义市场经济体制若干问题的决定》，把党的十四大提出的建立社会主义市场经济体制的原则和目标具体化，并专门论述了加强法律制度建设问题，提出实现改革开放与法制建设的统一，在“20 世纪末初步建立适应社会主义市场经济的法律体系”。同时，八届全国人大提出要力争在本届人大任期内，初步形成社会主义市场经济法律体系。1994 年 1 月，党中央把“抓住机遇，深化改革，扩大开放，促进发展，保持稳定”的 20 字方针作为总揽全局的长期指导方针。党中央紧紧抓住改革、发展、稳定三个具有根本性的问题，在充分强调社会主义精神文明建设的同时大力推进民主法制建设。1995 年 8 月，江泽民在第十四届亚太法协大会开幕式上的讲话中明确表示，“我国人民在邓小平同志建设有中国特色社会主义理论的指引下，坚持一手抓经济建设，一手抓法制建设，把完善社会主义法制，作为建设富强、民主、文明的社会主义国家的重要目标”。1996 年 2 月 8 日，江泽民在中共中央举办的“中央领导同志法制讲座”上，发表了重要讲话，第一次正式提出“依法治国”是“我们党和政府管理国家和法律事务的重要方针”。同年 3 月 17 日八届全国人大四次会议根据党中央的建议，把“依法治国、建设社会主义法治国家”作为一条基本方针，明确载入我国《国民经济和社会发展“九五”计划和2010年远景目标纲要》。1997年1月21日，江泽民在会见出席中国法学会第四次会员代表大会代表时，再一次强调依法治国是社会文明和社会进步的重要标志，是国家长治久安的重要保障。

第二，提出“依法治国、建设社会主义法治国家”科学命题：1997年9月12日，党的十五大报告《高举邓小平理论的伟大旗帜，把建设有中国特色社会主义事业全面推向21世纪》首次将“依法治国，建设社会主义法治国家”确定为党领导人民治理国家的基本方略。依法治国的主体是党领导下的人民群众，依法治国的客体是国家事务、经济文化事业和社会事务，依法治国的目标是保证国家各项工作都依法进行，逐步实现社会主义民主的制度化、法律化。这种制度和法律具有权威性、稳定性和连续性。江泽民特别将政治体制改革和民主法制建设作为一部分进行论述，强调：“我国经济体制改革的深入和社会主义现代化建设跨越世纪的发展，要求我们在坚持四项基本原则的前提下，继续推进政治体制改革，进一步扩大社会主义民主，健全社会主义法制，依法治国，建设社会主义法治国家。”“依法治国，是党领导人民治理国家的基本方略，是发展社会主义市场经济的客观需要，是社会文明进步的重要标志，是国家长治久安的重要保障。”他对依法治国的含义做了全面界定，认为：“依法治国，就是广大人民群众在党的领导下，依照宪法和法律规定，通过各种途径和形式管理国家事务，管理经济文化事业，管理社会事务，保证国家各项工作都依法进行，逐步实现社会主义民主的制度化、法律化，使这种制度和法律不因领导人的改变而改变，不因领导人看法和注意力的改变而改变。”① 这样完整的表述，

① 《江泽民文选》第2卷，人民出版社2006年版，第28—29页。

在党的全国代表大会上是第一次，也是第一次写入党的纲领性文件，这标志了党的领导方式和执政方式的完善和发展，有着重要的现实意义和历史意义。党的十五大正式把“依法治国，建设社会主义法治国家”作为中国特色社会主义民主政治的战略目标和治国方略，取代了“建设社会主义法制国家”的提法。依法治国，建设社会主义法治国家这一完整的提法，把手段和目的、过程与目标融于一体，从根本上摒弃了法制手段论，把法治上升为治国方略和治国目标的高度，这是中国法治化道路上的一个重要里程碑。

第三，关于依法治国的内涵。江泽民早在 1996 年 2 月就曾指出：“实行和坚持依法治国，就是使国家各项工作逐步走上法制化的轨道，实现国家政治生活、经济生活、社会生活的法制化、规范化；就是广大人民群众在党的领导下，依照宪法和法律的规定，通过各种途径和形式，管理国家事务，管理经济和文化事业，管理社会事务；就是逐步实现社会主义民主的制度化、法律化。”[①] 因此，依法治国的内涵应包括国家生活的法制化、民主政治的法制化、社会管理的法制化三方面内容。江泽民在党的十五大报告里概括了依法治国“就是广大人民群众在党的领导下，依照宪法和法律规定，通过各种途径和形式管理国家事务，管理经济文化事业，管理社会事务，保证国家各项工作都能够依法进行，逐步实现社会主义民主的制度化、法律化，使这种制度和法律不因领导人的改变而改变，不因领导人看法和注意力的改变而改变。依法治国，是党领导人民治理国家的基本方略，是发展社会主义市场经济的客观需要，是社会文明进步的重要标志，是国家长治久安的重要保障。党领导人民制定宪法和法律，并在宪法和法律范围内活动。依法治国把坚持党的领导，发扬人民民主和严格依法办事统一起来，从制度和法律上

① 《江泽民文选》第 1 卷，人民出版社 2006 年版，第 511 页。

保证党的基本路线和基本方针的贯彻实施，保证党始终发挥总览全局，协调各方面的领导核心作用”[①]。

第四，依法治国和以德治国相结合的治国方略。2000 年 6 月，《在中央思想政治工作会议上的讲话》中，江泽民指出：“法律与道德作为上层建筑的组成部分，都是维护社会秩序、规范人们思想和行为的重要手段，他们互相联系，互相补充。法治以其权威性和强制手段规范社会成员的行为。德治以说服力和劝导力提高社会成员的思想认识和道德觉悟。道德规范和法律规范应该相互结合，统一发挥作用。”[②] 2001 年 1 月，江泽民在全国宣传部长会议的讲话中进一步明确指出：“我们在建设有中国特色的社会主义，发展社会主义市场经济的过程中，要坚持不懈地加强社会主义法制建设，依法治国，同时也要坚持不懈地加强社会主义道德建设，以德治国。对一个国家的治理来说，法治和德治，从来都是相辅相成、相互促进的。二者缺一不可，也不可偏废。我们要把法制建设与道德建设紧密结合起来，把依法治国与以德治国紧密结合起来。”[③] “德法兼治”是党对治国基本方略的完善和创新，是对马克思主义国家学说的发展。这一重要思想的提出，进一步丰富和发展了邓小平“两手抓，两手都要硬”的战略思想。德治与法治相结合，促进依法治国的实施，提高社会成员的道德水平，进一步完善了“依法治国”的方略。

以胡锦涛同志为总书记的党中央，将依法治国继续推进，提出了科学发展观法学思想。2002 年 12 月 4 日，在《中华人民共和国宪法》公布实施 20 周年纪念大会上，胡锦涛指出：“发展社会主义民主政治，最根本的就是要把坚持党的领导、人民当家作主和依法

① 《江泽民文选》第 2 卷，人民出版社 2006 年版，第 28—29 页。
② 《江泽民文选》第 3 卷，人民出版社 2006 年版，第 91 页。
③ 同上书，第 196—202 页。

治国有机统一起来。”[①]

第一，依法治国首先要依宪治国，依法执政首先要依宪执政。胡锦涛指出，宪法的精髓是保障公民权利，限制国家权力。“实现依法治国的基本方略，首先要全面贯彻实施宪法。这是建设社会主义政治文明的一项根本任务，也是建设社会主义法治国家的一项基础性工作，要长期抓下去，坚持不懈地抓好。”[②] 宪法作为国家的根本法，是治国安邦的总章程，是保证国家统一、民族团结、经济发展、社会进步和长治久安的法律基础，是党执政兴国，带领全国各族人民建设中国特色社会主义的法制保证。胡锦涛在宪法实行20周年大会上明确指出，要坚持走依法治国的道路，完善和实施宪法内容是关键，也是建设社会文明的重要基础。[③] 2003 年 10 月，中共十六届三中全会通过的《中共中央关于完善社会主义市场经济体制若干问题的决定》和《中共中央关于修改宪法部分内容的建议》，首次提出科学发展观，即坚持以人为本，树立全面、协调、可持续发展观，促进经济社会和人的全面发展。胡锦涛强调，发展是科学发展观的第一要义，以人为本是核心，全面协调可持续发展是基本要求，统筹兼顾是基本方法。2003 年 10 月 10 日，胡锦涛在《树立和落实科学发展观》中进一步指出：“树立和落实全面发展、协调发展和可持续发展的科学发展观，对于我们更好地坚持发展才是硬道理的战略思想具有重大意义。”为了实现全面建设小康社会宏伟目标，“必须促进社会主义物质文明、政治文明、精神文明协调发展，坚持在经济发展的基础上促进社会全面进步和人的全面发展，坚持在开发利用自然中实现人与自然和谐相处，实现经济社会

① 胡锦涛：《全面建成小康社会，开创中国特色社会主义事业新局面》，《人民日报》2002 年 12 月 5 日。

② 同上。

③ 胡锦涛：《在首都各界纪念中华人民共和国宪法公布施行二十周年大会上的讲话》，《人民日报》2002 年 12 月 5 日第 1 版。

的可持续发展”[①]。

第二，社会主义的生命是人民民主。党的十七大报告提出“人民民主是社会主义的生命”，社会主义民主政治最根本的是要把坚持党的领导、人民当家作主和依法治国有机统一起来。依法治国的主体是人民，依法治国是为了保证人民民主更好地落实。2004 年 3 月 10 日，胡锦涛在《准确把握科学发展观的深刻内涵和基本要求》中指出：“坚持以人为本，全面、协调、可持续的发展观，是我们党以邓小平理论和‘三个代表’重要思想为指导，从新世纪新阶段党和国家事业发展全局出发提出的重大战略思想。”[②] 2004 年 3 月 14 日，第十届全国人民代表大会第二次会议通过了《宪法修正案(2004 年)》，将“国家尊重和保障人权”载入宪法，标志着我国社会主义民主和法制建设达到了新的水平。2005 年 2 月，在省部级主要领导干部提高构建和谐社会能力班上的讲话中，胡锦涛将民主法治放在和谐社会六大基本特征之首“民主法治、公平正义、诚信友爱、充满活力、安定有序、人与自然和谐相处的社会”[③]，“构建社会主义和谐社会，必须健全社会主义法制，建设社会主义法治国家，充分发挥法治在促进、实现、保障社会和谐方面的重要作用”[④]。

第三，提出了科学发展观的法学思想。科学发展观法学思想包括社会主义法治理念；党的领导、人民当家作主和依法治国相统一思想；党的事业至上、人民利益至上、宪法法律至上的思想；依法行政这四个思想。

社会主义法治理念中，依法治国是社会主义法治的核心内容，

① 《胡锦涛文选》第 2 卷，人民出版社 2016 年版，第 104 页。

② 同上书，第 166 页。

③ 同上书，第 285 页。

④ 同上书，第 289 页。

它包括三点，一是法律面前人人平等；二是树立和维护宪法、法律的权威；三是做到有法必依、执法必严、违法必究。执法为民是社会主义法治的本质要求。必须坚持以人为本，尊重和保障人权。公平正义是社会主义法治理念的价值追求。胡锦涛指出："维护和实现社会公平和正义，涉及最广大人民的根本利益，是我们党坚持立党为公、执政为民的必然要求，也是我国社会主义制度的本质要求。只有切实维护和实现社会公平和正义，人们的心情才能舒畅，各方面的关系才能和谐，人们的积极性、主动性、创造性才能充分发挥出来。"① 与此同时，社会主义法治要服务大局，推进全面建设小康社会，营造一个和谐稳定的社会环境和公正高效的法治环境。社会主义法治的根本保证是党的领导。深刻认识到党的领导和社会主义法治的一致性，坚持党的政治领导、思想领导、组织领导。坚持党的领导、人民当家作主和依法治国的有机统一，将公平正义作为社会主义法治的基本价值取向。将尊重和保障人权作为社会主义法治的基本原则，维护法律的权威，将自由平等作为社会主义法治的理想，完善监督制约机制。党的十六届四中全会强调，坚持党的领导、人民当家作主和依法治国的有机统一，不断提高发展社会主义民主政治的能力。党的领导是依法治国和人民民主的基本保障，人民当家作主是社会主义法治建设的出发点与归宿，依法治国是社会主义法治建设的目标。2007 年 12 月 26 日，胡锦涛在与全国政法会议代表、法官、检察官座谈时提出了始终坚持"党的事业至上、人民利益至上、宪法法律至上"的要求。党的事业至上就是要牢固坚持党的领导，在政治上、思想上、行动上和党中央保持高度一致。"党的领导是人民当家作主和依法治国的根本保证，人民当家作主是社会主义民主政治的本质和核心，依法治国是党领导人民治

① 《胡锦涛文选》第 2 卷，人民出版社 2016 年版，第 291 页。

理国家的基本方略。”党和国家的各项工作都要牢固树立人民利益高于一切的理念。“一个政党、一个政权，其前途命运最终取决于人心向背，不能代表最广大人民根本利益，不能赢得人民群众拥护和支持，迟早都要垮台。”① 宪法法律至上就是要忠实地履行宪法和法律，维护法制的统一、尊严和权威，维护社会的公平、正义与和谐。要紧紧围绕党和国家工作大局，做到“四个更加注重”，即更加注重推动发展，更加注重保障民生，更加注重维护国家安全和社会稳定，更加注重促进和谐。党的十七大胡锦涛强调科学发展观的核心是以人为本，这是对社会法治规律的正确认识，为马克思主义法律思想与中国法治建设具体情况相结合提供了理论指导。党的十七大报告中强调：“必须坚持以人为本。全心全意为人民服务是党的根本宗旨，要始终把实现好、维护好、发展好最广大人民的根本利益作为党和国家一切工作的出发点和落脚点，尊重人民主体地位，发挥人民首创精神，保障人民各项权益，走共同富裕道路，促进人的全面发展，做到发展为了人民，发展依靠人民，发展成果由人民共享。”②

依法行政和弘扬社会主义法治精神就是要全面推进依法行政、弘扬社会主义法治精神，这是坚持立党为公、执政为民的必然要求，是推动科学发展、促进社会和谐的必然要求。增强全面推进依法行政、弘扬社会主义法治精神的自觉性和主动性，加快建设社会主义法治国家。党的十七大为适应全面建设小康社会新形势、推进依法治国进程提出了推进依法行政，弘扬社会主义法治精神，这对深化政治体制改革、对全面实施依法治国基本方略、发展社会主义民主政治、加快建设社会主义法治国家、对建设富强民主文明和谐

① 《胡锦涛文选》第2卷，人民出版社2016年版，第475页。

② 胡锦涛：《高举中国特色社会主义伟大旗帜 为夺取全面建设小康社会新胜利而奋斗——在中国共产党第十七次全国代表大会上的报告》，《人民日报》2007年10月15日。

的社会主义现代化国家、实现党和国家长治久安具有十分重要的意义。

以习近平同志为核心的党中央将依法治国全面推进，在全民推进小康社会、全面深化改革和从严治党的基础之上，继续深入全面推进依法治国，丰富和发展了中国特色社会主义法治理论，形成了依法治国的理论体系，为推进国家治理体系和治理能力现代化指明了根本路径和前进方向。

2012 年 11 月，党的十八大对全面推进依法治国提出了新的要求，阐明了“科学立法、严格执法、公正司法、全民守法”的十六字方针和法治建设的总体布局。2012 年 12 月 4 日，习近平在首都各界纪念现行宪法公布实施 30 周年的大会上指出：“我们要坚持党纵览全局、协调各方的领导核心作用，坚持依法治国基本方略和依法执政基本方式”，“不断推进各项治国理政活动的制度化、法律化”。[①] 2013 年 11 月，党的十八届三中全会审议通过了《中共中央关于全面深化改革若干重大问题的决定》提出必须坚持依法治国、依法执政、依法行政共同推进，坚持法治国家、法治政府、法治社会一体建设。强调建设法治中国必须深化司法体制改革，加快建设公正、高效、权威的社会主义司法制度，维护人民权益，维护宪法法律权威，深化行政执法体制改革，确保依法、独立、公正行使审判权、检察权，健全司法权力运行机制，完善人权司法保障制度。2014 年 10 月，党的十八届四中全会通过了《中共中央关于全面推进依法治国若干重大问题的决定》，对全面推进依法治国做出重大部署，强调把法治作为治国理政的基本方式，是我国全面推进依法治国的总纲，对建设法治中国做了全方位的论述。体现维护了人民利益，反映了人民群众最迫切的愿望和需要，将人民的意志全面落

① 《习近平谈治国理政》，外文出版社 2014 年版，第 142 页。

实到了依法治国的过程当中。法律的制定和实施必须保障公民人身权、财产权、人格权、基本政治权利等各项权利不容侵犯。同时也保证了公民的经济、文化、社会等各方面权利得到落实。这些举措都是从维护广大人民利益出发，增进人民福祉，保障人民群众对美好生活的追求和向往。

党的十八大以来，在依法治国新理念新思想的引领下，形成了全面依法治国的一系列新战略、新部署。一是将全面依法治国作为“四个全面”战略布局的重要组成部分，发挥全面依法治国在“全面建成小康社会、全面深化改革、全面依法治国、全面从严治党”中的基础性、保障性作用。二是推进科学立法、严格执法、公正司法、全民守法。三是“三个共同推进和三个一体建设”，即依法治国、依法执政、依法行政共同推进；法治国家、法治政府、法治社会一体建设。从而实现法治中国建设。四是明确全面依法治国的总目标即建设中国特色社会主义法治体系。五是深化法治改革，加快法治建设。习近平总书记多次指出，“全面推进依法治国是国家治理领域一场广泛而深刻的革命”，“全面依法治国是国家治理的一场深刻革命”。这场革命是推进法治领域的改革，要铲除一切阻碍依法治国、依法执政、依法行政、依法治军、依法办事的思想观念和机制体制的弊病。确保各项法治改革和法治建设顺利进行。六是国内法治与国际法治相结合，统筹推进，以适应不断变化的国际关系形势，使其合理化、民主化、法治化。推动全球治理规则和治理体系变革，构建人类命运共同体。党的十九大报告在党的十八大报告“全面推进依法治国”的基础上，进一步要求“坚持全面依法治国”，这既表明了法治道路的长期性和艰巨性，也向全党迈入法治道路提出了更高的要求。坚持全面依法治国作为新时代坚持和发展中国特色社会主义的基本方略，其功能和作用为其他十三项基本方略的实施提供了法治保障，同时十四项基本方略共同推进新时代中国特色社会主义的伟大实践。

第一，成立中央全面依法治国领导小组。中央成立全面依法治国领导小组，对于全面推进依法治国具有深远的现实意义和历史意义。这一小组的成立，既体现了党领导一切的要求，为全面推进依法治国进程谋大局把方向，也为未来全面依法治国提供了最有力的组织保障。全面依法治国涉及立法、执法、司法、守法，关乎每个公民、每个党员以及各级组织、机关和党务部门。领导小组的成立，将从更高的站位把党的领导贯彻到全面推进依法治国的全过程、全领域、全系统，发挥总体设计、统筹协调、整体推进、监督落实的多项职能。有利于统一全党和全国人民在依法治国方面的认识、思想和意志，形成深化依法治国实践的强大合力；有利于全面依法治国建设的重大原则、方针政策、总体方案的总体设计，统筹协调处理全局性、长远性、跨地区跨部门的重大问题，指导、推动、督促重大决定的组织落实；有利于及时发现推进依法治国中出现的新情况、新问题，与时俱进地做出一系列关系法治中国建设的重大决策，把全面依法治国落到实处。

第二，加强宪法实施和监督，推进合宪性审查工作。宪法是国家的根本大法，是治国理政的总章程，其他法律法规都不能和宪法精神相冲突，所有的公权力活动，也都要受宪法的约束。因此，法律至上首先是宪法至上。为了维护宪法的实施，就要加强合宪性的审查，在坚持依法治国的今天，加强对宪法实施的监督，推进合宪性审查工作，对维护宪法的权威至关重要，也是法治国家的必然要求。“宪法法律至上”强调“依法治国首先是依宪治国，依法执政首先是依宪执政”，坚持“党的领导、人民民主与依法治国”的有机统一。

第三，以良法促进发展、保障善治，推进科学立法、民主立法、依法立法。在立法上以前主要强调“科学立法”“民主立法”，党的十九大报告把依法立法与科学立法、民主立法并列为立法原则，说明我们党在新的历史时期对立法工作提出了更高要求。科学立法要求立法尊重法律发展的基本规律，反映新时代社会主义的基本要求，体现立法技术的最新水平。民主立法要求立法反映最广大人民群众的意愿，最大程度保障人大代表和社会公众有效参与立法的权利。依法立法要求立法主体遵守宪法、法律设定的程序和实际权力的授权界限，依法履行法律赋予的立法职责，避免不作为，杜绝越权立法，提高立法质量。法治是良法之治，良法可以引导人们向善，推动社会发展，以良法促进发展、保障善治。

第四，深化司法体制综合配套改革。我国司法改革经历了由党的十五大"推进司法改革"到党的十六大"推进司法体制改革"，再由党的十七大"深化司法体制改革"到党的十八大"进一步深化司法体制改革"，党的十九大报告进一步提出"深化司法体制综合配套改革"的历程。由此可见，我国的司法体制改革是逐步推进的，一方面，司法体制的改革渐渐进入了综合配套的阶段；另一方面，司法体制的每一项改革都会牵一发而动全身，因此，改革越深入，越要注重各项改革举措的协同性、联动性，越要注意综合配套、协同推进，更何况，司法体制改革是一个持续的深化过程。唯有如此，才能让人民群众在每一个司法案件中都感受到公平正义。

习近平总书记强调，依法治国是党领导人民治理国家的基本方式，全面依法治国是国家治理的一场深刻革命，是中国特色社会主义的本质要求和重要保障。依法治国是实现国家治理体系和治理能力现代化的必然要求，事关我们党执政兴国，事关人民幸福安康，事关党和国家长治久安。全面建成小康社会、实现中华民族伟大复兴的中国梦，全面深化改革、完善和发展中国特色社会主义制度，提高党的执政能力和执政水平，必须全面推进依法治国。全面推进依法治国，要高举中国特色社会主义伟大旗帜，以马克思列宁主义、毛泽东思想、邓小平理论、“三个代表”重要思想、科学发展观为指导，深入贯彻习近平总书记系列重要讲话精神，坚持党的领导、人民当家作主、依法治国的有机统一，坚定不移地走中国特色社会主义法治道路，坚决维护宪法法律权威，依法维护人民权益、维护社会公平正义、维护国家安全稳定，为实现“两个一百年”奋斗目标、实现中华民族伟大复兴的中国梦提供有力的法治保障。

第 二 章

中国特色社会主义法治道路的形成和发展

改革开放以来，中国特色社会主义法治道路的形成与发展大致经历了初步探索、形成发展、全面推进的三个阶段。中国特色社会主义法治道路在形成与发展的过程中，积累了丰富的历史经验。全面推进依法治国这件大事能不能办好，最关键要有正确的方向和强有力的政治保证。中国特色社会主义法治道路的核心要义是坚持党的领导，坚持中国特色社会主义制度，贯彻中国特色社会主义法治理论。这三个方面规定和确保了中国特色社会主义法治体系的制度属性和前进方向。其中，党的领导是中国特色社会主义最本质的特征，是社会主义法治最根本的保证。中国特色社会主义制度是中国特色社会主义法治体系的根本制度基础，是全面推进依法治国的根本制度保障。中国特色社会主义法治理论是中国特色社会主义法治体系的理论指导和学理支撑，是全面推进依法治国的行动指南。中国特色社会主义法治道路，是社会主义建设成就和经验的集中体现，是建设社会主义法治国家的唯一正确道路。

一　改革开放前法治道路的探索

改革开放前法治道路的探索是中国特色社会主义法治道路的奠基阶段。要深刻领会中国特色社会主义法治道路的核心要义，必须站在历史的高度全面分析这条道路，它反映和顺应了什么样的历史必然性和客观规律性。中国革命、建设、改革实践的经验教训深刻总结得出的必然结论就是走中国特色社会主义法治道路。我们党无论是作为一个革命党还是执政党，都十分重视法治建设，注重以法治来确立和巩固革命和建设成果。

新民主主义法制的建设——早在 1931 年在江西瑞金中央革命根据地就颁布了《中华苏维埃共和国宪法大纲》，1941 年制定了《陕甘宁边区施政纲领》，1946 年实施了《陕甘宁边区宪法原则》，在这些根本大法基础上颁布了大量有关土地、婚姻、契约、刑法以及司法制度与运行等方面的法律法规，为建立和巩固新民主主义革命胜利成果奠定了牢靠的制度基础。1949 年 9 月召开的中国人民政治协商会议通过的《中国人民政治协商会议共同纲领》，是一部具有临时宪法性质的法律文件，确立了新的国家政权与人民解放事业的伟大成果，是新民主主义革命法制建设经验的集中总结与反映，为中国特色社会主义法治道路奠基，同时也积累了宝贵的经验。

以毛泽东同志为核心的党的第一代中央领导集体领导我们党经过二十八年的浴血奋战，建立了中华人民共和国。新中国的成立，为社会主义法制建设奠定了根本的政治前提和政权基础。毛泽东对于法制建设的探索和实践为改革开放以来中国特色社会主义法治道路的形成提供了奠基作用。

第一，明确了我国社会主义法律的本质和价值。毛泽东强调指出："我们的法律，是劳动人民自己制定的。它是维护革命秩序，保护劳动人民利益，保护社会主义经济基础，保护生产力的。"① 这一时期创立了较为系统的人民民主专政理论。毛泽东深刻揭示了国体和政体的科学内涵与阶级本质，创造性地提出了人民民主专政的

① 《毛泽东文集》第 7 卷，人民出版社 1999 年版，第 197 页。

重要思想。他明确指出，中华人民共和国的国体就是“工人阶级（经过共产党）领导的以工农联盟为基础的人民民主专政”[①]，政体就是以民主集中制为基础的人民代表大会制度。提出了法律面前人人平等、运用法律手段正确处理敌我矛盾和人民内部矛盾等思想。确立了实事求是、走群众路线、原则性与灵活性相结合等重要的立法原则。这些重要的法律思想和原则，为新中国的社会主义法制建设指明了方向。[②]

第二，废除国民党旧“法统”，构建以“五四宪法”为统帅的社会主义法律体系框架，确立了以人民代表大会制度为基础的国家政权制度。新中国成立前夕，中共中央于 1949 年 2 月发出了《关于废除国民党的“六法全书”与确定解放区的司法原则的指示》，确立了废除“六法全书”之后新的人民民主政权司法活动的原则。彻底摧毁了国民党政府的旧法统，彻底为新中国的法制建设清除了障碍，奠定了基础。中华人民共和国成立以后，国家在废除国民党政权制定的《六法全书》基础上，全力致力于法制建设。在广泛民主协商基础上，1949 年 9 月 29 日，中国人民政治协商会议第一届全体会议通过了起临时宪法作用的《中国人民政治协商会议共同纲领》和 150 多件法律法规，如《中华人民共和国婚姻法》《中华人民共和国土地改革法》等。以《中国人民政治协商会议共同纲领》为基本依据，制定和实施了四个类型的法律规范：有关惩治反革命罪、贪污罪以及其他刑事犯罪、破坏社会治安的一系列刑事法律法规；有关婚姻家庭、土地改革、土地管理、公私合营、农业生产合作社、财政税收、物价监控、对外贸易、海关管理、会计、金融、保险、经营合同等方面的民事经济法律法规；有关法院、检察院和

① 《毛泽东选集》第 4 卷，人民出版社 1991 年版，第 1480 页。

② 曹康泰：《新中国 60 年法治建设的探索与发展》，《求是》2009 年第 14 期，第 32 页。

人民调解委员会组织条例；有关刑事拘留逮捕与刑事审判和民事审判基本程序以及司法改革的政策法律文件。

随着国民经济的恢复和发展，更随着国家政治生活步入和平建设的轨道，全国上上下下都感觉到需要制定一部正式宪法，为国家政治生活、经济生活、社会文化生活确立起基本制度框架。毛泽东指出："一个团体要有一个章程，一个国家也要有一个章程，宪法就是一个总章程，是根本大法。用宪法这样一个根本大法的形式，把人民民主和社会主义的原则巩固下来，使全国人民有一条清楚的轨道，使全国人民感到有一条清楚明确和正确的道路可走，就可以提高全国人民的积极性。"① 正是基于这种认识，以毛泽东同志为核心的党的第一代中央领导集体决定制定一部宪法。中华人民共和国的第一部宪法终于在 1954 年 9 月召开的第一届全国人民代表大会获得通过，确立起人民民主和社会主义两大根本原则，以根本大法的形式规定了我国的国体、政体、国家机构、公民基本权利和义务，并据此制定了全国人民代表大会组织法、国务院组织法、人民法院组织法、人民检察院组织法、地方各级人民代表大会和地方各级人民委员会组织法等一批基本法律和重要法令，确立了社会主义中国的根本政治制度、立法体制、司法制度以及社会主义法制的基本原则，在总体上实现了人民民主的法律化、制度化。

我国第一部社会主义宪法确立了新中国的根本政治制度、经济制度和立法、行政司法体制。这部宪法的颁布，如同指明灯，指引全国人民走向一条清楚明确的道路。正因此，新中国在短短两三年时间里就迅速制定颁布了近 1000 件法律、法令和法规，同时抓紧起草刑法、民法、民事诉讼法、刑事诉讼法等基本法律，努力构建新中国社会主义法律体系的基本框架。与此同时，随着"五四宪

① 《毛泽东文集》第 6 卷，人民出版社 1999 年版，第 328 页。

法”的颁布和全国人民代表大会组织法、国务院组织法、地方各级人民代表大会和地方各级人民政府组织法、人民法院组织法、人民检察院组织法的施行，新中国在社会主义法制框架内实现了由多党合作组成的民主联合政府到人民民主专政政权体系的平稳过渡，中华民族历史上第一个真正人民当家作主的权力机关、行政机关和司法机关相继得以建立。“五四宪法”是一部社会主义类型的好宪法，它用根本大法的形式肯定了新民主主义革命和社会主义革命的胜利成果，并构建出了人民民主专政国家的基本制度框架。它的制定坚持了民主原则和社会主义原则，既采取了领导机关的意见和广大人民群众的意见相结合的方法，又充分考虑现实条件决定的可能性和可行性，毛泽东在《关于中华人民共和国宪法草案》一文中说“现在能实行的我们就写，不能实行的就不写”。通过上上下下的广泛讨论，达成了最大程度的宪法共识，从而使宪法内容臻于完善，并且使宪法深入人心。因此，“五四宪法”的制定颁布是中国制宪史上的一个革命，制定宪法的过程，既是一个立宪过程，也是一个普及宪法法律知识、增强法治信仰的过程。“五四宪法”把中国人民的革命成果和走社会主义道路的发展方向以宪法的形式确定下来。中国特色社会主义法治道路是在社会主义建设和改革的历史中孕育形成的，是坚持和发展中国特色社会主义的必然要求。1954 年宪法的通过，标志着社会主义法治道路探索与建设实践上的根本性转变和对旧制度的革命性突破。

二　新中国法治道路的探索与发展

以邓小平同志为核心的党的第二代中央领导集体十分强调民主法制建设，在深刻总结历史经验教训特别是“文化大革命”沉痛教训的基础上，做出了将党和国家的工作重心从“以阶级斗争为纲”

转移到以经济建设为中心、实行改革开放的战略决策，并围绕这一重大转变致力于法治的恢复、重建和发展，开创了中国法治建设的新时期。从党的十一届三中全会到1989年11月党的十三届四中全会是邓小平全面领导中国法制建设的时期。逐步确立了法治道路，为开创中国特色社会主义事业和改革开放的新局面提供了强有力的保障。邓小平同志开辟了中国特色社会主义道路，使我们的社会主义具有了十分鲜明的中国特色，也开启了迈向中国特色社会主义法治道路的征程。

邓小平指出："为了保障人民民主，必须加强法制。必须使民主制度化、法律化，这种制度和法律不因领导人的改变而改变，不因领导人的看法和注意力的改变而改变。"① 1992年，邓小平再次强调："还是要靠法制，搞法制靠得住些。"② 针对当时法制极不健全的现实，邓小平着重强调："应该集中力量制定刑法、民法、诉讼法和其他各种必要的法律，……做到有法可依，有法必依，执法必严，违法必究。"③ 鉴于当时立法工作的实际情况，邓小平认为，法律条文开始可以粗略一点，逐步完善。有的法规地方可以先试，然后经过总结提高，制定全国通行的法律。由于社会生活和人民群众的迫切要求，由于党和国家领导人的高度重视，1979年后我国法制建设步入了健康发展轨道。

第一，全面修订"五四宪法"。1980年8月18日，邓小平在中共中央政治局扩大会议上讲话，系统地阐述了党和国家领导制度改革的问题，提出全面修改宪法的问题。1980年9月10日，五届全国人大三次会议通过了关于修改宪法和成立宪法修改委员会的决

① 《邓小平文选》第2卷，人民出版社1994年版，第146页。

② 《邓小平文选》第3卷，人民出版社1993年版，第379页。

③ 《解放思想，实事求是，团结一致向前看》（1978年12月13日），载《邓小平文选》第2卷，人民出版社1994年版，第146—147页。

议，起草过程中，中央政治局和书记处专门召开八次会议讨论，宪法修改委员会在彭真同志领导下开了五次会议并向邓小平同志多次请示意见，邓小平提出了要以“五四宪法”为基础全面修改宪法，要把四项基本原则写入宪法，把公民权利和义务置于国家机构之前，设立中央军事委员会、行政监察机关，保留国家主席、最高人民检察院，废除领导干部终身制等指导意见。宪法修改还在全国进行了四个月的全民大讨论，最后由五届全国人大五次会议审议通过。全面修订形成“八二宪法”，宪法的权威得到高度重视，保障了公民权利。全民法治意识逐步提高，法律逐步成为社会治理与公民权利保障的主要凭借。建立健全了政权机构，重新确立以人民代表大会为中心的国家政权体系。主要包括扩大人大常委会职权、加强人大常委会自身建设、恢复和加强司法机关建设、设立县级以上人大常委会、取消人民公社、设立乡人民代表大会制度和乡政府等。

第二，重点抓立法工作。《中国共产党第十一届中央委员会第三次全体会议公报》提出：宪法规定的公民权利，必须坚决保障，任何人不得侵犯。公报特别强调：应当把立法工作摆到全国人民代表大会及其常务委员会的重要议程上来。同时公报还强调了司法机关的独立性和司法公正。公报要求：检察机关和司法机关要保持应有的独立性；要忠实于法律和制度，忠实于人民利益忠实于事实真相；要保证人民在自己的法律面前人人平等，不允许任何人有超于法律之上的特权。“为了保障人民民主，必须加强法制。必须使民主制度化、法律化，使这种制度和法律不因领导人的改变而改变，不因领导人的看法和注意力的改变而改变”①。“我们坚持发展民主

① 《邓小平文选》第2卷，人民出版社1994年版，第146页。

和法制，这是我们党的坚定不移的方针。”[①] 社会主义法制建设必须实行“有法可依，有法必依，执法必严，违法必究”的十六字方针。重启了中国法治建设道路，在发展社会主义民主、健全社会主义法制的基本方针指引下，现行《宪法》以及《刑法》《刑事诉讼法》《民事诉讼法》《民法通则》《行政诉讼法》等一批基本法律出台，同时，为适应改革开放的需要，制定颁布了“三资”企业法等涉外经济法律法规。这一时期，我国共制定、修改法律 94 件、行政法规 598 件，从根本上改变了许多重要领域无法可依的局面，基本法律体系得以初步建立，为经济建设和社会发展提供了强有力的保障。

第三，加强社会主义民主，健全社会主义法制。这一时期，邓小平在确立社会主义建设的思想路线、政治路线、组织路线的基础上确立了法制建设的战略地位和发展要求，在改革开放的实践进程过程中不断推动和深化法制建设。民主和法制两手都要抓，两手都不能削弱。民主和法制都是推进国家治理的重要杠杆，两者密不可分，不可偏废，它们之间是相互联系的有机整体。没有法制，民主就没有保障；没有民主，法制建设就会摸不清方向。1979 年 6 月 28 日他指出：“民主和法制，这两个方面都应该加强，过去我们都不足。要加强民主就要加强法制。没有广泛的民主是不行的，没有健全的法制也是不行的，我们吃够了动乱的苦头。要制定一系列法律，这是建立安定团结的政治局面的必要保障。民主要坚持下去，法制要坚持下去。这好像两只手，任何一只手削弱都不行。”[②] 邓小平同志就多次强调把民主和法制两方面的建设都要搞好，都要协调好。他指出：“民主和法制，这两个方面都应该加强，过去我们都

① 《邓小平文选》第 2 卷，人民出版社 1994 年版，第 256—257 页。

② 同上书，第 189 页。

不足。没有广泛的民主是不行的，没有健全的法制也是不行的。”[①] 邓小平同志把民主和法制紧密联系在一起，民主和法制是统一的：人民民主是社会主义法制的前提和基础，社会主义法制是人民民主发展方向和制度保障。

党的十三届四中全会后，以江泽民同志为核心的党的第三代中央领导集体，在继续推进和深化改革开放伟大事业的基础上，明确提出了建立社会主义市场经济体制的改革目标，并围绕这一目标提出实行依法治国的基本方略，开始了中国法治建设的新阶段。

第一，推进社会主义法治国家建设。随着社会主义市场经济的深入发展，实行法治、依法治国越来越重要而紧迫。1993 年党的十四届三中全会指出，“适应建立社会主义市场经济体制和经济发展的要求，积极推进政治体制改革，加强社会主义民主政治和法制建设”。1996 年，江泽民同志指出：“依法治国，是党领导人民治理国家的基本方略，是发展社会主义市场经济的客观需要，是社会文明进步的重要标志，是国家长治久安的重要保障。”1997 年，党的十五大报告指出：维护宪法和法律的尊严，坚持法律面前人人平等，任何人、任何组织都没有超越法律的特权。报告提出了依法行政要求：一切政府机关都必须依法行政，切实保障公民权利，实行执法责任制和评议考核制。报告提出要推进司法改革从制度上保证司法机关依法独立公正地行使审判权和检察权，建立冤案、错案责任追究制度。加强执法和司法队伍建设。深入开展普法教育，增强全民的法律意识，着重提高领导干部的法制观念和依法办事能力。法制建设同精神文明建设必须紧密结合，同步推进。1999 年 3 月 15 日，九届全国人大第二次会议通过《中华人民共和国宪法修正案》，将“中华人民共和国实行依法治国，建设社会主义法治国

① 《邓小平文选》第 2 卷，人民出版社 1994 年版，第 189 页。

家”载入《宪法》第5条第1款。这不仅把党的主张上升为国家意志，更意味着中国治国方略的根本转变，是中国法治建设新的里程碑，为中国在21世纪坚定不移走法治道路，提供了强有力的宪法保障。我国成功实现治国理政模式的根本转变，这不仅意义重大而且影响深远。

第二，加强立法工作，社会主义法律体系初步形成。党的十四大报告明确提出要加强立法工作，特别是要抓紧制定和完善保障改革开放、加强宏观经济管理、规范微观经济行为的法律法规。1996年，江泽民同志指出：“依法治国，是党领导人民治理国家的基本方略，是发展社会主义市场经济的客观需要，是社会文明进步的重要标志，是国家长治久安的重要保障。”① 围绕社会主义市场经济的主要环节，《公司法》《合同法》《中国人民银行法》《劳动法》《对外贸易法》等法律陆续颁布。

第三，全面推进依法行政，依法行政成为依法治国的主要环节。1993年3月，国务院明确提出“各级政府都要依法行政，严格依法办事”。这是我国政府第一次正式提出依法行政。此后，我国规范行政行为的立法步伐明显加快，规范行政执法和制约行政权力的力度明显加大，推进依法行政工作取得重要进展。1999年11月，为适应依法治国建设社会主义法治国家的需要，国务院颁布了《国务院关于全面推进依法行政的决定》，要求各级政府“依法行政，从严治政，建设廉洁、勤政、务实、高效政府”，对全面推进依法行政做出了重要部署，标志着我国依法行政开始向重在“治官”转变，形成了全方位推进的格局。实施了全方位司法改革，司法职业化进程加快。1995年2月28日，八届全国人大常委会第十二次会议通过了《中华人民共和国法官法》，标志着法院人事制度

① 《江泽民文选》第2卷，人民出版社2006年版，第29页。

改革取得重大进展。依法治国方略的确立推动司法改革由审判方式改革转向全方位改革，1999 年《人民法院第一个五年改革纲要(1999—2003)》颁布，以“公正和效率”为主题，第一次系统地阐述了人民法院司法改革的目标并提出了 39 项具体的改革任务，推进了社会主义司法制度的发展和完善。

第四，依法治国与以德治国相结合。党的十六大初步明确了依法治国和以德治国的关系：2001 年 1 月，在全国宣传部长会议上，江泽民明确提出了“把依法治国与以德治国紧密结合起来”的治国方略。“我们在建设有中国特色社会主义，发展社会主义市场经济的过程中，要坚持不懈地加强社会主义法制建设，依法治国，同时也要坚持不懈地加强社会主义道德建设，以德治国。对一个国家的治理来说，法治和德治，从来都是相辅相成、互相促进的。二者缺一不可，也不可偏废。法治属于政治建设、属于政治文明，德治属于思想建设、属于精神文明。二者范畴不同，但其地位和功能都是非常重要的。我们要把法制建设与道德建设紧密结合起来，把依法治国与以德治国紧密结合起来。”在“七一”讲话中，江泽民再次强调：“进一步扩大社会主义民主，依法治国，建设社会主义法治国家。”“要把依法治国同以德治国结合起来，为社会保持良好的秩序和风尚营造高尚的思想道德基础。”

党的十六大以来，以胡锦涛同志为总书记的党中央确立了全面建成小康社会的奋斗目标，围绕深入贯彻落实科学发展观和构建社会主义和谐社会，确立依法执政理念，加强和改进立法工作，推进人大监督，社会主义法律体系建成。全面推进依法行政，加快了法治政府的建设，加快推进了司法体制改革。党的十六大报告指出：发展社会民主政治，最根本的就是要把党的领导、人民当家作主和依法治国有机统一起来。强调要推进司法体制改革，社会主义司法制度必须保障在全社会实现公平和正义，并按照公正司法和严格执法的要求，完善司法机关的机构设置、职权划分和管理制度，进一步健全权责明确、相互配合、相互制约、高效运行的司法体制。从制度上保证审判机关和检察机关依法独立公正地行使审判权和检察权。完善诉讼程序，保障公民和法人的合法权益，切实解决执行难问题。改革司法机关的工作机制和人财物管理体制，逐步实现司法审判和检察同司法行政事务相分离。加强对司法工作的监督，惩治司法领域中的腐败。建设一支政治坚定、业务精通、作风优良、执法公正的司法队伍。

第一，确立依法执政理念，实现了党执政方式的历史性跨越。自新中国成立以来，党与法治的关系既是整个法治建设的核心问题，也是党的建设及改革完善党的执政方式的关键问题。2004 年 9 月，党的十六届四中全会明确指出："依法执政是新的历史条件下党执政的一个基本方式。"这是我们党在通过半个多世纪以来的执政经验和法治建设经验基础上总结出来的，积极适应建立社会主义市场经济体制和依法治国、建设社会主义法治国家需要做出的一个战略性论断。胡锦涛强调指出："依法执政，就是坚持依法治国、建设社会主义法治国家，领导立法，带头守法，保证执法，不断推进国家经济、政治、文化、社会生活的法制化、规范化，以法治的理念、法治的体制、法治的程序保证党领导人民有效治理国家。"①依法执政基本方式的提出和确立，既在国际共产主义运动史上第一次科学解决了共产党执政的基本方式问题，也是中外法治史上一个没有先例的重大法治创新。

第二，加强和改进立法工作，社会主义法律体系建成。党的十七大报告指出：我国民主法制建设取得了新进步，中国特色社会主义法律体系基本形成，要全面落实依法治国基本方略，加快建设社

① 肖扬：《依法治国基本方略的提出、形成和发展》，《求是》2007 年第 20 期。

会主义法治国家。坚持科学立法、民主立法，完善中国特色社会主义法律体系。加强宪法和法律实施，坚持公民在法律面前一律平等，维护社会公平正义，维护社会主义法制的统一、尊严、权威。推进依法行政，深化司法体制改革，优化司法职权配置，规范司法行为，建设公正高效权威的社会主义司法制度，保证审判机关、检察机关依法独立公正地行使审判权、检察权。加强政法队伍建设，做到严格、公正、文明执法。深入开展法制宣传教育，弘扬法治精神，形成自觉学法守法用法的社会氛围。尊重和保障人权，依法保证全体社会成员平等参与、平等发展的权利。各级党组织和全体党员要自觉在宪法和法律范围内活动，带头维护宪法和法律的权威。健全组织法制和程序规则，保证国家机关按照法定权限和程序行使权力、履行职责。完善各类公开办事制度，提高政府工作透明度和公信力。

第三，全面推进依法行政，加快建设法治政府。为适应推进依法治国和依法行政的要求，2004 年 3 月，国务院颁布了《全面推进依法行政实施纲要》，首次明确提出经过 10 年左右坚持不懈的努力，基本实现建设法治政府的目标，标志着我国法治政府建设开始步入全面规划和整体实施的新阶段，在推进依法治国和依法行政的历史进程中具有里程碑的意义。为了贯彻落实《实施纲要》，国务院又先后重点抓了行政审批制度改革、行政执法责任制、行政复议、市县基层政府依法行政等工作，在 2008 年 5 月颁布了《国务院关于加强市县政府依法行政的决定》，在全面推进依法行政、加快建设法治政府方面取得了显著成就。

第四，围绕公正高效权威司法，加快推进司法体制改革。党的十六大首次提出“推进司法体制改革”，党的十七大进一步提出要“深化司法体制改革，优化司法职权配置，规范司法行为，建设公正高效权威的社会主义司法制度”。2003 年党中央专门成立了司法体制改革领导小组，具体负责领导和部署司法体制改革工作。这在党的历史上是第一次。2004 年底，党中央转发《中央司法体制改革领导小组关于司法体制和工作机制改革的初步意见》，确立了司法体制改革的基本原则，确定了 35 项改革措施，明确了司法体制改革的指导思想、工作原则和目标任务。这一时期，最高人民法院分别于 2005 年、2009 年颁布了《人民法院第二个五年改革纲要(2004—2008)》和《人民法院第三个五年改革纲要（2009—2013)》，最高人民检察院于 2005 年颁行了《关于进一步深化检察改革的三年实施意见》，系统推进了司法领域的各项改革，有效提升了司法机关的工作能力。2002 年统一司法考试开始实施，被视为司法职业化的重大突破。

三　新时代中国特色社会主义法治道路的拓展与深化

党的十一届三中全会就已开启了中国特色社会主义法治道路，党的十八届四中全会在党的正式文献中首次提出了“中国特色社会主义法治道路”这一概念。习近平总书记在全会的讲话中也明确指出，全面推进依法治国，必须走对路。他把开辟了中国特色社会主义法治道路，作为我国法治建设的一项根本成就，强调这条法治道路是管总的东西，坚持和拓展这条法治道路是贯穿党的十八届四中全会《中共中央关于全面推进依法治国若干重大问题的决定》全篇的一条红线。“中国特色社会主义法治道路”概念的提出，显现了党在法治建设上的道路自信，在今后必将进一步拓展和深化中国特色社会主义法治道路。

党的十八大以来，随着法治道路的基本形成，社会主义法治建设迎来了新时期，中国特色社会主义法治道路也不断拓展与深化，进入了全面推进时期，向着基本实现法治现代化，进而全面实现国家治理现代化的方向迈进。党的十八届四中全会《决定》指出：全面推进依法治国，总目标是建设中国特色社会主义法治体系，建设社会主义法治国家。即在中国共产党领导下，坚持中国特色社会主义制度，贯彻中国特色社会主义法治理论，形成完备的法律规范体系、高效的法治实施体系、严密的法治监督体系、有力的法治保障体系，形成完善的党内法规体系，坚持依法治国、依法执政、依法行政共同推进，坚持法治国家、法治政府、法治社会一体建设，实现科学立法、严格执法、公正司法、全民守法，促进国家治理体系和治理能力现代化。习近平总书记高度重视坚持中国特色社会主义道路问题，强调“道路决定命运”，“道路问题是关系党的事业兴衰成败第一位的问题，道路就是党的生命”，强调坚持中国特色社会主义道路必须坚持党的领导、人民当家作主和依法治国的有机统一。

坚持新时代全面推进依法治国的新理念、新思想、新战略，这是全面依法治国的根本遵循。同时要健全党领导全面依法治国的制度和工作机制，继续推进党的领导制度化、法治化，把党的领导贯彻到全面依法治国全过程和各方面，为全面建成小康社会、全面深化改革、全面从严治党提供长期稳定的法治保障。党的十九大报告指出，成立中央全面依法治国领导小组，加强对法治中国建设的统一领导。将全面依法治国视作国家治理的一场深刻革命，意味着党对全面依法治国形成了新认识；把全面依法治国作为新时代中国特色社会主义的基本方略，意味着党在治国理政体系中对全面依法治国做出了新定位；强调全面依法治国必须在全过程和各方面坚持党的领导，成立全面依法治国领导小组，意味着党对法治中国建设全方位统一领导的新布局；指出全面依法治国要完善以宪法为核心的中国特色社会主义法律体系，推进合宪性审查工作，维护宪法权威，意味着党在中国特色社会主义法治进程中取得了新突破。中国特色社会主义法治道路从根本上保证了我国社会主义法治建设的正确方向。全面依法治国是中国特色社会主义的本质要求和重要保障，坚定不移走中国特色社会主义法治道路。

中国特色社会主义法治道路是最适合中国国情的法治道路，“为国也，观俗立法则治，察国事本则宜”。走什么样的法治道路建设什么样的法治体系，是由一个国家的基本国情决定的。正确的法治道路书上抄不来，别人送不来，只能靠自己走出来。中国特色社会主义法治道路，是我国社会主义法治建设成就和经验的集中体现，是唯一正确的道路。在坚持和拓展中国特色社会主义法治道路这个根本问题上，我们要树立自信、保持定力。走好这条道路，必须从我国实际出发，同推进国家治理体系和治理能力现代化相适应，突出中国特色、实践特色、时代特色，既不能罔顾国情、超越阶段，也不能因循守旧、墨守成规。要学习借鉴世界上优秀的法治文明成果，但必须为我所用，认真鉴别，合理吸收，不能搞“全面西化”，不能搞“全面移植”，不能照搬照抄。

党的十八大以来，以习近平同志为核心的党中央提出一系列全面依法治国新理念新思想新战略。对于统一法治思想认识，强化法治理论武装，推进中国特色社会主义法治理论体系创新发展，具有十分重大的意义。全面依法治国新理念新思想新战略具体归纳为十个“坚持”、一个“明确”：坚持加强党对依法治国的领导；坚持人民主体地位；坚持中国特色社会主义法治道路；坚持建设中国特色社会主义法治体系；坚持依法治国、依法执政、依法行政共同推进，法治国家、法治政府、法治社会一体建设；坚持依宪治国、依宪执政；坚持全面推进科学立法、严格执法、公正司法、全民守法；坚持处理好全面依法治国的辩证关系；坚持建设德才兼备的高素质法治工作队伍；坚持抓住领导干部这个“关键少数”。明确了全面依法治国的指导思想、发展道路、工作布局、重点任务。这十个“坚持”、一个“明确”，是全面依法治国重要经验的高度总结和理论升华，既有顶层设计，又体现具体举措，既有正确的认识论，又包含科学的方法论，是一个有机统一的完整体系。新时代全面依法治国的新理念必须坚持党领导法治，加强党对依法治国和法治中国建设的集中统一领导。坚持以人民为主体，坚持法治建设为了人民、依靠人民、保护人民、造福人民。

全面依法治国新思想内容丰富。首先，党的十八大以来，以习近平同志为核心的党中央始终坚持不断拓展和深化中国特色社会主义法治道路，开辟了全面依法治国的新局面。中国特色社会主义法治道路，是社会主义法治建设成就和经验的集中体现，是建设社会主义法治国家的唯一正确的道路。中国特色社会主义法治道路的三个核心要义和五项基本原则确保了中国特色社会主义法治的制度属性和前进方向。其中，三个核心要义是：坚持中国共产党的领导，坚持中国特色社会主义制度，贯彻中国特色社会主义法治理论；五项基本原则是：坚持党的领导，坚持以人民为主体，坚持法律面前人人平等，坚持依法治国与以德治国相结合，坚持从实际出发。

其次，坚持党的领导、人民当家作主、依法治国的有机统一。习近平总书记关于“三统一”的论述是对马克思主义国家与法的理论和中国特色社会主义法治理论的重大发展，是对中国共产党治国理政理论体系的独创性贡献，续写了马克思主义国家与法的理论中国化、时代化的新篇章。同时“三统一”是中国特色社会主义民主政治和法治文明的本质特征和基本经验。

再次，坚定不移地厉行法治、依法治国、推进国家治理体系和治理能力现代化。习近平总书记深刻指出：“综观世界近现代史，凡是顺利实现现代化的国家，没有一个不是较好解决了法治和人治问题的。”“法治兴则国家兴，法治衰则国家乱。什么时候重视法治、法治昌明，什么时候就国泰民安；什么时候忽视法治、法治松弛，什么时候就国乱民怨。”法治是国家治理体系和治理能力的重要依托，具有固根本、稳预期、利长远的作用，在法治轨道上推进国家治理体系和治理能力现代化十分重要。

最后，正确认识和处理好依法治国的辩证关系，如民主与专政，法治与政治，法治与改革，活力与秩序，维稳与维权，法律与权力，法律与道德，法律与政策，国法与党规，严格执法与文明执法，立足我国的根本国情与借鉴国外法治的经验，传承法治文明与推进古代法制文明创新等。

第一，将“全面依法治国”纳入“四个全面”战略布局。新时代，我们党不仅明确提出了“全面依法治国”和“中国特色社会主义法治道路”的概念，而且还将“全面依法治国”纳入“四个全面”战略布局。“四个全面”战略布局的提出，更完整地展现出以习近平同志为核心的党中央治国理政的总体框架，使当前和今后一个时期，更加明晰了党和国家各项工作关键环节、重点领域、主攻方向，内在逻辑更加严密，这对推动改革开放和社会主义现代化建设迈上新台阶提供了强力保障。“四个全面”战略布局是以习近平同志为核心的党中央治国理政战略思想的重要内容，闪耀着马克思主义与中国实际相结合的思想光辉，饱含着马克思主义的立场观点方法。在“四个全面”中，全面建成小康社会是战略目标，其他三个“全面”都是战略举措。这些目标要求的实现，都需要全面推进依法治国，为全面小康社会的建成提供法治保障。全面深化改革与全面依法治国，二者一破一立，犹如车之双轮，鸟之两翼，要在法治下推进改革，改革要于法有据，增强改革的穿透力，而不能是改革要上路、法律要让路。还要在改革中完善法治，通过深化立法体制、司法体制等领域的改革，加快法治建设。全面依法治国必须坚持党的领导。打铁必须自身硬。坚持党的领导，必须要全面从严治党，为全面依法治国提供根本保证。同时，只有全面推进依法治国，建立完善的党内法规制度体系，才能为全面从严治党提供制度保证。将“全面依法治国”纳入“四个全面”战略布局来考量，跳出法治来建设法治，增强了法治建设的整体性和协同性，展示了新时代中国共产党人对法治建设规律的崭新认识，标志着当代中国法治道路进入了一个崭新的发展阶段。

第二，依法治国、依法执政、依法行政共同推进；法治国家、法治政府、法治社会一体建设。2013 年 2 月 23 日，习近平在中央政治局集体学习时强调，要坚持依法治国、依法执政、依法行政共同推进。表明了我们党全面推进依法治国的基本思路，同时习近平提出了“法治国家、法治政府、法治社会一体建设”的要求。三个“依法”的“共同推进”和三个“法治”的“一体建设”，更进一步深化了我们党对法治建设的认识。全面依法治国是一个系统工程，必须统筹兼顾、把握重点、整体谋划，更加注重系统性、整体性、协同性。依法治国、依法执政、依法行政是一个有机整体，关键在于党要坚持依法执政、各级政府要坚持依法行政。法治国家、法治政府、法治社会三者各有侧重、相辅相成，法治国家是法治建设的目标，法治政府是建设法治国家的主体，法治社会是构筑法治国家的基础。要善于运用制度和法律治理国家，提高党科学执政、民主执政、依法执政水平。“我们坚持依法治国、依法执政、依法行政共同推进，坚持法治国家、法治政府、法治社会一体建设，全社会法治水平不断提高。我们建立健全多层次监督体系，完善各类公开办事制度，保证党和国家领导机关和人员按照法定权限和程序行使权力。”① 全面推进依法治国是一项庞大的系统工程，要“在共同推进上着力，在一体建设上用劲”②。

① 习近平：《在庆祝全国人民代表大会成立 60 周年大会上的讲话》，2014 年 9 月 5 日。
② 习近平：《加快建设社会主义法治国家》，《求是》2015 年第 1 期。

中国共产党第十八届中央委员会第四次全体会议通过的《中共中央关于全面推进依法治国若干重大问题的决定》中总结的："在中国共产党领导下，坚持中国特色社会主义制度，贯彻中国特色社会主义法治理论，形成完备的法律规范体系、高效的法治实施体系、严密的法治监督体系、有力的法治保障体系，形成完善的党内法规体系，坚持依法治国、依法执政、依法行政共同推进，坚持法治国家、法治政府法治社会一体建设，实现科学立法、严格执法、公正司法、全民守法，促进国家治理体系和治理能力现代化。"[①] 促进依法治国实践过程中的一体建设。《决定》还强调了全面推进依法治国的六项重大任务，即完善以宪法为核心的中国特色社会主义法律体系，加强宪法实施；深入推进依法行政，加快建设法治政府；保证公正司法，提高司法公信力；增强全民法治观念，推进法治社会建设；加强法治工作队伍建设；加强和改进党对全面推进依法治国的领导。依法治国的实践过程的一体建设，就是在党的领导下，以宪法为核心，依法行政、公正司法、法治观念、法治队伍在依法治国实践过程的一体建设，这正是治理能力现代化在法治上的要求。由上述五个体系构成的依法治国的法律体系的一体建设，与六个重大任务构成的依法治国的实践过程的一体建设，这两者共同汇成了党的十八届四中全会中提出的全面推进依法治国总目标，这个总目标就是建设中国特色社会主义法治体系，建设社会主义法治国家。明确了全面依法治国的重点任务和目标。要坚定不移推进法治领域改革，为全面依法治国提供有力保障。

第三，协调推进科学立法、民主立法、依法立法。党的十八大将"科学立法"确定为法治建设方针的重要组成部分。党的十八届

① 《中共中央关于全面推进依法治国若干重大问题的决定》，《人民日报》2014 年 10 月 29 日。

四中全会进一步提出要抓住立法质量这个关键，深入推进科学立法、民主立法。对此，习近平指出："推进科学立法、民主立法，是提高立法质量的根本途径。"[①] 2015 年 3 月 15 日，十二届全国人大第三次会议通过修改后的《立法法》，在科学立法、民主立法的基础上，首次确定了"依法立法"的原则，规定立法"应当遵循宪法的基本原则"，而且"应当依照法定的权限和程序"。党的十九大立足于中国特色社会主义进入新时代这一新的历史方位，首次将"科学立法、民主立法、依法立法"三者并提，指出："推进科学立法、民主立法、依法立法，以良法促进发展、保障善治。"[②] 这是基于目前立法领域存在的突出问题的需要而提出的。2015 年 3 月，全国人大对《立法法》进行了修改，对立法工作提出了许多重大要求，为从整体上提高立法质量，为良法善治提供了法律制度保障。良法是善治的前提，建设完善的法律规范体系处于社会主义法治体系的核心地位。法律是法治实践经验的总结，法治实践是不断变化发展的，法律也需要随之不断完善和发展。法律体系的形成过程，是科学立法、民主立法、依法立法不断推进的过程。法律体系的完善和发展，也要求科学立法、民主立法、依法立法的深入推进，这是从整体上提高我国的立法质量的根本途径。

习近平指出："人民群众对立法的期盼，已经不是有没有，而是好不好、管用不管用、能不能解决实际问题；不是什么法都能治国，不是什么法都能治好国；越是强调法治，越是要提高立法质量。这些话是有道理的。我们要完善立法规划，突出立法重点，坚持立改废并举，提高立法科学化、民主化水平，提高法律的针对

---

① 《中国共产党第十八届中央委员会第四次会议文件汇编》，人民出版社 2014 年版，第 84 页。

② 《中国共产党第十九次全国代表大会文件汇编》，人民出版社 2017 年版，第 31 页。

性、及时性、系统性。"[①]"推进科学立法、民主立法，是提高立法质量的根本途径。科学立法的核心在于尊重和体现客观规律，民主立法的核心在于为了人民，依靠人民。要完善科学立法、民主立法机制，创新公众参与立法方式，广泛听取各方面意见和建议。"[②]依法立法是指立法应当严格依照宪法法律设定的权限和程序进行，确保每一项立法都经得起合宪性审查，经得起实践和历史的检验。依法立法要求合理划分中央与地方、权力机关与行政机关的立法权限，明确规定全国人大及其常委会法律保留的事项，依法严格进行授权立法，防止部门利益和地方利益法律化。中国特色社会主义已经进入新时代，我们党担负着更加艰巨的历史使命，在立法工作上，确保有法可依的同时，更要提高立法的质量。

第四，法治政府建设取得新成就。法治政府就是政府在行使权力履行职责过程中坚持法治原则，严格依法行政，政府的各项权力都在法治轨道上运行。2019年3月5日，国务院总理李克强在发布的2019年国务院政府工作报告中提出，过去一年，推进法治政府建设和治理创新，保持社会和谐稳定。2019年5月，中央全面依法治国委员会办公室印发了《关于开展法治政府建设示范创建活动的意见》；中共中央办公厅、国务院办公厅印发《法治政府建设与责任落实督察工作规定》。

提高领导干部依法行政的能力和水平应该成为法治政府建设的重点。继续做好普法学法用法守法工作，加强法治宣传教育，在全社会弘扬法治精神，普及法律常识。创新方式，重点强化领导干部的法治意识，提高运用法治思维和法治方式的能力，提高依法行政的水平和能力。法治政府高度重视行政机关工作人员依法行政意识

① 《习近平关于全面依法治国论述摘编》，中央文献出版社2015年版，第43页。

② 习近平：《关于〈中共中央关于全面推进依法治国若干重大问题的决定〉的说明》，《人民日报》，2014年10月29日。

与能力的培养。行政机关工作人员特别是领导干部要自觉养成依法办事的习惯，切实提高运用法治思维和法律手段解决经济社会发展中突出矛盾和问题的能力。要重视提拔使用依法行政意识强，善于用法律手段解决问题、推动发展的优秀干部。提高制度建设质量。严格遵守法定权限和程序，完善公众参与政府立法的制度和机制，保证人民群众的意见得到充分表达、合理诉求和合法利益得到充分体现。杜绝出现政府立法过程中的部门利益和地方保护倾向。规范行政决策程序。要坚持一切从实际出发，系统全面地掌握实际情况，深入分析决策对各方面的影响，认真权衡利弊得失。要把公众参与、专家论证、风险评估、合法性审查和集体讨论决定作为重大决策的必经程序。严格行政问责，对因有令不行、有禁不止、行政不作为、失职渎职、违法行政等行为，导致一个地区、一个部门发生重大责任事故、事件或者严重违法行政案件的，要依法依纪严肃追究有关领导直至行政首长的责任，督促和约束行政机关及其工作人员严格依法行使权力、履行职责。

第五，司法体制改革不断深化。进入新时代，随着一系列司法改革举措相继出台，司法管理体制改革有序推进，我国司法体制改革取得了突破性进展，增强了司法机关的依法独立性，提升了司法人员的积极性。首先，推进省级以下司法机关的人财物统一管理。长期以来，中国司法机关与行政区划对应设置，司法人员主要由地方管理，经费由地方财政负担。这种情况下，导致司法权运行受制于地方，执法办案活动易受干扰，一定程度上影响了司法公正。“去地方化”有助于减少地方对司法活动的不正当干预。推进将省级以下司法机关的人财物由省一级管理是从司法权是中央事权这一定位出发，逐步去除司法地方化的重要举措，对确保依法独立公正行使审判权至关重要。其次，探索实施了司法辖区与行政区划适当分离的司法管辖制度。再次，不断完善司法人员分类管理制度。对法院和检察院工作人员分别进行分类管理，分为法官（检察官）、审判辅助人员（检察辅助人员）和司法行政人员三类。对法官、检察官实行员额制，将办案力量配置在第一线，进一步提升了司法职业化水平，从而在整体上提高了司法质量。

新时代我国司法权运行机制改革逐步推开，以司法责任制为核心的司法权运行机制初步形成。首先，建立完善的司法责任制。公正是司法的生命线。建立完善的司法权运行责任制是维护司法公正的重要保证。2015 年 8 月 18 日，中央全面深化改革领导小组审议通过了关于完善人民法院、人民检察院司法责任制的若干意见，司法责任制改革在全国法检系统全面展开。司法责任制改革的核心，就是要理顺司法权力运行机制，使“让审理者裁判、由裁判者负责”和“谁办案谁负责、谁决定谁负责”真正落到实处。司法责任制改革，不仅提高了司法效率，调动了司法人员积极性和主动性，更重要的是保证了办案质量，为公正司法奠定了良好基础。其次，积极推进阳光司法。阳光司法将司法公开，这是司法体制改革的重要内容。充分利用信息化将司法公开，逐步形成阳光司法。再次，完善人民陪审员制度和人民监督员制度。人民陪审员制度重点强化了陪审员的独立性以及参审的实质性，完善人民监督员制度重点强化了监督员的独立性以及监督的实质性与有效性。除此之外，人权司法保障体制逐步完善。司法体制改革的重要目标和任务就是让人权得到切实尊重和保障。一是废止了劳动教养制度。二是健全冤假错案的防止、纠正、责任追究机制。三是逐步减少死刑适用范围。四是规范涉案财物处置司法程序。五是推进以审判为中心的诉讼制度改革，刑事诉讼制度改革不断深化。这一调整侦、诉、审三者关系的改革，体现了审判标准在刑事诉讼过程中的决定性作用，遵循了诉讼规律、司法规律、法治规律，加强了人权司法保障，改变了刑事诉讼活动中长期存在的“以侦查为中心”的传统格局。最后，陆续出台便民利民举措。针对人民群众普遍关心的问题，中央批准了23个司改文件，陆续推出了一系列便民利民的举措，让民众切实感受到改革带来的红利。其中，2015年5月《关于人民法院推行立案登记制改革的意见》正式实施。通过实施立案登记制度改革，彻底解决了长期以来困扰人们的“立案难”问题。2015年12月，中央政法委等六部委联合出台了《关于建立完善国家司法救助制度的意见（试行）》，扩大了救助对象和范围，细化了救助标准和程序，加大了司法救助的力度，规范了救助资金的筹措和管理，国家司法救助机制的框架基本建成。

第六，形成了完备的中国特色社会主义法治理论。中国法治理论建设的基础性、根本性的思想即坚持党的领导，坚持人民主体地位，坚持法律面前人人平等，坚持依法治国与以德治国相结合，坚持从中国实际出发。只有坚定不移走中国特色社会主义法治道路，才能真正实现法治保障人民权益的根本目的。中国特色社会主义法治理论是中国特色社会主义理论的重要组成部分，中国特色社会主义理论为中国特色社会法治理论的研究、发展、创新指明了方向、奠定了基础，是符合中国实际、具有中国特色、体现社会发展规律的社会主义法治理论，沿着这条道路坚定不移地走下去，形成一套承载着中国自己话语体系的法治理论，对提升中国在国际社会的法治话语权和影响力至关重要。中国特色社会主义法治理论是借鉴了人类文明的优秀成果，汲取了西方法治理论的优秀成果，吸收了中国优秀的传统文化，融汇了中华法律文化精华，在共产党人自我探索、自我创造的基础上建立的一整套符合中国实际、具有中国特色、体现社会发展规律的社会主义法治理论。这是一条积极推进理论创新形成的一条内生式演进发展道路，绝不是照搬外国法治理念和模式。符合中国国情具有中国特色，不是拒绝借鉴国外优秀经验，闭门造车，也不能以“国情”和“特色”做降低标准的“理论挡箭牌”，而是要追求在充分认识特点的基础上对特点的优化和超越。中国特色的社会主义法治理论要在正确了解并深入分析中国法治国情的基础上，充分利用国内外各种有利条件，取其精华，去其糟粕，借鉴性地吸收和创造，使其具备先进性、独创性和适用性，并形成了具有中国特色、中国作风、中国气派的法治理论，促进中国的社会主义法治以最优方式向前迈进。

中国特色社会主义法治理论是对马克思主义法学基本原理进行创造性转换的科学理论，是马克思主义法学当代化、现实化和中国化的最新成果，是将普遍性的法治理论同中国具体的法治实践紧密结合起来的结果，深刻地揭示了法治中国建设的理论基础、科学内涵和实践规律。马克思主义在意识形态领域发挥着指导作用，促进了党的理论创新全面推进。“对马克思主义的信仰，对社会主义和共产主义的信念，是共产党人的政治灵魂，是共产党人经受住任何考验的精神支柱。”① 每一个党员干部必须把马克思主义、毛泽东思想和中国特色社会主义理论体系作为自己的行动指南，作为为人民服务的精神支柱。中国特色社会主义法治理论必须以马克思主义及其中国化的理论成果为指导。我国全面推进依法治国的道路，走的是中国特色社会主义法治道路，中国特色社会主义法治道路坚定不移地以马克思主义及其中国化的理论成果为自己的指导思想，这是关系到全面推进依法治国的大是大非、事关大局的问题。以什么样的指导思想来谋划和推进依法治国，这是中国特色社会主义现代化事业的根本问题，也是依法治国的首要问题。中国特色社会主义法治理论和实践本身就包含了将马克思主义、毛泽东思想、中国特色社会主义理论体系作为法治的指导思想。

全面推进依法治国以中国特色社会主义理论为行动指南，走中

① 《习近平谈治国理政》，外文出版社2014年版，第15页。

国特色社会主义道路，遵循中国特色社会主义制度，这是全面推进依法治国的根本。全面推进依法治国必须在坚持马克思主义、毛泽东思想、中国特色社会主义理论体系这个指导思想上，保持定力。习近平总书记指出：要增强“四个意识”，坚定“四个自信”，主动谋划和确定中国特色社会主义法治体系建设的总体思路、重点任务，做好全面依法治国重大问题的运筹谋划、科学决策，实现集中领导、高效决策、统一部署，统筹整合各方面资源和力量推进全面依法治国。[①] 依法治国的总目标必须坚持“五个原则”，坚持中国共产党的领导是“五个原则”的核心原则。党的领导是中国特色社会主义最本质的特征，是社会主义法治最根本的保证。是不是以马克思主义、毛泽东思想、中国特色社会主义理论体系作为法治的指导思想，是不是坚持中国共产党的领导，这是区分中国特色社会主义法治道路和西方法治模式的分水岭。只有以马克思主义、毛泽东思想、中国特色社会主义理论体系作为法治的指导思想，坚持党的领导中国特色社会主义法治建设才会有主心骨，全面推进依法治国才能取得成效。党的十八大以来，习近平总书记发表了一系列有关法治的专题讲话，发展和巩固了法治理论，推进了中国特色社会主义法治理论体系的形成。这个理论体系也已成为习近平治国理政思想的重要组成部分，其主要内容包括以下几个方面：

丰富和发展“三个统一”的本质特征理论。党的十六大首次提出“党的领导、人民当家作主、依法治国有机统一”的社会主义民主政治本质特征理论。党的十八大以来，习近平总书记进一步丰富和发展了“三统一”理论。他在庆祝全国人民代表大会成立60周年大会上强调，在中国，发展社会主义民主政治，保证人民当家作

① 习近平：《加强党对全面依法治国的集中统一领导，更好发挥法治固根本稳预期利长远的保障作用》，《人民日报》2018年8月25日。

主，保证国家政治生活既充满活力又安定有序，关键是要坚持党的领导、人民当家作主、依法治国有机统一。[①] 把坚持党的领导、人民当家作主、依法治国有机统一起来是我国社会主义法治建设的一条基本经验。我国宪法以根本法的形式反映了党领导人民进行革命、建设、改革取得的成果，确立了在历史和人民选择中形成的中国共产党的领导地位。对这一点，要理直气壮讲、大张旗鼓讲。要向干部群众讲清楚我国社会主义法治的本质特征，做到正本清源、以正视听。[②] 党的十九大报告指出："党的领导是人民当家作主和依法治国的根本保证，人民当家作主是社会主义民主政治的本质特征，依法治国是党领导人民治理国家的基本方式，三者统一于我国社会主义民主政治伟大实践。"[③] 这一论断深刻阐述了党的领导、人民当家作主、依法治国三者的定位、相互关系和重要作用。人民代表大会制度是坚持党的领导、人民当家作主、依法治国有机统一的根本制度安排。"三统一"的法治理论是对马克思主义法学思想和中国特色社会主义法治理论的重大发展。党的领导和社会主义法治是一致的，社会主义法治必须坚持党的领导，党的领导必须依靠社会主义法治。

中国特色社会主义法治的核心价值理论，法治的诸多价值在坚持全面依法治国的中国特色社会主义法治中是不可或缺的一部分，主要体现"人民主体"和"公正是法治的生命线"。党的十八届四中全会《决定》提出："人民是依法治国的主体和力量源泉""必须坚持法治建设为了人民、依靠人民、造福人民、保护人民，以保

---

① 习近平：《在庆祝全国人民代表大会成立60周年大会上的讲话》，《人民日报》2014年9月5日。

② 习近平：《关于〈中共中央关于全面推进依法治国若干重大问题的决定〉的说明》，《人民日报》2014年10月29日。

③ 习近平：《决胜全面建成小康社会　夺取新时代中国特色社会主义伟大胜利——在中国共产党第十九次代表大会上的报告》（2017年10月18日），人民出版社2017年版。

障人民根本权益为出发点和落脚点，保证人民依法享有广泛的权利和自由、承担应尽的义务，维护社会公平正义，促进共同富裕”。坚持人民主体地位，必须坚持法治为了人民、依靠人民、造福人民、保护人民。要把体现人民利益、反映人民愿望、维护人民权益、增进人民福祉落实到依法治国全过程。我国是人民当家作主的社会主义国家，人民是国家的主体，人民的利益高于一切。保证人民依法享有广泛的权利和自由、承担应尽的义务，维护社会公平正义，促进共同富裕。法律是人民意志的国家化，是人民根本利益的制度化、规范化。在以民为本、立法为民的理念下，我们所制定的法律充分反映人民意志，体现着最广大人民的根本利益和集中意志。我国社会主义制度就是要保证人民当家作主的主体地位，保证人民在全面推进依法治国中的主体地位。党的十九大明确，新时代我国社会主要矛盾是人民日益增长的美好生活需要和不平衡不充分的发展之间的矛盾。人民日益增长的美好生活需要很重要的一个方面就是对民主、法治、公平、正义、安全、环境等的更高要求，这成为新时期全面推进依法治国的强大动力。“公正是法治的生命线”，这集中体现了以习近平同志为总书记的党中央全面推进依法治国的新要求，把公正提到法治生命线的高度来认识，深刻揭示了公正对于法治的极端重要性。离开了公正，离开了人民群众的根本利益，法治就会偏离正确的政治方向和价值。首先，公正是法治的出发点和落脚点，是法治的基石和灵魂，是衡量立法是非良恶的根本标准。其次，公正是科学立法的核心价值追求，是制定良法、实施法治的前提。再次，公正为推进法治改革创新指明方向，是提高司法公信力的核心要求与重要保障。最后，引领法治政府建设的核心价值追求，是严格执法、建设法治政府的关键。依法维护人民权益、维护社会公正，正是法治的核心使命和本质要求。这是我国社会主义法治建设的特点和优势所在，也体现了中国特色社会主义政治发展道路的特点和优势。“人民主体”和“公正是法治的生命线”对于全面推进依法治国伟大实践，建设社会主义法治国家具有重要指导意义。

中国特色社会主义法治体系理论。全面推进依法治国，总目标是建设中国特色社会主义法治体系，建设社会主义法治国家。中国特色社会主义法治道路、中国特色社会主义法治理论、中国特色社会主义法治体系“三位一体”，共同构成了全面推进依法治国、加快建设社会主义法治国家的道路指引、理论支撑和制度保障。中国特色社会主义法治道路的开辟过程，也是中国特色社会主义法治理论体系的形成过程。中国特色社会主义法治道路的拓展，推进着中国特色社会主义法治理论体系的不断丰富、发展和完善；中国特色社会主义法治理论体系的发展，为坚持中国特色社会主义法治道路提供了科学指导和理论支撑。二者内在统一于中国特色社会主义法治实践事业。中国特色社会主义法治道路为中国特色社会主义法治体系提供实践基础，中国特色社会主义法治体系面对当下现实问题，着眼未来发展需要，坚持和凸显中国法学的政治性、科学性、实践性、包容性和创新性，为中国特色社会主义法治道路提供重要的载体，是中国特色社会主义法治道路的具体体现和重要标志，中国特色社会主义法治体系在一定程度上内涵中国特色社会主义法治道路。中国特色社会主义法治道路既是蕴含在中国特色社会主义法治理论中的中国特色社会主义法治的实践路向，也是包含在中国特色社会主义法治体系中的中国特色社会主义法治的根本路径。党的十九大总结了过去五年的工作和历史性变革，提出习近平新时代中国特色社会主义思想，明确新时代中国共产党的历史使命。在中国共产党的领导下，坚持中国特色社会主义制度，贯彻中国特色社会主义法治理论，形成完备的法律规范体系、高效的法治实施体系、严密的法治监督体系、有力的法治保障体系、形成完善的党内法规体系，坚持依法治国、依法执政、依法行政共同推进，坚持法治国家、法治政府、法治社会一体建设，实现科学立法、严格执法、公正司法、全民守法，促进国家治理体系和治理能力现代化。

依法治国与改革开放的关系理论。2018 年是改革开放和依法治国四十周年，这四十年中改革开放和依法治国取得了实践经验与理论创新成果。我们党带领全国人民经过四十年的艰苦奋斗，解放思想，开拓创新，攻坚克难，经济社会文化水平实现了空前的快速发展，创造了令世人瞩目的成绩。我国在党的领导下沿着中国特色社会主义法治道路坚定前行。改革开放的四十年，也是我国奋力推进依法治国的四十年。四十年间，我国经历了从法律体系逐渐形成再到法律体系进一步完善的过程，从“以法治国”到“依法治国”再到“全面依法治国”的历史演变。特别是党的十八大以来，以习近平同志为核心的党中央坚持问题导向，把依法治国放在四个全面战略布局中统筹考量，我国的民主法治建设迈出重大步伐，为全面深化改革保驾护航。党的十九大更是把全面推进依法治国作为习近平新时代中国特色社会主义思想和方略的重要组成部分，全面依法治国在党和国家事业发展中的地位和作用被提升到了历史新高度。党的十九大提出的新时代新战略新征程，全面回顾了改革开放和依法治国这四十年来波澜壮阔的伟大历史进程，深刻总结了成功实践经验与理论创新成果，立足现实，展望未来，具有承前启后的特殊意义。依法治国与改革开放的关系理论丰富了法治理论，法治发挥着立法对改革的引领和推动作用，许多重大改革都需要现行法律予以推进和维护，坚持“立改废释”以确保法律不断与时俱进适应改革的需要，从而实现改革决策和立法决策统一衔接，以法治规范改革行为，做到重大改革于法有据，运用法治思维和法治方式推进各项改革，以法治凝聚改革共识，以法治确认、巩固和扩大改革成果。用法律充分保护那些经过了实践检验和证明的成熟改革经验以及改革措施，并确保其充分有效地实施。坚持全面依法治国是全面深化改革的有机组成部分，要在全面深化改革的总体框架下全面依法治国，在改革中完善法治，以改革驱动法治现代化。改革开放是决定中国命运的重大抉择，依法治国是维护改革开放成果的必由之路，其顺应大势，合乎民心。

从严治党依法反腐理论，习近平总书记针对各地存在的管党治党失之于宽、失之于软，主体责任落实不力、监管责任落实不到位等问题，用“破窗效应”“牛栏关不住猫”的比喻指出当前制度的不足，希望逐步扎紧制度笼子使“权力不能任性”。习近平总书记在党的十九大报告中指出：“出台中央八项规定，严厉整治形式主义、官僚主义、享乐主义和奢靡之风，坚决反对特权。巡视利剑作用彰显，实现中央和省级党委巡视全覆盖。坚持反腐败无禁区、全覆盖、零容忍，坚定不移‘打虎’、‘拍蝇’、‘猎狐’，不敢腐的目标初步实现，不能腐的笼子越扎越牢，不想腐的堤坝正在构筑，反腐败斗争压倒性态势已经形成并巩固发展。”① 反腐败既是一场长期的政治斗争，也是一场严肃的法治改革。建立让全体党员干部不敢腐的惩戒机制、不能腐的防范机制、不易腐的保障机制。这三个机制是标本兼治、惩防并举的反腐倡廉体系的制度化标准。围绕三个机制建立起纲纪严明的制度规范，持之以恒地加以贯彻，严密细致地加以完善，让制度发挥其应有的作用。消除了党和国家内部存在的严重隐患，加强党的创造力、凝聚力，增强战斗力，巩固党的团结与统一。以顽强意志品质正风肃纪、反腐惩恶，焕发出新的强大生机活力，为党和国家事业发展提供了坚强政治保证。同时把完善的党内法规体系作为中国特色社会主义法治体系的重要组成部分，

① 习近平：《决胜全面建成小康　社会夺取新时代中国特色社会主义伟大胜利在中国共产党第十九次代表大会上的报告》（2017 年 10 月 18 日），人民出版 2017 年版。

把反腐败工作纳入法治轨道；权力容易带来腐败，绝对的权力导致绝对的腐败，健全权力运行制约和监督体系，有权必有责，用权受监督，失职要问责，违法要追究；高度重视公权力配置的源头治理和公权力运行过程中的上游治理，推行政府权力清单制度，依法公开权力运行流程；坚持有腐必反、有贪必肃，坚持反腐败无禁区、全覆盖、零容忍；坚持制度面前人人平等、执行制度没有例外，不留"暗门"、不开"天窗"，坚决维护制度的严肃性和权威性。既要"打虎拍蝇"、有腐必反、有贪必肃，使权力不敢任性；也要完善、扎紧制度笼子，使权力不能任性；还要坚持理想信念教育，让党员干部这个"关键少数"经常"照镜子、正衣冠、洗洗澡、治治病"，做到"既严以修身、严以用权、严以律己，又谋事要实、创业要实、做人要实"。以从严治党、依法反腐的理论积极应对和解决在廉政建设、反腐败斗争中面临的严峻复杂问题，为党的建设提供科学有效的理论指导。提高党员干部法治思维、依法办事能力。"各级领导机关和领导干部要提高运用法治思维和法治方式的能力，努力以法治凝聚改革共识、规范发展行为、促进矛盾化解、保障社会和谐。"[①] 习近平总书记强调："要提高党员干部法治思维和依法办事能力，高级干部尤其要以身作则、以上率下。我在党的十八届四中全会上讲过，各级领导干部在推进依法治国方面肩负着重要责任，全面依法治国，必须抓住领导干部这个'关键少数'。这也就是我们党一直强调的，政治路线确定之后，干部就是决定因素。"[②] 提高党员干部法治思维和依法办事能力，是对执政能力和领导水平提出的新要求。法律是治国之重器，法治是国家治理体系和治理能力的重要依托。随着经济社会的发展、全面深化改革的展开

① 习近平：《在十八届中共中央政治局第四次集体学习时的讲话》，2013 年 2 月 23 日。

② 习近平：《在省部级主要领导干部学习贯彻党的十八届四中全会精神全面推进依法治国专题研讨班上的讲话》，2015 年 2 月 2 日。

和人民法治意识的提高，法治作为党治国理政的基本方式，在国家治理体系中的地位越来越重要。党员干部增强法治意识、提高法治素养，首先要尊法，只有内心尊崇法治，才能行为上遵守法律。只有铭刻在人们心中的法治，才是真正牢不可破的法治。党员干部善于运用法治思维和法治方式调节经济社会关系、统筹协调各种利益、实现改革于法有据，才能更好地规范发展行为、凝聚改革共识、促进矛盾化解、保障社会和谐，不断提高科学执政、民主执政、依法执政水平。因此，必须把提高党员干部运用法治思维、法治方式的意识和能力作为推进国家治理体系和治理能力现代化的重要切入点、作为加强党的执政能力建设的基本要求。党员干部要提高运用法治思维和法治方式深化改革、推动发展、化解矛盾、维护稳定的能力，做到办事依法、遇事找法、解决问题用法、化解矛盾靠法。法治思维和法治方式理论以其有的放矢的问题导向，把先进的法治理念转化为科学的法治实践。党员干部是否具有法治思维和依法办事能力，直接决定着能否把法治作为治国理政的基本方式，直接决定着领导工作的有效与否，也直接决定着能否建成法治中国。完善法治，以改革驱动法治现代化。

国家治理体系和治理能力及其现代化理论。党的十八届三中全会提出："全面深化改革的总目标是完善和发展中国特色社会主义制度，推进国家治理体系和治理能力现代化。"将推进国家治理体系和治理能力现代化作为全面深化改革的总目标，对于中国的政治发展，乃至整个中国的社会主义现代化事业来说，具有重大而深远的理论意义和现实意义。习近平总书记指出："国家治理体系和治理能力是一个国家制度和制度执行能力的集中体现。国家治理体系是在党领导下管理国家的制度体系，包括经济、政治、文化、社会、生态文明和党的建设等各领域体制机制、法律法规安排，也就是一整套紧密相连、相互协调的国家制度；国家治理能力则是运用国家制度管理社会各方面事务的能力，包括改革发展稳定、内政外交国防、治党治国治军等各个方面。国家治理体系和治理能力是一个相辅相成的有机整体，有了好的国家治理体系才能真正提高治理能力，提高国家治理能力才能充分发挥国家治理体系的效能。”① 作为治理体系核心内容的制度，其作用具有根本性、全局性、长远性，但是没有有效的治理能力，再好的制度和制度体系也难以发挥作用。国家治理法治化可以为国家治理现代化提供价值基础；国家治理法治化可以为国家治理现代化提供合法性、权威性基础；国家治理法治化可以为国家治理现代化提供制度基础；国家治理法治化是国家治理现代化的基本保障。②

建设“法治中国”理论。“法治中国”概念和理论的提出，将有利于全面科学有效地统领依法治国和法治建设的所有理论和实践问题。法律是治国之重器，法治是国家治理体系和治理能力的重要依托。党的十八大以来，习近平总书记在多次讲话中提出了“法治中国”的科学命题。党的十八届三中全会正式确认了这一概念，并做出推进法治中国建设的重大部署。党的十八届四中全会《决定》绘就了法治中国的“路线图”。“法治中国”是中国法治建设的升级版，是对“依法治国”的超越。从政治学范畴来讲，“法治中国”是“法治国家”“法治政府”和“法治社会”的综合体。将法治作为我们党治国理政的基本方式，提出了全面推进依法治国的指导思想、总目标、基本原则、重要任务和具体改革措施，系统回答了中国特色社会主义法治建设的重大理论和实践问题，明确了中国特色社会主义法治建设的前进方向，为建设中国特色社会主义法治体系、全面推进法治中国建设提供了强大思想武器和科学理论依

① 习近平：《切实把思想统一到党的十八届三中全会精神上来》，《求是》2014 年第 1 期。

② 王宗礼：《四个全面战略布局之全面推进依法治国》，人民出版社 2017 年版，第 22—25 页。

据，开创了国家治理现代化、法治化的新局面。建设法治中国，必须坚持依法治国、依法执政、依法行政共同推进；坚持法治国家、法治政府、法治社会一体建设；必须深化司法体制改革，加快建设公正高效权威的社会主义司法制度，维护人民权益，让人民群众在每一个司法案件中都感受到公平正义。

党的领导与法律权威相统一的党法关系理论。中国共产党领导人民进行新民主主义革命和社会主义革命，确立了社会主义基本制度，为当代中国一切发展奠定了根本政治前提和制度基础；中国共产党领导人民进行改革开放新的伟大革命，开辟了中国特色社会主义道路，中国在短短几十年取得了西方发达国家需要几百年才能取得的成就。没有党的领导，就没有社会主义在中国的伟大实践，就没有中国特色社会主义的开创和发展。党的领导和党的建设是国家治理的前提。对内统筹推进“五位一体”总体布局、协调推进“四个全面”战略布局，贯彻落实新发展理念，都需要坚持和加强党的全面领导；对外必须把党的全面领导变成应对外部矛盾、风险和挑战的定海神针。党的十九届二中全会审议通过的《中共中央关于修改宪法部分内容的建议》，站在健全完善党和国家领导制度、推进国家治理体系和治理能力现代化的高度，做出了一系列重大制度设计，其中包括把“中国共产党领导是中国特色社会主义最本质的特征”载入宪法，明确了社会主义制度与中国共产党的领导不可分离的内在逻辑联系，强化了党的领导的法律权威。习近平总书记《在省部级主要领导干部学习贯彻党的十八届四中全会精神全面推进依法治国专题研讨班开班式上的讲话》中指出：“党和法的关系是政治和法治关系的集中反映。法治当中有政治，没有脱离政治的法治。西方法学家也认为公法只是种复杂的政治话语形态，公法领域内的争论只是政治争论的延伸。每一种法治形态背后都有一套政治理论，每一种法治模式当中都有一种政治逻辑，每一条法治道路底下都有一种政治立场。”党的领导和社会主义法治是一致的，社会主义法治必须坚持党的领导，党的领导必须依靠社会主义法治。我们党作为执政党能否尊重宪法和法律，能否带头遵守宪法和法律，直接关系到法律的权威存在与否，关系到社会主义法治建设的成败。

坚持依法治国和以德治国理论相结合。我国历史上就有德法结合的优秀传统，面对中华优秀传统文化我们要坚定自信，开辟新路，取其所长，去其所短，创造性转化、创新性发展。我们党是优秀传统文化的忠诚继承者、弘扬者和建设者，要在新的历史条件下将德法结合的优秀传统发扬光大。这条道路要在中国共产党领导下，以人民为主体，以法律面前人人平等为原则，以中国的实际情况为出发点，以突出依法治国和以德治国相结合为特色。依法治国与以德治国相结合符合我国基本国情要求，是中国特色社会主义法治建设的必然选择，推进社会主义法治建设应坚持依法治国与以德治国相结合，从坚持党的领导、实现执政风格的转变、形成良好的社会风气、强化选人用人标准、加强法治队伍建设等方面加以推进。习近平总书记进一步强调了“礼法合治”这个中华民族治国理政智慧的精华，坚持法治和德治的相结合是全面推进依法治国的重要保证，实行法治和德治的相结合是正确解决改革发展重大问题的有效方法，这就是法治的中国模式，是法治的中国方案。

习近平总书记指出，法律是成文的道德，道德是内心的法律。法律和道德都具有规范社会行为、调节社会关系、维护社会秩序的作用，在国家治理中都有其不同的地位和功能。法律和道德作为上层建筑的组成部分，在国家治理和社会治理中都有其独特的地位和功能。法治，具有权威性和强制性，发挥着规范社会行为、社会生活、治理国家的作用。德治，具有说服性和劝导性，以提高社会成员思想道德觉悟，发挥着引导规范社会成员行为、调节社会关系的道德教化作用。古往今来，法治是治国理政不可或缺的重要手段，但是，法治也不是万能的，治国理政仅靠法治这一手是不够的。习近平总书记深刻指出，法律的有效实施有赖于道德支持，道德践行也离不开法律约束。法律难以规范的领域，道德可以发挥作用，而道德无力约束的行为，法律则可以惩戒。国家治理需要法律和道德协同发力，法治和德治犹如车之双轮、鸟之两翼，不可分离，不可偏废，正所谓“法安天下，德润人心”。首先，德法结合，相辅相成。习近平总书记指出，这条道路的一个鲜明特点，就是坚持依法治国和以德治国相结合，强调法治和德治两手抓、两手都要硬。这既是历史经验的总结，也是对治国理政规律的深刻把握。把道德要求贯彻到法治建设中，以法治承载道德理念，道德才有可靠制度支撑。法律法规要树立鲜明道德导向，弘扬美德义行。其次，强化道德对法治的支撑作用。人们对法律的认同，根本的是对其蕴含的道德价值的认同；人们对法律的遵守是源于思想觉悟的提升。坚持依法治国和以德治国相结合，就是要发挥道德对人良知的教化作用，提高社会文明程度，为法治创造良好人文环境。再次，立法与法律实践都要体现社会主义道德要求。司法不公，既是对法律的亵渎，也是对恶行的纵容、对美德的贬损。执法、司法如果失掉了惩恶扬善的功能，其本身就会成为罪恶的根源。文明执法、公正司法本身就是对道德的捍卫。与此同时，还需要运用法治手段解决道德领域突出问题，法律是底线的道德，也是道德的保障。对那些伤风败俗的丑恶行为，激起公愤、缺少自觉的道德缺失现象，单靠道德教育并不能达到惩恶扬善的作用，必须运用法治手段进行治理。最后，要提高全民法治意识和道德自觉，国无德不兴，人无德不立。法律要发挥作用的前提是全社会要信仰法律，道德要发挥作用必须是提升全社会的道德素养，这是以德治国的文化基础。法治精神的核心是权利义务相统一，道德素养的基础是爱国守法。公民道德素养一定程度上决定着国家法治进程，培育公民的法治意识和道德自觉是实现德法结合的基础工程。

良法善治理论。按照古希腊思想家亚里士多德的阐述，所谓“良法之治”，应包括两重含义：“已成立的法律获得普遍的服从，而大家所服从的法律又应该本身是制定得良好的法律。”[①] “已成立的法律获得普遍的服从”是指法律制定出来以后，任何人、任何形态的社会大众必须服从法律，尊重法律，承认法律。“大家所服从的法律又应该本身是制定得良好的法律”是指法律必须符合社会发展的规律，满足人民的物质需求、精神需求，立法内容与程序均臻于完善的良法。“法律是治国重器，良法是善治之前提。”第一，良法必须是体现广大人民意志的法，它保护的是人民的利益，维护的是有利于人民的社会秩序。人民利益应当是多数人的利益，在一般情况下，应该是公共的利益，特别是应该符合人性，讲究人道，体恤人情，尊重人格的法律。同时，要看法律的实质，明确该法的出发点与落脚点，透过现象看本质。第二，良法应该是顺应世界潮流、符合时代要求的法律规范。当今世界潮流和时代特征是和平、发展、合作、共赢，如果一个法律与此背向而行，宣扬和鼓吹逆历史潮流而动的言行，那么它就是恶法。第三，良法应该是可以操作的法律规范。法律的生命力在于实施，法律的权威也在于实施。如果一个法律不能实施，操作它极端困难，那么这样的法绝不是良法。第四，良法应该是联系实际的。良法是客观规律，特别是经济规律的反映。因此，法律必须结合本国实际，直接引导、促进和保障经济的发展。良法的第五个标准是，良法不仅可以“护航”，而且可以“导航”。只有能够“导航”的法律才是良法。这是因为法

① ［古希腊］亚里士多德：《政治学》，吴寿彭译，商务印书馆 1965 年版，第 199 页。

律的导航作用是很明显的，它为人们提供了三种行为模式，明确告诉人们：哪些行为可以做，哪些行为禁止做，哪些行为必须做。前一条是权利，不做也不违法，但最好按法律导向去做。后面两种则是义务，违背法律的导向就要受到法律的干预、制止或惩罚。我们在全面实施依法治国中，要强调法律的导向作用。使良法促改革、善治惠民生。

在中国特色社会主义新时代，中国共产党在反思古今中外各种法治模式的基础上，鲜明地提出“良法善治”的法治模式。习近平总书记强调：“法律是治国之重器，良法是善治之前提”，要“以良法促进发展、保障善治”，“要把社会主义核心价值观贯穿立法、执法、司法、守法各环节，使社会主义法治成为良法善治”。为了实现良法善治，必须坚持科学立法、民主立法、依法立法。法治是国家强盛的重要保障，也是国家强大的重要标志。“法令行则国治，法令弛则国乱。”习近平总书记多次引用“奉法者强则国强，奉法者弱则国弱”的法家经典，多次深刻分析法治问题上的经验和教训，指引全党和全国人民坚定不移走奉法强国之路，更好发挥法治对经济发展、政治清明、文化昌盛、社会公正、生态良好、国泰民安的引领和规范作用。

习近平总书记关于全面依法治国新理念新思想新战略是全面依法治国、建设法治中国的根本遵循，必须长期坚持，不断丰富发展。全面推进依法治国以习近平新时代中国特色社会主义思想为指导，总结新经验，提炼新概念，形成新思想，为不断丰富和发展中国特色社会主义法治理论做出新的贡献。

第三章

新时代全面推进依法治国的原则、意义和总目标

党的十八届四中全会通过的《中共中央关于全面推进依法治国若干重大问题的决定》（以下简称《决定》）指出："全面推进依法治国，必须贯彻落实党的十八大和十八届三中全会精神，高举中国特色社会主义伟大旗帜，以马克思列宁主义、毛泽东思想、邓小平理论、'三个代表'重要思想、科学发展观为指导，深入贯彻习近平总书记系列重要讲话精神，坚持党的领导、人民当家作主、依法治国有机统一，坚定不移走中国特色社会主义法治道路，坚决维护宪法法律权威，依法维护人民权益、维护社会公平正义、维护国家安全稳定，为实现两个一百年奋斗目标、实现中华民族伟大复兴的中国梦提供有力法治保障。"①

法律是治国之重器，法治是国家治理体系和治理能力的重要依托。习近平总书记强调，全面推进依法治国总目标是建设中国特色社会主义法治体系、建设社会主义法治国家。全面推进依法治国总目标的提出，既明确了全面依法治国的性质和方向，又突出了工作重点和总抓手，具有举旗定向、纲举目张的重大意义。总目标擘画

---

① 《中共中央关于全面推进依法治国若干重大问题的决定》，《人民日报》2014 年 10 月 29 日。

了全面依法治国的总蓝图。全面依法治国是涉及立法、执法、司法、守法等各个环节，涉及统筹推进“五位一体”总体布局和协调推进“四个全面”战略布局等各个方面的庞大系统工程，必须进行顶层设计、做出总体安排。党的十八大以来，以习近平同志为核心的党中央从关系党和国家前途命运的战略全局高度来定位法治、布局法治、厉行法治，围绕为什么推进依法治国、如何推进依法治国、建设什么样的法治国家等一系列重大问题，进行了全面探索，形成了丰富经验，取得了重大成就。全面依法治国总目标，是在深刻总结成功经验和历史性成就的基础上，做出的科学概括和理论升华，明确了全面依法治国的根本性质、整体架构、工作布局、重大任务等，为统一全党全国各族人民的思想、意志和行动奠定了坚实的基础。总目标指明了全面依法治国的正确方向。世界上不存在定于一尊的法治模式，也不存在放之四海而皆准的法治道路。综观当今世界不同国家和地区，由于各自的历史背景、政治制度、法律文化和发展道路不同，法治模式和法律体系也各不相同。我们党提出全面依法治国的总目标，就是旗帜鲜明地表明，要毫不动摇坚持社会主义法治的性质和方向，毫不动摇坚持走中国特色社会主义法治道路。习近平总书记指出：“我们治国理政的根本，就是中国共产党领导和社会主义制度。”明确了这个根本问题，我们就能有效抵御“西方宪政”“三权分立”“司法独立”“多党政治”等法治西化思潮，保证全面依法治国始终沿着正确的方向阔步前进。总目标明确了全面依法治国的总抓手。全面依法治国涉及很多方面，在实际工作中必须有一个总揽全局、牵引各方的总抓手。习近平总书记强调，建设中国特色社会主义法治体系是全面推进依法治国的总抓手，是国家治理体系的骨干工程，各项工作都要围绕这个总抓手来谋划、来推进。提出建设中国特色社会主义法治体系，是以习近平同志为核心的党中央对中国特色社会主义法治理论和法治实践的重大创新和重大贡献，充分说明我们党对我国法治建设的理论认识和实践推动都更有科学性、更富规律性、更具有创造性。①

一　全面推进依法治国的原则和意义

（一）全面推进依法治国的原则

全面推进依法治国，总目标是建设中国特色社会主义法治体系，建设社会主义法治国家。全面推进依法治国总目标必须坚持的五个基本原则，即坚持中国共产党的领导、坚持人民主体地位、坚持法律面前人人平等、坚持依法治国和以德治国相结合、坚持从中国实际出发。其中，党的领导是核心，人民主体是关键，法律平等是保障，德法共治是基础，坚持从中国实际出发是条件，五者相互关联、相互补充、缺一不可。这五个原则是全面推进依法治国的重要遵循，系统地回答了社会普遍关心的涉及依法治国的许多重大理论和实践问题。实现全面依法治国所规划的建设法治国家和法治体系的总目标，必须始终坚持五个基本原则。

第一，坚持中国共产党的领导是依法治国全面推进的政治保证。2018 年 3 月 11 日，十三届全国人大一次会议通过了第五次《中华人民共和国宪法修正案》，把“中国共产党领导是中国特色社会主义最本质的特征”写入宪法第 1 条第 2 款，体现了对习近平新时代中国特色社会主义思想和党的十九大精神的贯彻落实，为坚持党的领导提供了强有力的宪法保障。2018 年 8 月 24 日，习近平总书记首次以中央全面依法治国委员会主任的身份，主持召开了中央全面依法治国委员会第一次会议。习近平总书记将党的十八大以

① 中共中央宣传部：《习近平新时代中国特色社会主义思想三十讲》，学习出版社 2018 年版，第 184—185 页。

来党中央提出的一系列全面依法治国新理念新思想新战略，归纳为十四个“坚持”，其中，首要的即“坚持加强党对依法治国的领导”。尤其是在部署全面依法治国各项工作时，他把“党的领导”摆在突出位置，着重强调了健全党领导全面依法治国的制度和工作机制，继续推进党的领导制度化、法治化，把党的领导贯彻到全面依法治国全过程和各方面。我们可以从党章发展历程看，党的领导地位得到坚持并不断巩固，从制宪历程看，坚持党的领导是历史的选择、人民的选择，只有党的领导才能保障全面依法治国的正确方向。

十八届四中全会《决定》深刻阐述了党的领导和依法治国的关系，指出党的领导是中国特色社会主义最本质的特征，是社会主义法治最根本的保证。把党的领导贯彻到依法治国全过程和各方面，是我国社会主义法治建设的一条基本经验和基本原则。在这个问题上，我们必须有清醒的认识，毫不动摇地坚持党对法治建设的领导，与时俱进地加强和改善党对法治建设的领导，真正做到党领导立法、保证执法、支持司法、带头守法。党是全面依法治国的领导核心。坚持党的领导是全面依法治国的政治前提，深刻认识党的领导在全面依法治国中的历史地位、现实意义、实践方式，既是中国当代法治成败得失的关键，又是党的事业兴旺发达的关键。在全面依法治国的伟大实践中，坚持党的领导是首要原则，在任何时候、任何情况下都必须把党的领导置于法治实践的头等地位，时刻把握党的领导对全面依法治国的“最本质”属性和“最根本”价值。这既反映了历史规律性，又具有现实合理性和合法性。必须时刻保持清晰的头脑，坚定不移地在党的领导下建设中国特色社会主义法治体系，与时俱进地完善党对法治的领导，强化党对法治体系建设的各领域、诸环节实行全方位领导。

习近平新时代中国特色社会主义思想鲜明提出，中国特色社会主义最本质的特征是中国共产党领导，中国特色社会主义制度最大的优势是中国共产党领导，党是最高政治领导力量。将习近平新时代中国特色社会思想载入宪法，进一步明确坚持党对一切工作的领导这一最高政治原则，有利于巩固党的执政地位和执政基础、为国家发展和民族振兴提供坚强政治保证。

第二，坚持人民主体地位是依法治国全面推进的力量源泉。坚持人民主体地位，解决的是全面推进依法治国的力量源泉问题。人民是国家和社会的主人，人民当家作主是依法治国的前提和目标。法治建设必须坚持为了人民、依靠人民、造福人民、保护人民，充分发挥人民的主体作用。人民代表大会制度是保证人民当家作主的根本政治制度，要坚持和完善人民代表大会制度这个保证人民当家作主的根本政治制度，更好地实现坚持党的领导、人民当家作主、依法治国的有机统一。保证人民依法享有广泛的权利和自由、承担应尽的义务维护社会公平正义，促进共同富裕。必须保证人民在党的领导下，依照法律规定，通过各种途径和形式管理国家事务，管理经济文化事业，管理社会事务。必须使人民认识到法律既是保障自身权利的有力武器，又是必须遵守的行为规范，增强全社会学法尊法守法用法意识，使法律为人民所掌握、所遵守、所运用。把体现人民利益、反映人民愿望、维护人民权益、增进人民福祉落实到依法治国全过程。

第三，法律面前人人平等是依法治国全面推进的价值追求。坚持法律面前人人平等，解决的是全面推进依法治国的价值追求问题。公平正义是社会主义的本质属性，平等是社会主义法律的基本属性。法律面前人人平等，要求法律对所有社会成员一视同仁，任何组织和个人都必须尊重宪法法律权威，都必须在宪法法律范围内活动，都必须依照宪法法律行使权力或权利、履行职责或义务，都不得有超越宪法法律的特权，任何在社会中处于弱势的公民都不得受到歧视。坚持法律面前人人平等，必须维护国家法制统一，加大监督力度，切实保证宪法法律有效实施。

第四，坚持依法治国和以德治国相结合是全面推进依法治国的精神支撑。中华文化源远流长，孕育了中华民族的宝贵精神品格，培育了中国人民崇高的价值追求，支撑着中华民族生生不息、薪火相传，是现今我们推进改革开放和社会主义现代化建设的强大精神力量。道德建设是推动社会主义文化大发展大繁荣的重要内容，是提高社会成员的思想认识和道德觉悟的必然要求。如今我国公民道德建设方面仍然存在着不少问题，如果这些问题得不到及时有效的解决，必然损害正常的经济和社会秩序，阻碍全面推进依法治国的进程。面对社会经济成分、组织形式、利益关系和分配方式多样化的趋势，面对世界范围各种思想文化的相互激荡，必须适应形势发展的要求，抓住有利时机，积极探索新形势下道德建设的特点和规律，在内容、形式、手段、机制等方面努力改进和创新以提高以德治国的水平。

坚持依法治国和以德治国相结合，解决的是全面推进依法治国的精神支撑问题。道德和法律具有天然的联系和共同的价值取向。道德是法律的精神内涵，法律是道德的制度底线。在全面推进依法治国进程中，国家和社会治理需要法律和道德共同发挥作用。必须坚持一手抓法治、一手抓德治，大力弘扬社会主义核心价值观，弘扬中华传统美德，培育社会公德、职业道德、家庭美德、个人品德，以法治体现道德理念、强化法律对道德建设的促进作用，以道德滋养法治精神、强化道德对法治文化的支撑作用，既重视发挥法律的规范作用，又重视发挥道德的教化作用，做到法律和道德相辅相成、法治和德治相得益彰。

第五，坚持从中国实际出发是依法治国全面推进的现实保证。中国特色社会主义法治体系的建设过程，要基于现实，符合我国历史发展规律，不能照搬西方的现成模式。坚持从中国实际出发，解决全面推进依法治国的实践基础问题。法治属于上层建筑，是由经济基础所决定并为经济基础服务的。全面推进依法治国，必须从我国国情和实际出发，突出中国特色、实践特色、时代特色，走中国特色社会主义法治道路。适应改革发展稳定的法治需求，围绕社会主义法治建设重大理论和实践问题，推进法治理论创新，推动法治实践发展。在中国共产党的带领下，经过新中国成立70年和改革开放41年的探索，我国已经成功地总结出了一套依法治国的实践经验，形成了中国特色社会主义的发展理论。这些都是立足于中国国情的，具有鲜明的中国特色。这也是中国41年来改革开放取得巨大成就的重要保证。事实也证明，依法治国要适应中国具体国情、解决中国实际问题，必须要坚持走中国特色社会主义法治道路。在这个过程中，我们要有自信，植根于中国文化，总结自身法治经验，满足改革与经济发展的需要，使中国特色社会主义法治体系建设立足中国实际，彰显自身特色。

（二）全面推进依法治国的意义

党的十八届四中全会《决定》指出："依法治国，是坚持和发展中国特色社会主义的本质要求和重要保障，是实现国家治理体系和治理能力现代化的必然要求，事关我们党执政兴国，事关人民幸福安康，事关党和国家长治久安。"[①] 第一次以执政党最高政治文件和最高政治决策的形式，对在新形势下进一步引导和保障中国特色社会主义建设，通过全面推进依法治国、加快建设法治中国，推进国家治理体系和治理能力现代化，在法治轨道上积极稳妥地深化各

① 《中共中央关于全面推进依法治国若干重大问题的决定》，《人民日报》2014年10月29日。

种体制改革，为全面建成小康社会、实现中华民族伟大复兴中国梦提供制度化、法治化的引领、规范、促进和保障，具有十分重要的战略意义，对加强中国特色社会主义法治体系建设，全面推进依法治国，加快建设社会主义法治国家，具有十分重要的现实意义。党的十九大报告把坚持全面依法治国作为新时代坚持和发展中国特色社会主义的基本方略之一，指出“全面依法治国是中国特色社会主义的本质要求和重要保障”。深刻理解新时代坚持全面依法治国的重大意义，把握其根本要求，明确其着力点和创新处，才能更好地开展现代法治国家建设实践，为顺利有序推进党的十九大提出的各项事业提供法治保障，实现建设现代法治国家的战略目标。全面依法治国是国家治理领域一场广泛而深刻的革命，是实现国家治理能力现代化、建设现代法治国家的本质要求和重要保障。

第一，明确了全面推进依法治国的正确方向。世界各国存在着不同的法律制度模式和法治体系，这是由于历史、文化和发展道路的不同决定的。我们国家全面推进依法治国，将坚定不移建设中国特色社会主义法治体系、建设社会主义法治国家，就是要沿着中国特色社会主义法治道路前进，坚持我国法治的社会主义性质，最根本的是坚持党的领导、坚持中国特色社会主义制度、坚持中国特色社会主义理论体系指导。明确这一根本性问题有利于明确全面推进依法治国的根本目的和历史任务，有利于统一思想、凝聚全党全国各族人民在法治上的共识，保障依法治国沿着正确的方向推进。

第二，规划了全面推进依法治国的总体布局。全面推进依法治国是一个系统工程，涉及立法、执法、司法、守法等各个方面，涉及中国特色社会主义事业“五位一体”总体布局的各个领域，必须加强顶层设计、统筹谋划，在实际工作中必须有一个总揽全局、牵引各方的总抓手，围绕这个总抓手来谋划和推进依法治国各项工作。这个总抓手就是建设中国特色社会主义法治体系。《决定》针对我国法治建设面临的突出矛盾和问题，体现推进各领域改革发展对提高法治水平的迫切要求，从法律规范体系、法治实施体系、法治监督体系、法治保障体系和党内法规体系等方面对法治体系建设提出目标要求，从依法治国、依法执政、依法行政共同推进和法治国家、法治政府、法治社会一体建设方面对法治中国建设做出总体战略部署。

第三，全面推进依法治国体现了与全面深化改革总目标的内在联系。党的十八届三中全会确定了全面深化改革的总目标，这就是完善和发展中国特色社会主义制度、推进国家治理体系和治理能力现代化。治理一个国家、一个社会，关键是要立规矩、讲规矩、守规矩。法律是国家最大的规矩，法治是国家治理最基本的手段。全面推进依法治国总目标与全面深化改革总目标的内在联系和相互衔接，在全面深化改革总体框架内全面推进依法治国各项工作，在法治轨道上不断深化改革，更好发挥法治的引领和规范作用。建设中国特色社会主义法治体系，加快建设社会主义法治国家，是全面深化改革的重要内容。依法治国的全面推进，必将使中国特色社会主义制度更加完善、更加有效地推进国家治理体系和治理能力现代化。全面深化改革、全面依法治国双轮驱动，为实现全面建成小康社会提供制度动力和保障。

第四，坚持全面推进依法治国是深化市场经济体制改革的内在需要。市场经济本质上是法治经济。市场经济强调市场机制在资源配置中的决定性作用，通过社会分工、公平竞争和自由等价交换，实现市场资源的有效合理配置。严格执法、公正司法，有效解决争议，维护市场秩序。要使市场在资源配置中起决定性作用，进一步推动经济发展，必须全面推进依法治国。市场经济本质上是法治经济。市场经济强调市场机制在资源配置中的决定性作用，通过社会分工、公平竞争和自由等价交换，实现市场资源的有效合理配置。因此，要充分发挥市场功能，必须规范政府行为，防止政府对经济活动的不当干预、过分干预，依法保证市场主体自主决策、分散决策；必须保护财产权利与人身自由，保证市场主体平等地位，实现公平竞争；必须贯彻诚实信用原则，降低交易成本；必须严格执法、公正司法，有效解决争议，维护市场秩序。要使市场在资源配置中起决定性作用，进一步推动经济发展，必须全面推进依法治国，完善法治体系，形成良好法治环境，实现权利平等、机会平等、规则平等和法律面前人人平等。要通过民主科学立法，实现初始环节资源配置的分配正义；通过严格执法和公正司法，实现法律的执行正义和矫正正义功能。司法作为社会的“稳定器”，可以为市场经济改革提供一种缓和机制。

第五，坚持全面推进依法治国是反腐治权的治本之道。权力腐败是社会主义法治的死敌，是全面推进依法治国、建成社会主义法治国家的最大障碍。应当更加重视全面推进依法治国，把权力放进法律制度的笼子里，完善权力制约和监督机制，充分运用法治思维和法治方式推进反腐治权，切实从体制、机制和法治上遏制并解决权力腐败问题。腐败现象变化多端，腐败行为五花八门，但归根结底是公权力的腐败，因为权力不受制约必然产生腐败、绝对的权力产生绝对的腐败，所以法治国家要依法分权和治权。公权力腐败的表现形式多样，公权力腐败的原因不尽相同，但归根结底是权力寻租，是掌握和行使公权力的各类主体的腐败，而这些主体基本上都是政府官员和公职人员，所以法治国家不仅要依法治权，而且要依法治官、从严治吏。在我国，依法治权、依法治官是全面推进依法治国、依法执政和依法行政的必然要求，是法治思维下反腐治权的必然要求。反腐必须治权，治权必靠法治。

第六，坚持全面推进依法治国是加快法治中国建设的必然要求。在新形势下进一步引导和保障中国特色社会主义建设，通过全面推进依法治国、加快建设法治中国，具有十分重要的现实意义。建设法治中国，是中国人民对自由平等、人权法治、公平正义、安全秩序等法治价值的崇高追求，是坚持理论自信、道路自信、制度自信，完善和发展中国特色社会主义制度，推进国家治理现代化，实现国家各项工作法治化的实践过程，是人民依照宪法和法律管理国家、治理社会、配置资源、保障人权的良法善治。全面推进依法治国，要在中国共产党领导下，坚持中国特色社会主义制度，贯彻中国特色社会主义法治理论，加强中国特色社会主义法治体系建设，加快形成完备的法律规范体系、高效的法治实施体系、严密的法治监督体系、有力的法治保障体系、加快形成完善的党内法规体系，坚持依法治国、依法执政、依法行政共同推进，坚持法治国家、法治政府、法治社会一体建设，实现科学立法、严格执法、公正司法、全民守法，促进国家治理体系和治理能力现代化。全面推进依法治国，必须不断深化司法体制改革，加强中国特色社会主义法治体系建设，推进依宪治国，切实尊重和维护宪法权威；推进民主科学立法，不断完善中国特色法律体系；推进依法行政，加快建成法治政府；推进公正司法，建设独立公正高效权威的司法制度；推进全民守法，加快建设法治社会；推进依法治军，保证党对军队绝对领导；努力推进地方法治建设，夯实依法治国的实践基础；推进法治国际合作，完善国际法治新秩序。最根本的，是要全面推进依法执政，切实加强和改善党对依法治国事业的领导和保障。

第七，坚持全面推进依法治国是实现公平正义的基本途径。公平正义是当代中国社会的普遍价值追求，我们应当通过法律和法治来表达和实现公平正义：一要充分发挥法治的功能，重构我国社会公平正义的基本评判体系，把公众对于公平正义的利益诉求纳入法治轨道。通过科学立法，把抽象合理的公平正义诉求转化为具体明确的法定权利或权益；通过严格执法和公正司法，保障公众的合法权益。公众通过法治方式，依法维护和实现自己的法定权利和权益的公平正义。二要通过公平公正的实体法，合理规定公民的权利与义务、合理分配各种资源和利益、科学配置各类权力与责任，实现实体内容上的分配正义。三要通过民主科学的程序法，制定能够充分反映民意并为大多数人接受的程序规则，从程序法上来配置资源、平衡利益、协调矛盾、缓解冲突、规范行为，实现程序规则上的公平正义。四要在发生矛盾纠纷等利益冲突问题时，通过包括司法程序在内的各种法治程序、法治机制来解决，实现法治的实体与程序公正。习近平总书记在中央政治局第四次集体学习时，对政法机关提出了努力目标和明确要求——“努力让人民群众在每一个司法案件中都感受到公平正义”。所有司法机关都紧紧围绕这个目标来改进工作，重点解决影响司法公正和制约司法能力的深层次问题，确保审判机关、检察机关依法独立公正行使审判权、检察权。

二　建设社会主义法治国家

2013 年 1 月，习近平总书记在全国政法工作电视电话会议的讲话中首次提出“法治中国”概念。2013 年 11 月通过的《中共中央关于全面深化改革若干重大问题的决定》就“法治中国建设”提出了总体要求和制度性要求：“建设法治中国，必须坚持依法治国、依法执政、依法行政共同推进，坚持法治国家、法治政府、法治社会一体建设。深化司法体制改革，加快建设公正高效权威的社会主义司法制度，维护人民权益，让人民群众在每一个司法案件中都感受到公平正义。”这是党的文件对“法治中国”的首次表述。党的十八届四中全会明确提出了全面推进依法治国的总目标：“全面推进依法治国，总目标是建设中国特色社会主义法治体系，建设社会主义法治国家。”

（一）坚持依法治国、依法执政、依法行政共同推进

“能不能做到依法治国，关键在于党能不能坚持依法执政，各级政府能不能依法行政。我们要增强依法执政意识，坚持以法治的理念、法治的体制、法治的程序开展工作，改进党的领导方式和执政方式，推进依法执政制度化、规范化、程序化。”① 依法治国是党领导人民治理国家的基本方略，依法执政是党治国理政的基本方式，依法行政是依法治国的重要环节。这三者紧密联系，不可分割，必须共同推进。依法治国就是广大人民群众在党的领导下依照宪法和法律规定，管理国家事务、管理经济文化事业、管理社会事务。它是党领导人民治理国家的基本方式。依法执政就是执政党接受宪法和法律的规范，努力建立科学的领导机制和工作机制，通过完备的制度和法律体系来治理国家。依法行政就是各级政府及其工作人员严格依法行使其权力，依法处理国家各种事务。坚持依法治国、依法执政、依法行政共同推进，要求我们党必须在宪法和法律范围内活动。我们党在我国政治生活和社会生活中处于领导核心地位。我们党自觉维护宪法法律权威和尊严，对整个社会具有直接而深远的影响。各级领导干部要带头依法办事，带头遵守法律。各级组织部门要把能不能依法办事、遵守法律作为考察识别干部的重要条件。

习近平总书记明确指出：“准确把握全面推进依法治国工作布局，坚持依法治国、依法执政、依法行政共同推进，坚持法治国家、法治政府、法治社会一体建设。全面推进依法治国是一项庞大的系统工程，必须统筹兼顾、把握重点、整体谋划，在共同推进上

① 习近平：《加快建设社会主义法治国家》，《求是》2015年第1期。

着力，在一体建设上用劲。”[①] 依法治国、依法执政、依法行政是有机联系的整体，三者本质一致、目标一体、成效相关，必须相互统一、共同推进、形成合力。能不能做到依法治国，关键在于党能不能坚持依法执政，各级政府能不能依法行政。依法执政是我们党治国理政的基本方式，要求必须坚持党领导立法、保证执法、支持司法、带头守法；依法行政是各级政府活动的基本准则，要求各级政府必须依法全面履行职能，加快建设职能科学、权责法定、执法严明、公开公正、廉洁高效、守法诚信的法治政府。

第一，依法治国、依法执政、依法行政是统一整体。习近平总书记指出：“全面推进依法治国是一个系统工程，是国家治理领域一场广泛而深刻的革命，需要付出长期艰苦努力。”[②] 依法治国、依法执政、依法行政是一个有机联系的统一整体。依法治国、依法执政、依法行政统一于中国特色的社会主义建设，统一于社会主义法治国家建设，统一于为人民服务的原则。

首先，统一于中国特色社会主义建设。中国特色社会主义建设是依据我国处于社会主义初级阶段，是要加强经济建设、政治建设、文化建设、社会建设、生态文明建设，实现社会主义现代化和中华民族伟大复兴。中国特色社会主义建设是一项系统、复杂的工程。从国家整体布局看，要实现国家有序的建设、进行全面改革，需要以法律治理国家，即依法治国。依法治国是运用法律手段从国家治理的大方向，进行治国的总思路，因此，建设中国特色社会主义，必须要依法治国。从党在社会主义建设的地位来看，中国共产党是我国的执政党，是中国特色社会主义事业的领导核心。党的执政方式决定着国家建设、社会管理事务能否顺利进行，影响着国家

① 习近平：《加快建设社会主义法治国家》，《求是》2015 年第 1 期。

② 《中共中央关于全面推进依法治国若干重大问题的决定》，《人民日报》2014 年 10 月 29 日。

机构的运行。实现社会主义现代化建设，中国共产党必须依法执政。从政府的性质来看，政府是国家权力机关的执行机关，是国家行政机关，与人民群众的联系最密切。国家权力机关通过的政策、决议等，需要政府机构去执行。政府机构必须依法行政，才能调动人民群众的力量积极参与到社会主义现代化建设中来。中国特色社会主义事业需要整个国家的依法治理、人民群众的积极参与、中国共产党的依法执政和行政机构依法行政共同推进。

其次，统一于中国特色社会主义法治国家建设。依法治国、依法执政、依法行政与中国特色社会主义法治国家建设是整体与部分的关系。中国特色社会主义法治国家是一个整体，法律结构包括立法、执法、司法等环节，相应地，国家机关包括国家、执政党、政府以及司法等机构。中国特色社会主义法治国家的建成，需要法律结构和相应的国家机关协同运行、合力进行。即国家是在法律范围内运行，国家是种法治化的状态，国家的权力须依法行使，这就是依法治国；中国共产党作为社会主义法治事业建设的掌舵人，是社会主义法治的最根本保障，党要依据宪法法律治国理政，这就是依法执政；“法律的生命力在于实施，法律的权威也在于实施”[①]。政府作为法律的执行机构，需要依法行使其行政权力，并对其行政行为承担相应的责任，这就是依法行政。依法治国、依法执政、依法行政是中国特色社会主义法治国家建设的部分，只有共同推进，才能建成中国特色社会主义国家。

再次，统一于为人民服务的原则。我国是人民民主的社会主义国家，人民是国家的主人。实现依法治国，建设社会主义法治国家，根本目的是保证人民充分行使当家做主的权利，维护人民当家

---

① 《中共中央关于全面推进依法治国若干重大问题的决定》，《人民日报》2014 年 10 月 29 日。

作主的地位，最终目标是为人民服务。习近平总书记指出："人民是依法治国的主体和力量源泉，人民代表大会制度是保证人民当家作主的根本政治制度。必须坚持法治建设为了人民、依靠人民、造福人民、保护人民，以保障人民根本权益为出发点和落脚点，保证人民依法享有广泛的权利和自由、承担应尽的义务，维护社会公平正义，促进共同富裕。必须保证人民在党的领导下，依照法律规定，通过各种途径和形式管理国家事务，管理经济文化事业，管理社会事务。必须使人民认识到法律既是保障自身权利的有力武器，也是必须遵守的行为规范，增强全社会学法尊法守法用法意识，使法律为人民所掌握、所遵守、所运用。"[①] 要依靠广大人民群众的力量来进行依法治国、依法执政、依法行政。

第二，依法治国、依法执政、依法行政必须共同推进。依法治国、依法执政、依法行政内涵具有高度的统一性。依法治国，建设法治国家是一个复杂的过程，包括政治、经济、文化、社会、生态等各个方面的法制化，即把国家运行、社会生活等各方面都纳入法律的范围内，一切都依法进行。其中政党和政府是构成法治国家的重要组成部分。党是中国特色社会主义法治事业的领导者，党的执政行为必须按照法律规定的程序和方式，行使国家权力，动员和领导人民管理国家和社会、政治、经济、文化事业，实现中华民族伟大复兴。依法执政是依法治国战略对执政党的具体要求。"依法行政是依法治国的重要组成部分"，依法行政是依法治国战略在行政管理上的具体措施。依法执政和依法行政是依法治国对执政党和政府的法治化。依法执政和依法行政是依法治国在不同层面的提法，是依法治国内涵的延伸。

---

① 《中共中央关于全面推进依法治国若干重大问题的决定》，《人民日报》2014 年 10 月 29 日。

首先，依法治国、依法执政、依法行政目标具有一致性。依法治国、依法执政、依法行政的目标都是为了实现国家的法治化，建设社会主义法治国家。依法执政和依法行政是依法治国的具体实施。1997 年党的十五大提出，“依法治国，就是广大人民群众在党的领导下，依照宪法和法律规定……逐步逐步实现社会主义民主的制度化、法律化，使这种制度和法律不因领导人的改变而改变，不因领导人看法和注意力的改变而改变”。党的十六大报告正式提出依法执政，“加强党的执政能力建设，提高党的领导水平和执政水平”时，强调各级党委和领导干部“必须增强法制观念，善于把坚持党的领导、人民当家作主和依法治国统一起来，不断提高依法执政的能力”。执政党依法执政、民主执政、科学执政，更好地贯彻落实依法治国基本战略，加快建设法治国家。法律的生命力在于实施，法律的权威也在于实施。政府是国家权力机关的执行机关，国家权力机关颁布的法律、实施的政策、发布的文件等，大部分是由政府等行政机关来执行的。依法行政要求政府依法取得和行使行政权力，保证法律的实施，建设法治国家。

其次，依法治国、依法执政、依法行政相互关联。依法治国、依法执政、依法行政三者相互关联，相互制约，是层层递进的关系。依法治国通过党依法执政的方式来体现，依法执政是影响依法行政的重要方式。依法执政是执政党的执政方式和执政理念。中国共产党从全局总揽中国特色社会主义法治事业建设。我国宪法法律的制定和实施，国家政权机关的领导人员的人事组织等，统一协调各方的力量履行职能、开展工作，国家和社会的运行发展，都需要中国共产党依法执政。如果党的权力超越宪法和法律的范围，依法治国也就无从谈起。依法执政是依法治国的表现形式。同时，政府部门的行政工作处处受到中国共产党执政水平的影响和制约。如果党没有严格遵守法律，没有在宪法和法律范围内活动，执政党的权力就会凌驾于法律之上，党的政策和文件就有可能超越法律的权威，依法执政也就是一纸空文，依法行政更是难以开展。另外，依法行政是政府把法律作为自身行为的依据和出发点，把权力限制在法律所允许的范围内。中国共产党是我们国家的执政党，但是执政的主要力量来源于政府各个机构和政府官员，他（它）们表现如何直接影响着执政的效果。在我国公务员队伍中，大部分公务员在政府部门且在执法第一线，他们率先垂范依法行政，是实现依法执政的保证。实现依法执政、依法行政，必须坚持依法治国。依法治国，崇尚法律的至高地位，一切依法办事。依法治国是渗透在各个方面和层次、各个环节和阶段的，它的依法运行和发展是由各个方面和层次、各个环节和阶段所构成的。依法执政要求执政党要依法执政；立法机关要严格按照立法程序制定法律，逐步建立起完备的法律体系，使国家各项事业有法可依；行政机关要严格依法行政，要求各级政府及其工作人员严格依法行使其权力，依法处理国家各种事务；司法机关要公正司法、严格执法。进而实现依法执政、依法行政。

第二，发挥依法治国、依法执政、依法行政的合力作用。首先，依法治国在中国特色社会主义法治建设上，总揽全局，整体规划，确保依法执政、依法行政与之齐头并进。依法治国涉及全国的经济、政治、文化和社会生活的各个方面。依法治国是一项从中央到地方，从地区到行业，从立法到执法、司法、护法、守法、学法的系统工程，需要各方面前后呼应并驾齐驱。执政党要依法执政，充分体现依法治国的要求。政府部门依法行政，保障国家宪法和法律的实施，全力彰显法律的权威。因此，要充分发挥依法治国的整体性、全局性的作用，确保依法治国、依法执政、依法行政齐驱并进，做到上下一致，统筹协调，整体发力，只有这样才能全面推进依法治国，建设社会主义法治国家。

其次，充分发挥中国共产党依法执政的引领作用。依法治国的领导者是中国共产党，主体是人民群众。中国共产党领导中国特色社会主义事业和法治事业的建设，党必须在法律范围内活动，体现依法治国的要求。党是中国特色社会主义法治事业的总策划师。党制定大政方针以及具体措施时必须与依法治国的总体要求结合起来，自觉地将党内规章、决策、措施与依法治国的要求与进程相协调，保持党的先进性。党的执政措施和行为必须符合依法治国的要求。政府必须坚持党的领导，党坚持依法执政也是全社会效仿的榜样，即党是否依法执政关系到政府和人民对法律的认知、理解。党坚持依法执政对政府依法行政有示范效应。

再次，依法行政是依法治国与中国共产党依法执政的基础。依法行政是对政府的法治化要求。行政权直接影响国家和社会的安定和发展，同时也影响广大人民群众的利益。因此，依法行政是依法治国的基础。行政权力作为主要的国家权力之一，涉及方方面面。政府是连接国家与公民的桥梁，是与公民联系最紧密的国家机关。实现依法治国，建设法治国家，树立法律权威，要求公民必须具有较高的法治意识和法律信仰，“法律的权威源自人民的内心拥护和真诚信仰。人民权益要靠法律保障，法律权威要靠人民维护。必须弘扬社会主义法治精神，建设社会主义法治文化，增强全社会厉行法治的积极性和主动性，形成守法光荣、违法可耻的社会氛围，使全体人民都成为社会主义法治的忠实崇尚者、自觉遵守者、坚定捍卫者”①。党的法律制度建设，党的权力约束，需要公民的监督、约束，促使党员干部不断提高法治思维和依法办事能力，实现依法执政。依法行政是依法治国和依法执政的基础。在依法治国的过程

① 《中共中央关于全面推进依法治国若干重大问题的决定》，《人民日报》2014年10月29日。

中，建设法治国家，政府必须率先法治化。

最后，依法治国、依法执政、依法行政必须彼此协调，形成合力，共同推进。依法治国、依法执政、依法行政都是法治的重要元素。因此，只有共同推进，构成一个有机联系的整体，才能凝聚力量，推动法治。马克思主义整体与部分的关系告诉我们，当整体的各个部分以有序、合理、优化的结构形成整体，各个部分能够互相协调，各部分按照有序性构成有机整体时，就会产生部分所没有的新的功能，并且整体功能大于局部功能之和；当各个部分以无序、混乱、欠佳的结构形成整体时，各个部分的功能互相抵消，难以发挥整体应有的功能，整体功能小于部分功能之和。因此，在实施依法治国，建设社会主义法治国家时，依法治国、依法执政、依法行政必须共同推进，发挥合力，才能全面推进依法治国。

（二）坚持法治国家、法治政府、法治社会一体建设

法治国家、法治政府、法治社会三者相互联系、相互支撑、相辅相成。其中，法治国家是法治建设的目标，法治政府是法治国家的主体，法治社会是法治国家的基础，三者共同构成全面依法治国的三大支柱，缺少任何一个，全面依法治国工作布局就不完整，总目标就无法实现。党的十九大明确要求到2035年法治国家、法治政府、法治社会基本建成，各方面制度更加完善，国家治理体系和治理能力现代化基本实现。这就要求全面依法治国必须坚持三者同步规划、同步实施，推动三者相互促进、相得益彰。坚持法治国家、法治政府、法治社会一体建设，不仅是法治中国建设的内在要求，也是法治建设进入精细化、规范化、民主化发展阶段的时代任务，是深化改革开放、发展市场经济、推动观念更新和国家治理现代化的必然要求。社会主义法治国家，就是融法治国家、法治政府和法治社会为一体的法治中国。

法治国家是国家权力，特别是行政权力必须依照法律行使，所以，法治国家有时又称法治政府。国家权力严格依据宪法法律，通过人民代表大会产生，并依照法定的程序和方式依法行使，对一切违法用权、滥权、怠权行为严格依法追究法律责任。只有在党的领导下，以人民民主为基础、以宪法法律为根据而建立起来的社会主义法治国家，才具有旺盛的生命活力。

法治政府是政府在行使权力履行职责过程中坚持法治原则，严格依法行政，使政府的各项权力都在法治轨道上运行。法治政府要求各级人民政府从决策到执行及监督的整个过程都纳入法制化轨道，权利与责任紧密相连，集阳光政府、有限政府、诚信政府、责任政府于一身，并用法律加以固定，即为法治政府。关键是要推进政府法制建设，建立健全政府行政的法律依据和督促政府依法行政的法律制度。法治政府要求政府全面推进依法行政，不断提高政府公信力和执行力，必须正确处理法律与权力、权力与责任的关系，切实做到法定职责必须为、法无授权不可为，为保障经济又好又快发展和社会和谐稳定发挥更大的作用。

法治社会是和人治社会相对而言的，它是指国家权力和社会关系按照明确的法律秩序运行，并且按照严格公正的司法程序协调人与人之间的关系，解决社会纠纷。法治社会要求在全社会弘扬社会主义法治精神、建设社会主义法治文化，使全体公民、法人或其他社会组织依法行使权利、积极履行义务、依法依规开展社会治理，形成办事依法、遇事找法、解决问题靠法的法治氛围，自觉抵制违法行为，自觉维护法治权威。

第一，法治国家是法治政府、法治社会的前提条件。依法行政的目标是建立法治政府，法治政府是法治国家最为重要的组成部分。但法治国家具有更丰富的内容，法治国家是在执政党依法执政的领导下，促成和带动国家的各项工作和制度走向法治化，才能最终实现。亚里士多德说："法治包含两种意义：已成立的法律获得普遍的服从，而大家所服从的法律又应该本身是制订得良好的法律。"首先，国家权力依据法律运作，受到法律约束。国家机关的各个组成部门严格依照法律规定行使国家权力，违反法律行使权力应该受到追究。其次，国家的重大改革通过法律程序依法进行。法治国家并不意味着法律是僵化的和完美无缺的。社会在变化，人民也会提出新的诉求。法治国家的基本标志就是国家的立法、执法和司法活动均有广大人民群众的积极参与，人民可以通过法治的轨道修改法律，真正实现广泛的民主，实现国家的发展和进步。再次，权利得到保障。法治国家以人为本，公民的权利在法律上得到确认并落实到现实，成为实然状态，是法治国家最重要的目标之一，也是法治国家最可靠的检验标准之一。社会主义法治国家，不仅仅需要完备的法律制度，而且需要广大公民接受、认同这些法律制度并遵循运用。法治国家以法律来维护广大人民群众的根本利益，法治体系更加完善，法治意识凝聚成为人民群众的共识，人民能够维护法治、信仰法治。法治国家有利于带动全社会尊重法律，遵守法律，维护法律，培养群众的法治意识，推进法治社会建设。

第二，法治政府是法治国家的重要支柱，是法治社会的决定性因素。马克思历史唯物主义关于社会与政府关系的基本观点认为：政府产生于社会，政府具有社会管理的职能，法治政府具有较高的依法行政意识，有限行使公共权力，规范行政程序，从宏观上实现对整个社会系统的调节、制约与控制，促进社会体系的良性运作，为社会发展注入新的活力。政府是国家公共行政权力的象征、承载体和实际行为体。政府发布的行政命令、行政决策、行政法规、行政司法、行政裁决、行政惩处、行政监察等，都应符合宪法和有关法律的原则和精神，都对其规定的所有适用对象产生效力，并以国家武装力量为后盾强制执行。法治政府是法治中国格局建设当中的重要环节。政府的法治化程度影响着法治国家和法治中国的质量和进程。法治政府是法治国家的构成部分，是法治国家战略在政府管理上的具体实施。政府制定和实施公共决策，是国家公共机关与社会公共权力的代表。国家公共权力的行使，全由政府依法执行。作为国家权力机关的执行机关，政府的行为就是国家权威性的表现，也是法律权威的表现，法治政府的建设在法治国家建设中起着重要的作用。一个真正的法治国家，不仅公民要遵守法律，政府也要遵守法律法规，依法行政。政府的守法尤为重要，政府的守法带动人民群众的守法。政府运用法治方式处理问题，人民群众才能切实体会到法治思维、法治的精神、法治的益处。人民群众在这个过程中逐渐培养起对法治的依赖和信仰，从而带动全社会树立起对法治的依靠，养成良好的法治习惯，培养良好的法治社会氛围，推动法治社会的建设，法治政府是法治社会建设的决定性因素。

第三，法治社会促进法治国家、法治政府的建设。法治社会与法治国家互相依存，又相对独立，互相促进。社会的法治化是法治国家的有力支撑，是其必要的基础和保障。法治社会要求民意和群众表达渠道畅通，权为民所用，情为民所系，利为民所谋，将人民的利益和幸福作为社会发展的导向，人民群众的地位得到充分的尊重，自由得到充分的保障，权利得到充分的实现。建设法治国家的最终目的就是建设民主社会。法治社会建设是法治中国建设的重要组成部分，是创新社会治理的内在要求，同时为人民安居乐业、社会安定有序提供重要保障。首先，社会内部依法自行管理，社会组织和人民群众自觉守法。我国《宪法》第 24 条第 1 款规定：“国家通过普及理想教育、道德教育文化教育、纪律和法制教育，通过在城乡不同范围的群众中制定和执行各种守则、公约，加强社会主义精神文明的建设。”宪法鼓励不同范围的群众在法律许可的范围内，通过制定各种守则、公约，实现自我组织自我管理。法治社会中的社会组织的自我管理、自我组织能力得到全面的发展，社会自律水平较高，社会组织能自我管理大部分社会事务，整个社会处于稳定、有序的发展状态。社会组织和人民群众守法是法治的重要保障。社会的稳定发展才能为法治国家的建设提供一个稳定的社会环境。因此，法治社会的建成，有助于法治国家的建设。其次，法治社会促进法治政府的建设。中国五千年的传统观念和礼教文化根深蒂固，法治社会环境的营造需要每个社会成员的具体努力，要培养公民具有较高的法律意识和觉悟，最基本的法治意识就是：权利和义务的意识，即不仅享有宪法、法律赋予的权利与自由，也要履行宪法、法律的义务。宪法规定："中华人民共和国的一切权力属于人民。"政府掌握的权力是人民通过法律授予的，其行使也受到法律的约束，受到公民权利的限制。法治社会中社会成员具有较高的法律意识，能积极维护自己的合法权益。如果行政机关有越权，损害自己权益时，人民群众可以通过合法途径，要求政府在法律范围内行使行政权。同时，社会成员通过合法渠道获知政府的行政行为，监督政府的权力运行，决不允许以权谋私、滥用职权，否则的话，就应受到法律的惩处。法治社会对政府适度的制衡能更好实现政府维护普遍利益和社会特殊利益之间的结合，建设法治政府。

（三）着力推进科学立法、严格执法、公正司法、全民守法

党的十八大报告中提出"科学立法、严格执法、公正司法、全民守法"新的16字方针，表明我国社会主义法治建设进入了新阶段。16字方针确立了我国依法治国新阶段的四大目标。目前，中国特色社会主义法律体系已经形成，但是依法治国的目标并未全部达成，实现政治文明的征程仍在路上，需要我们继续推进依法治国基本方略，扫清法治发展过程中的障碍。推进科学立法、严格执法、公正司法、全民守法是新时代我国法治建设的指导方针。这一

方针既涵盖了立法、执法、司法、守法的主要环节，又明确了每个环节的重点要求，指导形成了新时代全面依法治国基本格局。党的十九大围绕这一基本格局对法治建设的重点任务进行了具体部署，明确要求加强宪法实施和监督，推进合宪性审查工作，维护宪法权威；推进科学立法、民主立法、依法立法，以良法促进发展、保障善治；建设法治政府，推进依法行政，严格规范公正文明执法；深化司法体制综合配套改革，全面落实司法责任制，努力让人民群众在每一个司法案件中都感受到公平正义；加大全民普法力度，建设社会主义法治文化，树立宪法法律至上、法律面前人人平等的法治理念。这些部署和要求，抓住了新时代全面依法治国的主要环节和重点任务，对实现全面依法治国总目标具有很强的针对性和指导性。宪法乃九鼎重器。2018 年 3 月，十三届全国人大一次会议通过宪法修正案，把党的十九大确定的重大理论观点和重大方针政策特别是习近平新时代中国特色社会主义思想载入国家根本法，将党的主张上升为国家意志。这充分体现了以习近平同志为核心的党中央对依宪治国、依宪执政的坚定信念，反映了我国各族人民的共同意志和根本利益，促进全面依法治国迈出坚实步伐。

第一，科学立法。科学立法的目的旨在增进人民的福祉，维护人民的权益，使法律规范更多体现科研进步的成果。法律规范能够准确表达所要表达的意志，符合客观实际和客观规律，符合改革发展的客观要求就是立法技术的科学性。习近平在《关于〈中共中央关于全面推进依法治国若干重大问题的决定〉的说明》中指出："科学立法的核心在于尊重和体现客观规律，民主立法的核心在于为了人民、依靠人民。"[①] 2013 年 2 月 23 日，中央政治局第四次集

① 习近平：《关于〈中共中央关于全面推进依法治国若干重大问题的决定〉的说明》，《人民日报》2014 年 10 月 29 日。

体学习时，习近平强调，我国形成了以宪法为统帅的中国特色社会主义法律体系，我们国家和社会生活各方面总体上实现了有法可依，这是我们取得的重大成就。实践是法律的基础，法律要随着实践发展而发展。要完善立法规划，突出立法重点，坚持立改废并举，提高立法科学化、民主化水平，提高法律的针对性、及时性、系统性。要完善立法工作机制和程序，扩大公众有序参与，充分听取各方面意见，使法律准确反映经济社会发展要求，更好协调利益关系，发挥立法的引领和推动作用。[①] 这体现了对立法结果与立法过程的双重要求。党的十八届四中全会《决定》就此指出：加强人大对立法工作的组织协调，健全立法起草、论证、协调、审议机制，健全向下级人大征询立法意见机制，建立基层立法联系点制度，推进立法精细化。健全法律法规规章起草征求人大代表意见制度，增加人大代表列席人大常委会会议人数，更多发挥人大代表参与起草和修改法律作用。完善立法项目征集和论证制度。健全立法机关主导、社会各方有序参与立法的途径和方式。探索委托第三方起草法律法规草案。

推进科学立法、提高立法质量的目的是增强立法工作的协调性、及时性、系统性，增强法律的可执行性和可操作性，使已经制定出来的法律法规、规章条例立得住、行得通、切实管用。这方面的具体措施包括：首先，紧紧围绕中国特色社会主义事业“五位一体”总体布局和“四个全面”战略布局，加强改进新形势下立法工作，推动法律体系完善发展。其次，创新立法思维，依据改革举措，从经济社会发展的实际问题和重点领域出发，制定科学的立法规划和立法工作计划，按照立法项目的轻重缓急组织实施。再次，坚持立、改、废、释并举，更加注重法律修改和法律解释，需要修

① 《习近平谈治国理政》，外文出版社 2014 年版，第 144 页。

改的法律按照程序及时修改，使重大改革于法有据、有序进行，使需要得到法律授权的重要改革举措按法律程序进行，实现从粗放型向集约型立法的转变。还要划清中央与地方、权力机关与行政机关的立法权限，为科学立法提供制度保障；建设、完善立法决策支持系统，为科学立法提供智力支持。还要建立科学、系统的立法工作机制，诸如立法选项机制、法案起草机制、立法协调机制、立法后评估工作机制、法的清理工作机制、法律法规配套机制等。最后，适应全面深化改革的法制需求，大力推进立法程序和立法机制创新，必要时采用集成式“打包立法”方式，除宪法修改外，通过一个集成的修法决定，一揽子修改需要修改的若干法律。

第二，严格执法。严格执法是建设法治政府的重要内容，是实现法治社会的必要保障，要求在执行法规或掌握标准时，提高警惕不放松，做到严格、公平、公正。严格执法体现在两个方面：一是要求执法人员必须秉公执法，严肃执法，严格按照法律规定和程序办案，真正做到以事实为依据，以法律为准绳；二是要求执法人员必须尽职尽责，对发生的违法行为敢于纠正并依法处罚，不搞态度执法、关系执法、人情执法，做到见违必纠、纠违必处、处罚有据、处罚必严。法律实施作为“最后一公里”，是维护法律权威和法律生命的有效手段。依法行政、建设法治政府，既包含行政立法、制度建设、程序规范，也包含严格执法。行政机关的执法活动，事关人民群众的切身利益。依法执法和规范文明执法能保证社会有序运转，公民和法人的合法权益才能得到保障和维护。规范化和程序化地执法，法治社会建设才能有序进行。

首先，要依法履责。严格执法首先是执法，依法履行职责是严格执法的第一要义。因此，首要任务是解决好行政执法不作为的问题。不执法不监管，是对党和人民利益的损害，是对法定职责的懈怠和放弃。应当加以有效纠正和治理。其一，要做到行为标准化。

细化执法监管的标准，包括执法监管行为标准，执法监管程序标准，执法监管履责标准等。如执法机关的巡查标准、抽查标准、调查标准等。强化标准执法监管中的作用，使执法者和监督者以及被执法监管者都有章可循。同时，还要构建有利于积极履行法定职责的制度和机制，消除和减少干与不干一样、真干与假干一样的现象。其二，要做到效果全约束。包括自上而下和自下而上的效果考核和评价，尤其是社会大众和受众者的感受。这不仅需要制度建设，更需要执行力监督以及效果和公信力评价，做到全过程全内容约束。其三，要监督强效力。包括强化监督力量，创新监督方式，以及为当事人监督提供更加方便和有效的途径和机制。

其次，提高治理能力是方向。要提升国家治理体系和治理能力现代化。当前社会治理呈现出多样性和复杂性的趋势，这就要求我们不断提高治理能力，从而提升执法的有效性和效果。要将“四个结合”作为重点。执法监管与市场导向结合。发挥市场的导向作用，让执法有权威并符合市场规律性。行政执法机关引导市场的有效手段，就是执法信息公示。通过对产品和企业行为违法信息公示，可以引导消费者，从而引导市场，真正实现让违法违规者的路越走越窄；执法监管与社会评价结合。利用社会评价和社会影响，通过舆论评判和人的内心道德准则发挥作用；执法监管与社会评价的结合，就是要同时运用法治与德治两种方式，使其都发挥积极作用；执法监管与限制权利结合。一处违法，处处受限，就是限制权利的作用，在实践当中收到了良好的效果。必须做好两个方面的衔接：先是法律依据上的“补位”，再是部门之间的协调配合。执法监管与执行力结合，法律的执行力影响着执法效果和执法的权威。

再次，规范执法是底线。习近平总书记指出，推进严格执法，重点是解决执法不规范、不严格、不透明、不文明以及不作为、乱作为等突出问题。规范执法、消除执法乱象，是严格执法的重点。

其一，纠正选择性执法。选择性执法不仅不能维护好社会秩序和法治的权威，更会影响执法的公信力。这就需要我们大力加强执法监管标准化建设，做到法律面前一律平等，确保公平公正执法，增强执法的公信力。要消除人为因素，创新更多的客观标准和公平监管方式，挤压和减少人为的选择性执法。其二，纠正恶意执法。法治，就是既要结果又要手段过程的规则之治。执法者是代表国家和法律在执法，要以正制恶。其三，纠正暴力执法。执法不仅要依法严格而且要文明执法。杜绝暴力执法。人性化的执法和文明执法才能保证国家长治久安。在涉及敏感事项和涉众事项时，要树立文明和谦抑理念，更加注重执法方式、执法过程、执法态度和执法处置等。避免情绪执法，落实执法回避制度。其四，纠正执法谋私。执法谋私是腐败式执法和滥用执法权力的集中表现，不仅侵害相对人的合法权益，也损害公权力的形象，必须坚决予以纠正。这就需要加大对执法行为的监督，监控执法动机和相关利益因素。在执法监督和问责处理上，细化和强化对执法谋私的管控，形成有效的长效机制和管控办法，真正实现执法为公、服务为民。

第三，公正司法。公正司法就是要在司法活动的过程和结果中坚持和体现公平与正义的原则。司法主要指法院的审判活动；公正的含义则包括公平、平等、正当、正义等。司法公正既要求法院的审判过程遵循平等和正当的原则，也要求法院的审判结果体现公平和正义的精神。公正是法治的生命线，司法不公对社会公正具有致命的破坏作用。

司法公正既是社会公平正义的重要内容，也对社会公平正义发挥着重要的引领、保障作用。社会公平正义涉及社会生活的诸多方面，包括经济领域的所有制经济产权的平等、公开透明的市场规则、收入分配制度的公平合理等；社会领域的就业平等、教育平等、社会保障平等等；民主政治领域的公平，包括选举权、被选举权的平等，公民平等参与公共事务等。司法公正是民主政治领域的公平，主要体现为程序公正和实体公正。没有司法公正，社会公平正义是不完整的。司法公正是社会公平正义的重要保障。亚里士多德曾经把正义分为分配正义和矫正正义两种形态。分配正义主要解决的是如何在社会成员之间分配权利、义务和责任的问题。矫正正义则是指当分配正义的规则被违反后，对被侵害的权利和利益进行弥补的恢复性正义。司法所承担的就是实现矫正正义的职能。司法审判在权力行使上具有独立性，在纠纷解决上具有终局性，在法律实施上具有强制性，这些特点决定了司法对于社会公平正义具有不可替代的作用。从一定意义上讲，司法是维护社会公平正义的最后一道防线。司法公正对社会公平正义具有引领作用。司法不仅能够在个案中实现矫正正义，而且能够通过案件的处理，发挥价值评判、强制规范、教育引导等功能，特别是信息化时代，裁判结果的传播迅速广泛，这使司法裁判蕴含的价值观更容易广为人知，更有利于引导和影响公民的行为方式，从而对社会公平正义发挥引领作用。要充分认识到司法不公对社会公平正义的破坏作用。司法权是终局性的权力，社会中许多矛盾纠纷的是非对错，最终要由司法机关来做出定论。由于司法职能的特殊性，人民群众对司法公正廉洁的关注度更高、期望值更高，对司法不公、不廉的反映也更强烈。这就要求司法机关更加注重自身的纪律建设，确保司法公正廉洁。

首先，保证公正司法的独立性。大力推进司法改革，从制度上保证司法机关依法独立行使检察权、审判权、侦查权，保证公正司法。要进一步依法明确司法机关的职责权限和分工，加强司法主体间相互制约，相互配合，使之各司其职，各负其责，相互监督。同时，从法律制度上建立健全司法、执法活动程序，进一步明确庭审活动方式、方法和程序，健全完善行政处罚的听证程序，建立健全司法执法活动程序，使之体现公开、公平、公正和民主的原则。要从具体法律制度上明确党委如何加强司法执法领导，明确人大监督的方式和具体监督的方法及程序。依法杜绝领导机关、领导者直接插手司法执法活动，干涉具体案件。应当健全司法执法责任、错案追究制及司法执法部门内部的连带责任制，严肃惩戒违法行为，依法惩处司法、行政执法过程中的犯罪行为。应当根据形势发展需要，调整司法执法的内部分工。同时，加快推进司法执法官员制度的改革，吸纳合格者，辞退庸劣者，重用优秀者，清除腐败分子。科学设置司法部门内部工作机构，加强内部的制约、监督，提高司法执法效率。

其次，防止司法腐败，加强对司法活动的监督。要想使公正司法发挥很好的效果，就要防止司法的腐败，做到司法公开、透明。对司法权的制约除了依靠制度约束，还要依靠人民群众的监督。人民群众不仅是司法权的施予者，还应该是执法司法权的监督者。接受群众的监督最基本的途径就是执法司法公开。习近平总书记指出：“权力运行不见阳光，或有选择地见阳光，公信力就无法树立。执法司法越公开，就越有权威和公信力。”他要求政法机关的执法，除法律规定的情形外，一般都要公开。“要增强主动公开、主动接受监督的意识，完善机制、创新方式、畅通渠道、依法及时公开执法司法依据、程序、流程、结果和裁判文书。对公众关注的案件，要提高透明度，让暗箱操作没有空间，让司法腐败无法藏身。”司法公开就是为了接受人民群众监督，以实现严格执法、公正司法，提升执法司法公信力。对司法活动的监督，要建立健全监督机制，保证司法公正。不受监督的权力就容易发生腐败，监督不力就会发生滥用权力的问题。为使司法执法机关正确行使国家和人民赋予的权力，就必须强化对其监督。党的十一届三中全会以来，为保证司法执法效能，国家在改革开放建立市场经济体制条件下，加强了对司法行政执法监督工作。现阶段强化监督的力度和效果仍然是比较突出的问题。要建立相互衔接、互有联系的监督体系，发挥监督主体的整体功能。在我国，对司法执法监督形式主要是发挥七大监督主体作用，即权力机关监督，执政党的监督，民主党派监督，群众监督，舆论监督，领导机关监督，司法执法部门自我监督。当前的重点是要建立完善七大主体监督活动机制，使之相互协调，形成有机联系。还要通过法律制度形式，明确各自监督方式、程序、监督渠道、监督效力，使监督富有效率。同时要明确司法、行政执法部门对监督主体负有责任和接受监督过程中应履行的义务，使之自觉接受监督。必须强化权力机关调查、质询、弹劾的权力，加强对纪律检查机关处分的力度，强化对构成犯罪的司法、行政执法人员的惩处力度，不姑息迁就。从而使司法、执法者把司法、执法行为置于整个社会的监督下，使之依法办事的自觉程度不断提高，尽力减少和避免徇私枉法。

第四，全民守法。党的十八届三中全会提出要健全社会普法教育机制，增强全民法治观念，党的十八届四中全会更是深刻意识到法律的权威源自人民的内心拥护和真诚信仰，从而将“增强全民法治观念，推进法治社会建设”作为全面推进依法治国的重要战略部署之一。习近平总书记指出：“全民守法，就是任何组织或者个人都必须在宪法和法律范围内活动，任何公民、社会组织和国家机关都要以宪法和法律为行为准则，依照宪法和法律行使权利或权力、履行义务或职责。”① 全民守法是建设法治社会的一项系统工程，是法治精神真正渗透到社会生活的每一个角落并发挥其重要作用的制度保障。法治社会的形成依托全民守法的保障，全民守法确保社会生活的每一个参与者、社会关系的所有领域都能够遵从宪法和法律

① 习近平：《在十八届中央政治局第四次集体学习时的讲话》，载《习近平关于全面依法治国论述摘编》，中央文献出版社 2015 年版，第 87—88 页。

的权威，形成良好的遵守和服从规则的守法意识。坚持全民守法，就是要弘扬“法律面前人人平等”的法治精神，反对各种破坏法治的特权现象，有效解决有法不依的法治难题，从整体上提升全民守法意识和水准，为建设法治中国和法治社会提供全民守法的有力保障。

首先，推动全社会树立法治意识。法治意识是指办事依法、遇事找法、解决问题靠法的意识。只有具备法治意识才能自觉抵制违法行为，自觉维护法治权威，逐步改变遇事不是找法而是找人的现象。树立法治意识主要包括以下途径：强化法治教育、健全普法宣传教育机制，加强社会诚信建设，增强法治的道德底蕴。在法治教育和宣传方面。教育机构正在按照党中央“把法治教育纳入国民教育体系，从青少年抓起，在中小学设立法治知识课程”的部署开展法治教育的改革，目前中小学的政治课程正在被改革为思想品德与法治课程，许多中小学设置并聘用了法制副校长，教育部开设了专门的全国青少年普法网并开展相关的法治主题活动。在社会诚信建设方面，需要健全公民和组织守法信用记录，完善守法诚信褒奖机制和违法失信行为惩戒机制，最为突出的建设成效当数执行领域的失信当事人惩戒制度。

其次，推进多层次多领域依法治理。从管理到治理的转变是国家治理现代化的重要表现，它体现了治主体、治理权威、治理方式等多方面的优化。党的十八届四中全会提出了“坚持系统治理、依法治理、综合治理、源头治理，提高社会治理法治化水平”的要求，并在治理主体和治理依据方面有所开拓。在治理主体上，重视、深化基层组织和部门、行业、人民团体、社会组织在法治社会建设中的积极作用，支持各类社会主体进行自我约束、自我管理。这充分体现了国家治理与社会治理的双重治理思路，如今商业类社会组织对商业活动的自我约束和管理作用愈加凸显，非商业类社会组织（如环保团体）也在维护公共利益、预防违法犯罪方面发挥了越来越大的作用。今后应当进一步完善社会组织和团体的成立与登记制度、活动范围与行为准则，引导其更好地开展依法治理活动。在治理依据方面，党的十八届四中全会《决定》提出要“发挥市民公约、乡规民约、行业规章、团体章程等社会规范在社会治理中的积极作用”。即在具有国家强制力的法律规范之外，还要注重乡规民约的作用。

再次，建设完备的法律服务体系。完备的法律服务体系是公民接近法治的保障，只有充分保证公民接近法治的机会，才能促进公民形成遇事找法、解决问题靠法的法治意识。完善法律援助制度，发展律师、公证等法律服务业，健全统一司法鉴定管理体制。现今我国的法律服务体系正在逐步发展中，其存在的突出问题是地区发展间的不均衡，尤其表现在城市和农村地区之间的失衡，农村地区的律师服务业、公证服务业资源相当匮乏，有时甚至出现遇事找法无门的窘境，今后应当重视、强化农村地区法律服务体系的建设。此外，法律援助制度作为一项对弱势群体的救济制度，应当适度地降低援助门槛，尽可能地简化援助程序，为弱势公民享受法治建设成果提供更多便利。

最后，健全依法维权和化解纠纷机制。习近平总书记强调，依法化解社会矛盾，对于保障群众合法权益促进社会公平正义具有重要意义。党的十八届四中全会《决定》提出要“强化法律在维护群众权益、化解社会矛盾中的权威地位”，并要求通过建立健全社会矛盾预警机制、利益表达机制、协商沟通机制、救济救助机制，通过信访的法治化来保证公民依法维权，通过完善调解、仲裁、行政裁决、行政复议、诉讼来构建多元化的纠纷化解机制。在多元化纠纷化解机制方面，要注重提升行政裁决的法治化程度，避免解决纠纷的同时反而产生新的纠纷，加重法治建设的负担。此外，在完善行政复议和行政诉讼制度时，应当具备一种体系化思维，充分关注两者之间的联动和协调，避免不同纠纷解决机制之间的冲突给纠纷化解带来新的困境。

三　建设中国特色社会主义法治体系

全面推进依法治国要形成五个体系。党的十九大总结了过去五年的工作和历史性变革，提出习近平新时代中国特色社会主义思想，明确新时代中国共产党的历史使命。习近平指出："全面推进依法治国涉及很多方面，在实际工作中必须有一个总揽全局、牵引各方的总抓手，这个总抓手就是建设中国特色社会主义法治体系。""法治体系是国家治理体系的骨干工程。落实全会部署，必须加快形成完备的法律规范体系、高效的法治实施体系、有力的法治保障体系，形成完善党内法规体系。"① 进入了新时代，中国特色社会主义法治体系的五大子体系将承担新的任务。习近平指出："这是贯穿决定全篇的一条主线，既明确了全面推进依法治国的性质和方向，又突出了全面推进依法治国的工作重点和总抓手，对全面推进依法治国具有纲举目张的意义。"② 依法治国的各项工作都要围绕全面推进总目标来部署展开。中国特色社会主义法治体系是社会主义法治国家的自觉建构。

（一）完备的法律规范体系

党的十八届四中全会提出要推进科学立法、民主立法。党的十九大报告新增了依法立法的新要求。2017 年 11 月 20 日召开的十九

① 习近平：《加快建设社会主义法治国家》，《求是》2015 年第 1 期。

② 同上。

届中央全面深化改革领导小组第一次全体会议强调，要根据立法法的有关规定，紧紧围绕提高立法质量这个关键，更好发挥立法在表达、平衡、调整社会利益方面的重要作用，努力使每一项立法都符合宪法精神，反映人民意志，得到人民拥护。依法立法是立法必须坚持的基本原则之一。依宪立法，贯彻党的方针政策，使党的主张和人民意志通过法定程序统一起来，规范立法，促进立法内在协调。完备的法律体系对立法工作提出了更高的要求，规范性的法律文件不仅要体现中国特色社会主义的本质要求，还要体现现代化建设的时代要求，展示中国法制文化的优秀传统，借鉴人类法治文明成果，并且要与各部门法之间协调衔接一致，保证其有效实施。去除立法部门化，使立法真正成为凝聚社会共识、调整利益分配的过程，使立法更好地体现广大人民的利益和社会公平正义。2018 年 8 月 24 日，习近平主持召开中央全面依法治国委员会第一次会议强调要推进科学立法工作，围绕党的十九大做出的重大战略部署以及深化党和国家机构改革涉及的立法问题，完善全国人大常委会和国务院的立法规划，加强重点领域立法。

（二）高效的法治实施体系

“法律的生命力在于实施。如果有了法律而不实施，或者实施不力，搞得有法不依、执法不严、违法不究，那制定再多的法律也无济于事。”[①] 我国已形成了中国特色社会主义法律体系，必须通过各级各地党员干部特别是领导干部的以身作则、率先垂范以及全面加强法治宣传教育和舆论引导，使学法、懂法、守法、用法、尊法成为全党全社会的共识和行动自觉。加强宪法实施，推进合宪性审查工作，维护宪法权威，推进依法行政，严格规范公正文明执法，

① 《习近平关于全面依法治国论述摘编》，中央文献出版社 2015 年版，第 57 页。

加大普法力度，建设社会主义法治文化，树立宪法法律至上、法律面前人人平等的法律理念。“宪法法律至上和法律面前人人平等”，使全社会形成学法、懂法、守法、用法、尊法的良好氛围。深化司法体制改革，是建设高效的法治实施体系的核心和重要依托。党的十八大以来，司法体制改革一直就是法治中国建设的重点，甚至被认为是依法治国的突破点。司法改革一直是国家最高层面关注的改革重点。习近平总书记主持召开了党的十九届中央全面深化改革领导小组第一次全体会议，司法体制改革全面展开，司法体制改革最终的效果要取决于各项改革之间的“综合配套”。党的十九大报告特别强调深化司法体制“综合配套改革”，努力让人民群众在每一个司法案件中都感受到公平正义。

（三）严密的法治监督体系

法治监督体系的重心是加强对公权力的监督。行政权力具有管理事务领域宽、自由裁量权大等特点，法治监督的重点之一就是规范和约束行政权力。党的十八届四中全会《决定》对于行政权力监督列举了监督种类，即“加强党内监督、人大监督、民主监督、行政监督、司法监督、审计监督、社会监督、舆论监督制度建设，努力形成科学有效的权力运行制约和监督体系，增强监督合力和实效”。党的十九大报告进一步明确了监督的实质内涵，提出了有效的权力监督网络，即“强化自上而下的组织监督，改进自下而上的民主监督，发挥同级相互监督作用，加强对党员领导干部的日常管理监督。深化政治巡视，坚持发现问题、形成震慑不动摇，建立巡视巡察上下联动的监督网”。这样，进一步疏通了监督的制度渠道，强化了监督的实效。为了确保国家监察全覆盖落到实处，党的十九大报告要求深化监察体制改革，成立监察委员会，制定国家监察法，实现对所有行使公权力的公职人员监察全覆盖。“国家监察委员会就是中国特色的国家反腐败机构，国家监察法就是反腐败国家立法。”权力不论大小，只要不受制约和监督，都可能被滥用。没有监督的权力必然导致腐败，这是一条铁律。建设中国特色社会主义法治体系，要以规范和约束公权力为重点，构建党统一指挥、全面覆盖、权威高效的监督体系，把党内监督同国家机关监督、民主监督、司法监督、群众监督、舆论监督贯通起来，增强监督合力，强化监督责任，提高监督实效，做到有权必有责、有责要担当、失责必追究。

（四）有力的法治保障体系

“徒善不足以为政，徒法不足以自行。”如果没有一系列的保障条件，法治就难以实现。建设中国特色社会主义法律体系，建立有力的法治保障体系至关重要。法治保障体系是由政治保障、思想保障、组织保障、能力保障、体制保障、人才保障和履职保障以及实践运行保障构成的统一体。要切实加强党对全面依法治国的领导，提高依法执政能力和水平，为全面依法治国提供有力的政治和组织保障。坚持中国共产党的领导和中国特色社会主义制度是全面推进法治建设的根本政治保障，党的十九大报告特别强调：“党政军民学，东西南北中，党是领导一切的。”“党是最高政治领导力量。”党的领导是中国特色社会主义最本质的特征，是社会主义法治最根本的保证。尤其是党的十九大提出成立中央全面依法治国领导小组，以此来加强党对法治建设的统一领导。这是党的十九大报告的一大亮点，也是党中央深化依法治国实践最根本的举措。中央全面依法治国领导小组是对未来全面依法治国最大的组织保障。新时代在法治建设的各个方面、各个环节，都要以中央全面依法治国领导小组的顶层设计为依据。中国特色社会主义法治理论体系、当代中国的马克思主义法治基本原理、法治规律是思想理论保障；中国共产党的领导是组织保障；抓住“关键少数”切实提高领导干部、公务员、法律实务工作者的法治思维水平和依法办事的能力是人才和能力保障；立法、司法、行政执法体制机制改革与完善是体制保障。

（五）完善的党内法规制度体系

党的十八届四中全会将“形成完善的党内法规体系”确定为全面推进依法治国总目标的重要内容，强调“党内法规既是管党治党的重要依据，也是建设社会主义法治国家的有力保障”。党的十九大报告指出：“增强依法执政本领，加快形成覆盖党的领导和党的建设各方面的党内法规制度体系，加强和改善对国家政权机关的领导。”党的十九大修订了《中国共产党章程》；加上党的十八大以来对一系列党内重要法规诸如《关于新形势下党内政治生活的若干准则》《中国共产党党内监督条例》《中国共产党问责条例》《中国共产党廉洁自律准则》《中国共产党纪律处分条例》等的制定完善，使党的政治建设、思想建设、组织建设、作风建设、纪律建设和反腐败斗争在制度层面得以进一步落实。治国必先治党。建设中国特色社会主义法治体系，就要形成完善的党内法规体系。党内法规既是全面从严治党的重要依据，也是全面依法治国的有力保障。要坚持依法治国与制度治党、依规治党统筹推进、一体建设，完善党内法规制定体制机制，注重党内法规同国家法律的衔接和协调，构建以党章为根本，以民主集中制为核心，以准则、条例等中央党内法规为主干，由各领域各层级党内法规制度组成的党内法规制度体系，切实提高党内法规执行能力和水平。促进国家治理体系和治理能力现代化，必须提高党的建设科学化、规范化、系统化水平，不断深化党的建设制度改革，形成完善的党内法规体系。新时代，依规治党、用法治的思维推进全面从严治党所取得的伟大成就，让我们更加坚信："办好中国的事情，关键在党，关键在党要管党、从严治党。"新时代要求从党内法规的制定、备案、解释、执行等方面，进一步加强党内法规制度建设；要求从理论和实践层面理顺党内法规和国家法律的关系；同时，对党内法规在从严治党、管党方面的成效进行评估，为修改完善党内法规提供依据。

第四章

加强党对全面依法治国的领导

党的十九大报告强调了党对依法治国全面领导的精神并指出“中国特色社会主义最本质的特征是中国共产党领导，中国特色社会主义制度的最大优势是中国共产党领导”。“全面依法治国是中国特色社会主义的本质要求和重要保障。必须把党的领导贯彻落实到依法治国全过程和各方面，坚定不移走中国特色社会主义法治道路。”“历史已经并将继续证明，没有中国共产党的领导，民族复兴必然是空想。”[①] 坚持党的领导和社会主义法治是一致的，只有坚持党的领导，人民当家作主才能充分实现，国家和社会生活制度化、法治化才能有序推进。坚持走中国特色社会主义法治道路，党的领导是社会主义法治的根本保证。坚持中国共产党领导是全面依法治国的基本原则，党的领导是中国特色社会主义最本质的特征，是社会主义法治最根本的保证，是我国社会主义法治的本质，是中国特色社会主义法治的核心和关键。中国共产党的坚强领导是中国实现社会主义现代化的根本保证，是维护中国国家统一、社会和谐稳定的根本保证，是把亿万人民团结起来、共同建设美好未来的根本保证。这是中国各族人民在长期革命、建设、改革实践中形成的政治

① 习近平：《决胜全面建成小康社会　夺取新时代中国特色社会主义伟大胜利——在中国共产党第十九次代表大会上的报告》（2017 年 10 月 18 日），人民出版社 2017 年版。

共识。[1] 坚持党对依法治国的领导，具体应当做到党领导立法、保证执法、支持司法、带头守法，把依法治国基本方略同依法执政基本方式统一起来。

中国共产党是中国工人阶级的先锋队，同时是中国人民和中华民族的先锋队，是中国特色社会主义事业的领导核心，代表中国先进生产力的发展要求，代表中国先进文化的前进方向，代表中国最广大人民的根本利益。党始终坚持全心全意为人民服务，始终把人民的根本利益放在首位。党对依法治国的领导，既要时刻坚持，毫不动摇；又要改进提高，更好地反映广大人民群众的切身利益和根本意志。中国共产党的领导是中国特色社会主义最本质的特征。党政军民学，东西南北中，党是领导一切的。党领导立法、领导行政、领导监察、领导司法、领导军队，党领导经济、政治、文化、社会和生态文明建设等，党对中国是全覆盖的直接领导。坚持中国特色社会主义法治道路，党的领导是中国最大的国情和特色。

习近平总书记强调，党和法的关系是一个根本问题，这个问题处理得好，则法治兴、党兴、国家兴；处理得不好，则法治衰、党衰、国家衰。抓住了这个根本问题，就抓住了中国特色社会主义法治的本质和核心。坚持党的领导是中国特色社会主义法治之魂。党的领导是实现全面推进依法治国总目标的最根本保证，必须始终坚持党总揽全局、协调各方的领导核心地位不动摇。新时代我国法治建设之所以能迅速开创新局面、谱写新篇章，最根本的就是有以习近平同志为核心的党中央的坚强领导和习近平新时代中国特色社会主义思想的科学指导。全面依法治国，要有利于加强和改善党的领导，有利于巩固党的执政地位、完成党的执政使命，绝不是要削弱党的领导。党中央做出成立中央全面依法治国委员会的重大决策，

① 国务院新闻办公室：《中国的政党制度》，《人民日报》2007 年 11 月 16 日。

为实现党对依法治国的全面领导提供了组织保障，加强了党对法治中国建设的统一领导，对于更好坚持党对全面依法治国的领导意义十分重大、作用十分关键。

一　党的领导是全面推进依法治国的根本保证

2016 年 7 月 1 日，习近平总书记在庆祝中国共产党成立 95 周年大会上指出："全面依法治国，核心是坚持党的领导、人民当家作主、依法治国有机统一，关键在于坚持党领导立法、保证执法、支持司法、带头守法。"党法关系是依法治国的核心，党的领导是依法治国的灵魂，习近平指出："党和法的关系是一个根本问题，处理得好，则法治兴、党兴、国家兴；处理得不好，则法治衰、党衰、国家衰。"他还强调："党领导人民制定宪法和法律，党领导人民执行宪法和法律，党自身必须在宪法和法律范围内活动，真正做到党领导立法、保证执法、带头守法。"习近平总书记对党的领导与依法治国关系的阐述，是中国特色社会主义新时代法治建设的政治引领。2018 年 8 月 24 日，习近平总书记在中央全面依法治国委员会第一次会议上的讲话《加强党对全面依法治国的领导》，指出党的十八大以来，提出一系列全面依法治国新理念新思想新战略，明确了全面依法治国的指导思想、发展道路、工作布局和重点任务。全面依法治国具有基础性、保障性作用，在统筹推进伟大斗争、伟大工程、伟大事业、伟大梦想，全面建设社会主义现代化国家的新征程上，要加强党对全面依法治国的集中统一领导，坚持以全面依法治国新理念新思想新战略为指导，坚定不移走中国特色社会主义法治道路，更好发挥法治固根本、稳预期、利长远的保障作用。

习近平总书记多次指出："党的领导是中国特色社会主义制度

最本质的特征。”在实行依法治国，建设社会主义法治国家的整个过程中，必须坚持党的领导，这是一条不可动摇的根本原则。党的领导，是社会主义法治的根本保证。党执政的实质，就是领导和支持人民掌握和管理国家的权力，保证人民依法享有广泛的权利和自由，尊重和保障人权。只有加强党的领导，不断健全法制，才能营造一个良好的法治环境，才能严格依法管理国家，保障国家的长治久安和民族的兴旺发达，向着依法治国，建设社会主义法治国家的宏伟目标阔步前进。另一方面，依法治国方略是在新的历史条件下，加强和改善党的领导的必然选择，是实现和保障党的领导的最好途径。党的政策与法律在本质上是高度一致的。它们都产生并服务于社会主义社会的经济基础，都体现人民的意志和利益，其指导思想、价值取向、追求的社会目的都是一致的。坚持党的领导，更加注重治理能力建设，就要增强按制度办事、依法办事意识，善于运用制度和法律治理国家，把各方面制度优势转化为管理国家的效能，提高党科学执政、民主执政、依法执政的水平。

（一）党的领导是坚定不移走中国特色社会主义法治道路的根本保证

习近平总书记在党的十九大报告中指出：“必须把党的领导贯彻落实到依法治国全过程和各方面，坚定不移走中国特色社会主义法治道路。”党的领导是中国特色社会主义法治之魂。党的领导是社会主义法治最根本的保证。离开党的领导，社会主义法治就会失去其政治优势；党的领导不强，社会主义法治就难葆其生命活力。加强党对全面依法治国的领导，就是要健全党领导全面依法治国的制度和工作机制，把党的领导贯彻到依法治国全过程和各方面，更好落实全面依法治国基本方略。这既是我国社会主义法治建设的一条基本经验，又是全党全国各族人民的广泛共识，更是中国共产党行使领导权和执政权的必然要求。中国特色社会主义法治道路，本质上是中国特色社会主义道路在法治领域的具体体现，中国共产党的领导直接决定和体现了中国特色社会主义的性质。中国特色社会主义法治道路是社会主义法治道路，必须由马克思主义政党来领导。

党政军民学，东西南北中，党是领导一切的。把党的领导贯彻到全面依法治国全过程和各方面，为全面建成小康社会、全面深化改革、全面从严治党提供长期稳定的法治保障。健全党领导全面依法治国的制度和工作机制，继续推进党的领导制度化、法治化，坚持党的领导，是社会主义法治的根本要求，是全面推进依法治国的题中应有之义。我国法治建设是以习近平同志为核心的党中央的坚强领导，以习近平新时代中国特色社会主义思想为科学指导。新时代坚定不移走中国特色社会主义法治道路，推进全面依法治国。健全党领导依法治国的制度和工作机制，完善党确定依法治国方针政策和决策部署的工作机制和程序，加强党对全面依法治国的统一领导、统一部署、统筹协调。

（二）党的领导是维护人民权益实现人民当家作主的根本保证

习近平总书记明确指出："我们强调坚持党的领导、人民当家作主、依法治国有机统一，最根本的是坚持党的领导。"党的领导是人民当家作主的根本保证。我们党从诞生之日起，就以实现人民当家作主为己任，这也是党的先进性的体现和要求。成为执政党以后，党的所有主张皆体现人民意志，并通过法定程序使其成为国家意志，从而有效保证人民实现当家作主。离开了党的领导，人民当家作主就无从谈起。党的领导是依法治国的根本保证。依法治国是我们党提出来的，同时党带领人民在实践中不断推进依法治国。党既领导人民制定宪法法律、执行宪法法律，党又自觉在宪法法律范围内活动，做到党领导立法、保证执法、带头守法。实践充分证明，党的领导和社会主义法治是一致的，只有坚持党的领导，依法治国才有可靠的政治保证。

2013年2月23日，习近平总书记在中共中央政治局第四次集体学习时强调："人民群众对立法的期盼，已经不是有没有，而是好不好、管用不管用、能不能解决实际问题；不是什么法都能治国，不是什么法都能治好国；越是强调法治，越是要提高立法质量。"立法直接关系到人民群众的切身利益，要保证人民主体地位，坚持法治为了人民、依靠人民、造福人民、保护人民。我国立法恪守以民为本、立法为民的理念，将公开、公平、公正原则贯穿立法全过程。要切实抓住提高立法质量这个关键，深入推进科学立法、民主立法，完善立法体制和程序，努力使每一项立法都符合宪法精神、反映人民意愿、得到人民拥护。所谓良法，是法律及其实施充分体现人民意志，使人民在党的领导之下，依照法律法规的规定，通过各种途径和形式管理国家事务，管理经济和文化事业，管理社会事务。将人民利益、人民愿望、人民权益，人民福祉的落实贯穿到依法治国的全过程。中国共产党的领导和我国社会主义制度保证了人民当家作主的主体地位，也保证了人民在全面推进依法治国中的主体地位。公平正义是我们党追求的崇高价值，全心全意为人民服务的根本宗旨决定了我们必须追求公平正义，保护人民权益、伸张正义、惩恶扬善。全面依法治国，要围绕保障和促进社会公平正义来进行。要深入推进公正司法，深化司法体制改革，加快建设公正高效权威的司法制度，完善人权司法保障制度，严肃惩治司法腐败，让人民群众在每一个司法案件中都感受到公平正义。

（三）党的领导是全面加强法治建设，有序推进国家和社会生活法治化的根本保证

将党的领导贯彻落实到依法治国的全过程和各方面，党的领导

不仅保障立法，同时也保障执法、司法的实施环节。党的领导体现在总揽全局、协调各方上，体现在把方向、谋大局、定政策、促改革上，全面推进科学立法、严格执法、公正司法、全民守法，坚持依法治国、依法执政、依法行政共同推进，坚持法治国家、法治政府、法治社会一体建设，有序推进国家和社会生活法治化，让法律得以实施，法治得以落实，加强党的领导，不断开创依法治国新局面。只有加强党的领导，增强“四个意识”，坚定“四个自信”，才能主动谋划和确定中国特色社会主义法治体系建设的总体思路、重点任务，做好全面依法治国重大问题的运筹谋划、科学决策，实现集中领导、高效决策、统一部署，统筹整合各方面资源和力量推进全面依法治国。只有加强党的领导，才会有把推动社会主义核心价值观贯穿立法、执法、司法、守法各环节的自觉，使社会主义法治成为良法善治。只有加强党的领导，才能统筹协调人大、政府、政协、监察机关、审判机关、检察机关依法依章履行职责，使各有关部门扎扎实实做好工作，形成工作合力。只有加强党的领导，才能确保党中央关于全面依法治国的决策部署落到实处。

（四）党的领导是法治建设和法治改革的根本保证

习近平总书记指出：“坚持党的领导，不是一句空的口号，必须具体体现在党领导立法、保证执法、支持司法、带头守法上”，即体现为党对科学立法、严格执法、公正司法、全民守法等环节的集中统一领导和对法治改革的统筹推进。党通过领导立法，把党的主张通过法定程序转变为国家意志，从制度上、法律上保证党的路线方针政策的贯彻实施；通过保证执法，建设职能科学、权责法定、执法严明、公开公正、廉洁高效、守法诚信的法治政府，维护国家法制统一、尊严、权威；通过支持司法，确保司法权依法独立公正行使，优化司法职权配置，规范司法行为，保证公正司法，维护社会公平正义；通过带头守法，引领全民守法，使各级党员领导干部做尊法学法守法用法的模范，成为中国特色社会主义法治的建设者、捍卫者，以实际行动营造全社会尊法、学法、守法、用法、护法的良好风尚；通过统筹推进法治领域的重大改革，实现从人治到法治、从法制到法治、从形式法治到良法善治的革命性变革。坚持全面推进科学立法、严格执法、公正司法、全民守法。解决好立法、执法、司法、守法等领域的突出矛盾和问题，必须坚定不移推进法治领域改革。

二　将党的领导贯彻到依法治国全过程

把党的领导贯彻到依法治国全过程和各方面，是我国社会主义法治建设的一条基本经验。全面推进依法治国，首先要坚持正确的发展方向，建设社会主义法治国家，关键要有坚强的政治保障。其次，要坚持党的领导核心作用，统筹依法治国各领域工作，确保党的主张贯彻到依法治国全过程和各方面。再次，要改善党对依法治国的领导，不断提高党领导依法治国的能力和水平。党要坚持依法治国、依法执政，自觉在宪法法律范围内活动，党员干部要提高法治思维和依法办事能力，不得违法行使权力，更不能以言代法、以权压法、徇私枉法。

把党的领导贯彻到依法治国全过程和各方面。新时代全面推进依法治国，必须把习近平新时代中国特色社会主义思想作为科学指南，把牢固树立“四个意识”作为根本原则，把坚定维护以习近平同志为核心的党中央权威和集中统一领导作为根本要求，把坚持和加强党的领导作为根本保证。健全党领导依法治国的制度和工作机制，完善党确定依法治国方针政策和决策部署的工作机制和程序。充分发挥各级党委的领导核心作用，把法治建设真正摆在全局工作的突出位置，与经济社会发展同部署、同推进、同督促、同考核、同奖惩。进一步完善党委统一领导和各方分工负责、齐抓共管的责任落实机制，强化全面依法治国方针政策和决策部署的有效贯彻执行。

（一）党领导立法

党领导立法就是要完善以宪法为核心的中国特色社会主义法律体系，坚持立法先行，发挥立法的引领和推动作用，抓住提高立法质量这个关键。要恪守以民为本、立法为民理念，贯彻社会主义核心价值观，使每一项立法都符合宪法精神、反映人民意志、得到人民拥护。要把公正、公平、公开原则贯穿立法全过程，增强法律法规的及时性、系统性、针对性、有效性，不断提高立法科学化、民主化水平。要加强重点领域立法，实现立法和改革决策相衔接，修改同全面深化改革相关的法律，确保重大改革于法有据，主动适应改革和经济社会发展需要。

（二）党保证执法

党保证执法就是要深入推进依法行政，使各级政府坚持在党的领导下、在法治轨道上开展工作，建立权责统一、权威高效的依法行政体制，加快建设职能科学、权责法定、执法严明、公开公正、廉洁高效、守法诚信的法治政府。要依法全面履行政府职能，健全依法决策机制，建立行政机关内部重大决策合法性审查机制，建立重大决策终身责任追究制度及责任倒查机制。深化行政执法体制改革，坚持严格规范公正文明执法，强化对行政权力的制约和监督。坚持以公开为常态、不公开为例外原则，全面推进政务公开。

（三）党支持司法

党支持司法就是要保证公正司法，提高司法公信力。要善于运用法治思维和法治方式领导司法工作，完善司法管理体制和司法权力运行机制，规范司法行为，加强对司法活动的监督，努力让人民群众在每一个司法案件中都感受到公平正义。要完善确保依法独立公正行使审判权和检察权的制度，优化司法职权配置，推进严格司法，保障人民群众参与司法，加强人权司法保障，加强对司法活动的监督。要大力提高法治工作队伍思想政治素质、业务工作能力、职业道德水准，着力建设一支忠于党、忠于国家、忠于人民、忠于法律的社会主义法治工作队伍。要创新法治人才培养机制，坚持用马克思主义法学思想和中国特色社会主义法治理论全方位占领高校、科研机构法学教育和法学研究阵地。

（四）党带头守法

党带头守法，要遵守法律规则，也要遵守法律原则；发号施令一定是基于明确的法律依据，或者在宪法、法律范围内，杜绝以模糊的、原则性的语言来指导具体事务。党带头守法就是要带头弘扬社会主义法治精神，建设社会主义法治文化，形成守法光荣、违法可耻的社会氛围，使全体人民都成为社会主义法治的忠实崇尚者、自觉遵守者、坚定捍卫者。要推动全社会树立法治意识，提高社会治理法治化水平，支持各类社会主体自我约束、自我管理，发挥市民公约、乡规民约、行业规章、团体章程等社会规范在社会治理中的积极作用。要建设完备的法律服务体系，推进覆盖城乡居民的公共法律服务体系建设，健全依法维权和化解纠纷机制，构建对维护群众利益具有重大作用的制度体系。党带头守法，就是要遵守法律规则，同时遵循整个法律体系，把握法律精神并遵守之。

三 依法治党加强党内法规建设

以习近平总书记为核心的党中央坚持思想建党和制度治党的基本方针，把健全党内法规、严格落实党内法规作为全面提升党的建设科学化水平的有效途径，强力推动依法治党，积极推进党的建设伟大工程，全面从严治党取得重大进展。严格落实党内法规、严明党的纪律规矩成为新时期深入推进全面从严治党的重要路径和鲜明特征。依法治国要从严治党，依法治党要加强党内法规建设。党内的重要法规，贯穿了马克思主义政党建设的基本原则和根本要求，体现了对依规依纪管党治党规律的深刻把握，是新形势下党的建设的基本方向和根本遵循。

（一）依法治国必先依法治党

习近平总书记在党的十九大报告中就强调中国共产党要实现中华民族伟大复兴的“中国梦”，就必须加强依法治党，从严治党。依法治党就是严格按照国家的法律和党的法规来规范党组织和党员的行为，通过党的各项具体制度来保证国家的宪法和党章成为党组织和党员的最高行为准则。

党领导人民制定法律，必须自觉带头遵守宪法和法律、维护宪法和法律的权威。各级党组织必须在国家宪法和法律的框架内活动，这是建设社会主义法治国家的基本要求。党的各项方针政策必须符合国家的法律。严格依照法律的规定和党章的要求处理党组织与立法、行政和司法部门的关系。全体党员，特别是党员领导干部，都要严格遵守党的法规，要下决心采取有效措施消除“文山会海”现象。努力完善国家的法律和党的法规，加强党员的法治教育，增强党员的法治意识，培养党员的法治精神。牢固确立在国家事务中“宪法至上”和在党内事务中“党章至上”的观念，坚决破除“党大还是法大”“权大还是法大”的迷思。依法治党要求增强各级党组织和党员干部的法律意识，更加自觉地遵纪守法、依法办事，在建设社会主义法治国家过程中起模范带头作用。树立当代中国的政治领导核心的各级党组织和党员干部的法治意识尤其重要。

依法治党有利于提高党的执政能力。改革开放后，我们开始推行社会主义市场经济，市场经济是一种自由竞争经济，也是一种法治经济。市场经济的引入使我国的经济基础发生了根本性变化，它促使整个政治上层建筑或迟或早发生相应的变化。党和国家对社会经济事务的管理，不能再像过去那样主要依靠命令的和行政的手段，而是必须依靠法律的和经济的手段。因此，党的执政方式由命令的手段转变为法律的手段，直接关系到党管理社会事务的能力。

依法治党有利于社会主义政治文明建设。实现社会主义经济、政治、社会、文化、生态等各方面文明的协调发展，是党确立的我国社会主义的长远战略目标。政治文明的实质性内容就是民主与法治。党不仅是政治文明的领导者和建设者，也应当是践行民主和法治的表率。以党内民主带动人民民主，已经成为推进我国民主政治建设的现实途径。通过依法治党带动依法治国，也应当是推进我国社会主义法治国家建设的重要途径。党内法规是建设社会主义法治国家的有力保障。十八届四中全会《决定》指出：“党内法规既是管党治党的重要依据，也是建设社会主义法治国家的有力保障。”直接阐明了党内法规同依法治国的关系。这对全面推进依法治国和依规管党治党意义重大。

依法治党有利于推进党内民主。党内民主的发展，必然要求有党规党法的保障。民主和法治是内在统一的，没有民主就不可能实现真正的法治，而没有法治也不可能有真正的民主。两者是相辅相成的关系，民主是法治的前提，法治是民主的保障。这一原理具体应用到党内民主层面，也同样如此。在党内民主发展过程中，党内民主的各项要求要真正落到实处，就必须使党内民主本身制度化、法治化，以完备的制度规范和党规党法来保证党内民主的贯彻执行。为了维护党章这一党内根本大法的严肃性和权威性，首先，牢固确立在国家事务中“宪法至上”和在党内事务中“党章至上”的观念，为依法治党奠定坚实的思想基础。其次，我们党作为执政党，尤其要在党规党法的贯彻落实上下功夫，大力加强操作性制度和保障性制度的建设，为依法治党建立可靠的制度基础。最后，作为执政党的各级领导干部，必须带头严守国法党法，养成依法办事的习惯，为依法治党起到表率作用，这是依法治党不可或缺的前提条件。

（二）党内法规制度建设取得重要进展

全面实施依法治国、大力建设法治中国，是中国共产党人必须担当的时代使命，依法治国必然要求从严治党。党章明确规定，党是中国工人阶级的先锋队、中国人民和中华民族的先锋队。确保先锋队的性质永不褪色，需要时刻紧绷从严治党这根弦，在全社会普遍遵守的法律之外，还需要完善的党内法规建设来保障。

依法治国必须完善党内法规，落实从严治党。加强党内法规建设，完善党内法规制定体制机制，形成配套完备的党内法规制度体系，运用党内法规把党要管党、从严治党落到实处，促进党员、干部带头遵守国家法律法规。党的十八大以来，以习近平同志为核心的党中央高度重视从严治党、依规治党，党内法规制度的“笼子”编织得更加紧密更加牢固。为管党治党和治国理政提供了坚强的党内法规制度保障。并且发布了《中国共产党党内法规制定条例》和《中国共产党党内法规和规范性文件备案规定》等党内“立法法”，迈出用制度约束权力的重要一步；集中清理1978年以来制定的党内法规和规范性文件，近四成党内法规和规范性文件被废止或宣布失效；印发《党政机关厉行节约反对浪费条例》，将加强作风建设的要求上升到党内法规的高度。新时代，在党中央的高度重视下，党内法规制度体系建设取得重要进展和成效。制定颁发首个《中央党内法规制定工作五年规划纲要（2013—2017年）》，以及《中央党内法规制定工作第二个五年规划（2018—2022年）》。建立中央党内法规工作联席会议制度，出台了一大批标志性、关键性、引领性的党内法规。组织制度建设方面：制定并不断完善中央政治局、中央政治局常委会工作规则，《中国共产党地方委员会工作条例》，《中国共产党地方组织选举工作条例》，《中国共产党基层组织选举工作暂行条例》等，出台了《中国共产党党员权利保障条例》《党政领导干部选拔任用工作条例》《干部教育培训工作条例》等。作风制度建设方面：颁布了八项规定、《党政机关厉行节约反对浪费条例》等关于党的思想作风、学风、工作作风、领导作风、干部生活作风等方面的法规。反腐倡廉制度建设方面：颁布了《中国共产党党员领导干部廉洁从政若干准则》《中国共产党党内监督条例》《中国共产党纪律处分条例》《中国共产党巡视工作条例》等。逐步形成了以党章为核心，准则和条例为主干，规则、规定、办法、细则为分支的党内法规体系框架，为落实党内法规提供了基本前提，为依规治党奠定了坚实基础。

2017年12月，中共中央印发《关于加强党内法规制度建设的意见》（以下简称《意见》）。《意见》贯彻落实以习近平同志为核心的党中央关于全面从严治党、依规治党的重大决策部署，从指导思想、总体目标、加快构建完善的党内法规制度体系、提高党内法规制度执行力、加强组织领导等方面，对加强新形势下党内法规制度建设提出明确要求、做出统筹部署。《意见》强调，党内法规制度体系，是以党章为根本，以民主集中制为核心，以准则、条例等中央党内法规为主干，由各领域各层级党内法规制度组成的有机统一整体。要坚持目标导向和问题导向，按照“规范主体、规范行为、规范监督”相统筹相协调原则，在党章之下分为党的组织法规制度、党的领导法规制度、党的自身建设法规制度、党的监督保障法规制度四个板块。要牢牢把握党内法规制度建设的正确方向，以党章为根本依据，切实体现党的意志主张，体现全面从严治党要求，强化“四个意识”特别是核心意识、看齐意识，坚持依法治国与制度治党、依规治党统筹推进、一体建设，推动党的制度优势更好转化为治国理政的实际效能。要突出工作重点，坚持目标导向和问题导向相统一，加快形成内容科学、程序严密、配套完备、运行有效的党内法规制度体系。要以改革创新精神推进党内法规制度建设，提高党内法规制度质量。要抓好党内法规制度的落实，发挥领导干部带头示范作用，以良好的党内政治文化提升法规制度的执行力、影响力。中央各部门和地方各级党委要强化政治责任和领导责任，把党内法规制度建设纳入党的建设总体安排，为党内法规制度建设提供有力保证。

（三）进一步构建完善党内法规体系

第一，进一步构建党内法规体系，实现党内法规同国家法律的衔接和协调，必须坚持以党章和宪法为基本遵循。党章规定“党必须在宪法和法律的范围内活动”，《中国共产党党内法规制定条例》也规定，制定党内法规应当“遵守党必须在宪法和法律范围内活动的规定”的原则。宪法明确规定必须坚持党的领导，要将这一原则贯彻到党内立法实践中去，保证党内法规体现宪法和法律的精神和要求，保证党内法规制度体系与中国特色社会主义法律体系内在统一，为管党治党提供坚实的依据和保障。要切实做好党内法规特别是党纪的立、改、废、释工作，逐步形成党的纪律与国家法律的无缝对接机制。党的纪律中虽已有规定但也可以由法律法规进行规范的，要通过法律法规体现出来；法律法规既没有规定也不适合规定的事项，应由党纪逐步实现全面覆盖；同实践要求不相适应的党纪，应及时修订或废止；立法法明确规定应由国家法律规定的事项，党内法规不应做出规定；经过实践检验、比较成熟的党纪，应及时通过法定程序将其转化为国家法律。

第二，进一步完善党内法规体系，要实现党内法规同国家法律的衔接和协调，始终坚持党纪严于国法。党纪严于国法，主要表现为党纪比国法的标准更高、要求更严。这是由我们党的先锋队性质决定的。要坚持党对党风廉政建设和反腐败斗争的统一领导，与时俱进修改完善党风廉政法规制度，凡是法律已有明确规定的违反法律的行为，也一定是违反党纪的行为。当前，要抓紧修订廉政准则、纪律处分条例、党内监督条例等党内法规。凡是党员和党员领导干部违法犯罪的，必是违纪在前，要建立协调顺畅的案件查处机制，把党内纪律审查作为司法调查、检控和审判的前置程序，先查清党员干部的主要违纪事实，做出党纪处分再移送司法机关依法处理。党员和党员领导干部要对党忠诚，正确对待党组织纪律审查的决定，有义务如实反映相关情况，配合组织查清事实。干扰、妨碍组织审查就是违纪，和他人联合起来对抗组织调查就是非组织活动，必须从严从重处理，充分体现党纪严于国法的要求。党纪严于国法是对党员干部行为规范的要求远高于法律对公民的要求。正是依靠党纪的严格要求，我们党才能不断增强自我净化、自我完善、自我提升的能力，始终成为中国特色社会主义事业的坚强领导核心。

第三，进一步构建党内法规体系，坚持立改废释并举。以“立”填补空白。当今国内外形势发生了新的深刻变化，我们党面临的执政环境和执政条件日趋复杂，原有的党内法规不足以应对新的局面。我们应该科学把握新时代的变化和要求，制定新的法规。《中国共产党党组工作条例（试行）》《中国共产党支部工作条例（试行）》，2019年1月中共中央办公厅印发的《中国共产党纪律检查机关监督执纪工作规则》《中国共产党统一战线工作条例（试行）》《党委（党组）意识形态工作责任制实施办法》等一系列新的党内法规问世，有效地防范了新矛盾和新问题的产生。党的十九大强调要坚持和加强党的全面领导，这需要进一步做好党内法规制定工作，在党的领导法规、组织法规、自身建设法规、监督保障法规等方面进行新的积极探索，适时出台新的法规，为更好地实现党的全面领导提供制度支撑。

以“改”调整完善，党内法规中某些条款难以适应新的形势，需要进行调整完善。新时代我们党对党内法规制度中存在的不适应、不协调、不衔接、不一致的地方进行了集中修订。首先，扩大了覆盖范围。如新修订的《中国共产党廉洁自律准则》把适用范围从党员领导干部扩大到全体党员，《中国共产党巡视工作条例》实现了中央和省级党委巡视全覆盖，并要求市、县委员会设立巡察机构，对所管理的党组织进行巡察监督。其次，突出了纪严于法。习近平总书记强调，要坚持纪严于法、纪在法前，实现纪法分开。新时代修订各项党内法规均坚持纪严于法的基本原则，剔除了原有党内法规与国家现行法律重复之处，全面提升了党纪对党员的要求。再次，执行更加严格规范。原有的某些党内法规执行力不足，主体责任缺失，监督责任缺位，管党治党宽松。针对这些问题，新时代修订党内法规强调责任清晰、主体明确、制度管用、行之有效，切实改善了党内法规失之于宽、失之于松、失之于软的状况。

以“废”清理更新，随着时代变迁，一部分法规未能继续发挥有效作用，滞后于新的发展形势和实践需要。我们党在很长时间里对这部分过时的法规没有进行处理，既造成党内法规过多，也一定程度上影响了法规的权威性。新时代我们党对党内法规和规范性文件进行集中清理，超过一半的中央党内法规和规范性文件被废止或宣布失效，党内法规体系成功“瘦身”，操作性、针对性显著增强，及时完成“新陈代谢”，保持了党内法规的旺盛生命力。

以“释”明确补充，党内法规解释是党内法规制度体系的有机组成部分，对于增强法规适应性、释放法规潜能和提高法规生命力具有重要作用。新时代我们党高度重视党内法规的解释工作，《中国共产党党内法规制定条例》明确强调党内法规的解释同党内法规具有同等效力，要把加大党内法规解释力度作为党内法规制度建设的一项重要任务。2015 年 7 月，中共中央正式印发了第一部关于党内法规解释的规定，对党内法规的解释机构、解释程序、解释形式等进行规范，为相关人员准确理解党内法规制定意图和条文含义，全面提升党内法规建设质量提供了重要依据。

四　抓住领导干部“关键少数”

提高党员干部法治思维和依法办事能力，提高领导干部的法治能力，要以身作则、以下率上。各级领导干部在推进依法治国方面肩负着重要责任，全面依法治国，必须抓住领导干部这个“关键少数”，要为领导干部划出一道道为官从政的“底线”和“红线”。法无禁止不可为、法无授权不可为、法定职责必须为。

各级领导干部的示范和引领作用，决定着全面依法治国的方向、道路、进度。习近平总书记围绕领导干部发挥模范带头作用提出了具体要求，各级领导干部要在思想上进一步重视起来，坚决纠正和解决法治不彰的问题；要在行动上进一步严格起来，做尊法学法守法用法的模范，自觉为全社会做出表率；要在根本问题上进一步明确起来，正确认识和把握党和法的关系，把党的领导贯彻到依法治国全过程和各方面，在建设法治中国的进程中，自觉担当起全面推进依法治国的重大责任。法律和制度的执行归根到底还是要靠人，这就给领导干部提出了更加具体的行为准则，乱作为不行，不作为也不行。

依法治国的关键在于领导干部。“全面推进依法治国是一个系统工程，是国家治理领域一场广泛而深刻的革命，必须加强党对法治工作的组织领导。各级党委要健全党领导依法治国的制度和工作机制，履行对本地区本部门法治工作的领导责任，找准工作着力点，抓紧制定贯彻落实全会精神的具体意见和实施方案。要把全面推进依法治国的工作重点放在基层，发挥基层党组织在全面推进依法治国中的战斗堡垒作用，加强基层法治机构和法治队伍建设，教育引导基层广大党员、干部增强法治观念、提高依法办事能力，努力把全会提出的各项工作和举措落实到基层。”[①]

领导干部运用法治思维处理改革、发展、稳定中的问题，是执政治理理念的升华，使领导干部党性更加坚强，提升领导干部掌握马克思主义科学理论武器的能力，增强学习专业知识的能力，增强学习党史、国史和社会发展史的能力，增强拜人民为师、向群众学习的能力。与此同时，要完善纠错问责机制，健全责令公开道歉、停职检查、引咎辞职、责令辞职、罢免等问责方式和程序。党员干部是全面推进依法治国的重要组织者、推动者、实践者。党员干部要自觉提高运用法治思维和法治方式深化改革、推动发展、化解矛盾、维护稳定的能力。我们党一直强调，政治路线确定之后，干部就是决定因素，所以领导干部尤其要以身作则、以上率下。

全面依法治国，必须抓住领导干部这个“关键少数”。领导干

① 习近平：《加快建设社会主义法治国家》，《求是》2015 年第 1 期。

部做尊法学法守法用法的模范，是实现全面依法治国目标和任务的关键所在。每个领导干部都要牢固树立宪法法律至上、法律面前人人平等、权由法定、权依法使等基本法治观念，要把遵纪守法、依法办事作为考察干部的重要内容，优先提拔使用法治素养好依法办事能力强的干部。要把权力关进制度的笼子里，把厉行法治作为根本之策。党纪国法不能成为“橡皮泥”“稻草人”。法治之下，没有免罪的“丹书铁券”，也没有“铁帽子王”。一把手抓法治，是全面依法治国关键中的关键。为了将一把手抓法治落到实处，中央制定实施了《党政主要负责人履行推进法治建设第一责任人职责规定》，明确了县级以上地方党委和政府主要负责人在推进法治建设中应当履行的主要职责，在制度上夯实筑牢了推进法治建设的一把手责任。

（一）提高领导干部法治能力

法治能力是具有法治思维与运用法治方式的能力。“各级党组织和党员领导干部要带头厉行法治，不断提高依法执政能力和水平，不断推进各项治国理政活动的制度化、法律化。各级领导干部要提高运用法治思维和法治方式深化改革、推动发展、化解矛盾、维护稳定能力，努力推动形成办事依法、遇事找法解决问题用法、化解矛盾靠法的良好法治环境，在法治轨道上推动各项工作。”[①] 我国正处于改革攻坚期、发展机遇期、社会风险期的“三期叠加”期，经济社会发展面临的形势仍然严峻，深化改革、推动发展的任务非常繁重，化解矛盾、维护稳定的压力相当艰巨，这对提高领导干部的法治素养提出了新的更高要求。但实践中“有法制、缺法

---

① 习近平：《在首都各界纪念现行宪法公布实施三十周年大会上的讲话》，《人民日报》2012 年 12 月 5 日。

治”现象仍然存在，少数领导干部习惯于依靠权力发号施令，习惯于以人治的思维和方式处理各类问题，甚至出现以言代法、以权压法、徇私枉法等现象。因此强调提高党员干部运用法治思维和法治方式深化改革、促进发展、化解矛盾、维护稳定的能力，就尤为紧迫和重要。法治思维，其实质是按照法治的逻辑来观察、分析和解决社会问题的思维方式，是一个以合法性为起点，以公平正义为中心的逻辑推理过程，是将法律规定、法律知识、法治理念付诸实施的认识过程。党员干部要树立法治思维，如合法性思维、权利义务思维、公平正义思维、责任后果思维、权力制衡思维等。党员干部树立法治思维，要知道“凡属重大改革都要于法有据”“法无禁止即可为，法无授权不可为”“有权必有责、用权受监督”。法治思维不仅要定分止争、凝聚共识，更要做到公平、公正、公开。

习近平总书记对领导干部的法治能力做出了一系列论述。2012年12月4日，习近平总书记在现行《宪法》公布施行30周年纪念大会的讲话中指出：“各级领导干部要提高运用法治思维和法治方式深化改革、推动发展、化解矛盾、维护稳定能力，努力推动形成办事依法、遇事找法、解决问题用法、化解矛盾靠法的良好法治环境，在法治轨道上推动各项工作。”[①] 特别强调了法治能力的主体是“各级领导干部”。在党的十八届中央政治局第四次集体学习时，习近平总书记再次要求“各级领导机关和领导干部要提高运用法治思维和法治方式的能力”。这一讲话将法治能力的主体，从各级领导干部扩展到了各级领导机关。2015年2月，习近平总书记在省部级主要领导干部学习贯彻十八届四中全会精神，全面推进依法治国专题研讨班开班式上讲话，再次对领导干部的法治能力提出新的要求：“领导干部要牢记法律红线不可逾越、法律底线不可触碰，带

① 《全面推进依法治国热点解读》，新华出版社2014年版，第9—10页。

头遵守法律、执行法律，带头营造办事依法、遇事找法、解决问题用法、化解矛盾靠法的法治环境。谋划工作要运用法治思维，处理问题要运用法治方式，说话做事要先考虑一下是不是合法。领导干部要把对法治的尊崇、对法律的敬畏转化成思维方式和行为方式，做到在法治之下、而不是法治之外、更不是法治之上想问题、作决策、办事情。”习近平总书记的以上论述充分表明了党中央对提高领导干部法治能力的高度重视。新时代，全面推进依法治国是全党全国人民的重要任务，更是各级领导干部肩负的时代责任。领导干部必须提高自己的法治能力来适应全面推进依法治国的现实需要。

在依法治国进程中提升领导干部法治能力需要健全法治制度，完善决策机制。让领导干部带头学习法律，树立法治意识，遵守党内规章，促进带头守法。强化组织监督，防止违法用权。考核领导干部的法治成效，考察法治能力。

（二）提升领导干部法治思维和依法办事能力

提升领导干部依法办事能力，就是提高运用法治思维和法治方式深化改革、推动发展、化解矛盾、维护稳定的能力。领导干部依法办事，主要应为带头遵守法律、运用逻辑推理解决问题、依法进行重大决策。

第一，要树立宪法意识。坚持依法治国首先要坚持依宪法治国，坚持依法执政首先要坚持依宪执政。领导干部要学宪法、懂宪法，树立牢固的宪法意识，强化对自身的法律约束，明白权力由宪法赋予，通过宪法宣誓等制度，增进对宪法的尊重感和认同感，将宪法精神内化为工作习惯，将宪法规定体现于工作能力，充分领悟依法履职的责任感和使命感。

第二，要勤奋学习法律。学习法律知识，培养法律意识从构成思维方式的基本结构分析，思维方式是建立在多种要素基础之上的。一个人的思维方式是创造型还是保守型，与知识结构密切相关。因此，确立法治思维方式，学习和掌握基本的法律知识是前提。形成法律思维方式需要储备足够的法律知识。法律知识通常包括法律、法规方面的知识和法律原理方面的知识，这两部分法律知识对于培养法律思维方式都很重要。了解法律、法规的具体规定，并领会法律的原理、原则、精神，养成法律思维，运用法律思维思考和处理各种法律问题。领导干部要不断坚持学习，保持思想的先进性。首先，各级领导干部要全面贯彻学习习近平总书记关于加强法治建设的重要讲话，积极主动养成用法治的信念来认识事物、判断是非、解决问题的思维方式，并把自身的工作实际结合起来，避免造成“纸上谈兵”“光说不练”的尴尬局面。“学法懂法是守法用法的前提。在那些违法乱纪胡作非为的领导干部中，相当多的人是长期不学法、不懂法。许多腐败分子在其忏悔录中都谈到，不知法是自己走向腐败深渊的一个重要原因。各级领导干部或多或少都学过一些法律知识，但同全面推进依法治国的要求相比，还很不够，必须加强学习，打牢依法办事的理论基础和知识基础。要系统学习中国特色社会主义法治理论，准确把握我们党处理法治问题的基本立场。首要的是学习宪法，还要学习同自己所担负的领导工作密切相关的法律法规。各级党委要重视法治培训，完善学法制度，党校、行政学院、干部学院等都要加强对领导干部法律知识的教育。”① 各级党组织要把领导干部法律法规的学习摆上议事日程，纳入理论学习和专业学习之中，形成制度，抓好落实，把对法规制度的学习作为干部知识结构的一个重要组成部分，当成考核任用干部的一个条件来衡量，把依法执政和开展工作作为干部能力素质的重

① 习近平：《在省部级主要领导干部学习贯彻党的十八届四中全会精神　全面推进依法治国专题研讨班上的讲话》，2015 年 2 月 2 日。

要方面来对待，使领导干部不断增强法治学习的自觉性、责任感、紧迫感，努力提高法律素质。其次，随着社会快速发展，新形势和新问题不断涌现，为了合理合法地应对新形势、解决新问题，就需要领导干部与时俱进、更加深入地勤学法。再次，不光是领导干部自己要勤学法，还要切实肩负起普法宣传、法治教育的责任，培养人民群众学懂法律的意识，努力营造全社会学法知法的良好氛围。

当今时代随着实践向深度和广度的拓展，人类获取的知识量越来越大，知识更新的周期愈来愈短。这就要求我们必须不断学习，树立终身学习的理念，不断地更新、改善与调整原有的知识，以求知识结构的合理化和最优化。对于领导干部来说，要建立一个长期的、常态化的、接地气的整体性法治培训，同时也包括新入职的、调任的公务人员在内。在公务员的任职期间内，每年都要有相应的法治培训课程，要持之以恒地灌输法治思想，从而提升其依法办事的能力。

第三，要敬畏法律权威。领导干部在执法用权的时候，一定要对法律心存敬畏，唯有敬畏之心，才能将法律法规时时放在心里，避免自己的言行举止越过法纪的红线。领导干部要始终牢记手中的权力是由党和人民赋予的，应时刻谨慎用权，带头依法办事。领导干部坚定尊敬法律，时刻自觉按照法律法纪的规章约束自己，才能影响社会大众产生敬畏法律的思想观念，使人民群众主动去维护法律的权威。敬畏法律权威是干部成事创业的保障，官有所畏、业有所成。敬畏法律是破除权大于法的关键。党通过法律来治国理政，以确保国家政权运行的制度化、规范化、有序化，领导干部要忠于法律、敬畏法律权威。

第四，要严格遵守法律。在学习并敬畏法律的同时，领导干部还必须要带头严守法律法规，牢固树立“法律面前人人平等”的意识，自觉接受法律法规的约束，严格按照法律法规来规范自身行为。领导干部的言行举止备受关注，群众也能直接监督，若是领导干部都不能严守法律法规，甚至产生阻碍法律法规施行的行为，下属和群众效仿的话，势必会造成“法不成法”的混乱局面，影响社会稳定和社会公平。所以领导干部更应严格自律，切实做到心中有法、行为守法。

第五，要注重法治实践。理论要用于指导实践，才能最终体现其价值，领导干部学习了法律之后，更要在实际工作生活中积极主动运用。法治思维的养成特别是法治能力的提升，关键靠实践。遇到问题首先从法律角度思考，为群众办事服务严格依照法律，解决问题务必按法律办事，养成知法用法的良好习惯，为我们国家法治建设全面推进打下坚实基础。同时，领导干部还应透彻掌握法治工作第一线的真实情况，通过剖析具体事例，总结经验、教训，不断提高运用法治意识和法治方式开展工作、解决问题的能力。

第六，要正确对待监督。提高干部法治意识和依法办事能力，既要靠领导干部的严格自律，又要靠监督机制的制约。为此，领导干部应当自觉接受法律监督以及根据法律法规形成的党内监督、社会监督等，以严格监督促进自身切实遵循法律精神，自觉践行社会主义法治建设。

（三）建立法治考核指标

建立有效的法治考核指标才能引导领导干部尊法、守法、执法，法治的权威性和确定性才能得以维护。考核指标是领导干部工作的评价标准。它不仅通过评价领导干部的法治水平和绩效提高领导干部运用法律手段治国理政的水平，而且通过对各地区开展法治工作建设的考核，来预测地区法治政府的发展态势和未来走向，促使法治政府各项制度的改革与完善。科学的法治考核指标要遵循法治统一性原则和法治动态性原则，在此基础上具体的考核内容可以设定为：首先，领导干部是否带头守法。中国共产党是中国特色社会主义事业的核心和坚强领导，各级领导干部是党和政府政策的具体执行者和贯彻者，代表着党的形象和党的政策方向。因此领导干部带头守法对于一般干部和群众具有巨大的示范效应。可以考核领导干部是否带头学习宪法和法律，遵守宪法和法律，按其学习时间与成绩，有无违法记录或有无被举报记录等来进行量化。其次，是否在工作中依法办事。考核领导干部对本部门工作法律的熟悉程度，公共权力运行的规范程度，以及是否行使的行政权力授予有据、行使有规，符合程序法和实体法的要求。再次，进行法治建设的成效。考核领导干部运用法律手段的频率、及时性及其效果，包括依法执行政策的力度，对公民权利的保障程度等，可以通过对本部门的投诉、信访、举报等数据或群众满意度来显示。各地区可以通过调研设置符合本地实际的法治考核内容，以实现对领导干部法治现状的科学评估，发挥考核指标的导向和约束功能。

法治建设考核制度是提升领导干部法治素养的重要保障。建立健全法治考核指标体系，根据不同层次、不同类型的考核对象，将法治考核指标细分为“共性指标、专业化指标、社会评价指标”三项指标，将法治建设考核制度落实落细落小，充分发挥法治建设考核的指挥棒作用。首先，坚持定性与定量相结合，特别注重定量考核。共性指标应以定性为主，专业化指标应以定量为主，社会评价应以定性与定量相结合为主。既要避免一味以定性分析为主，考核结果过于主观、缺乏说服力和公信度的弊端；也要避免盲目追求一概量化，导致法治考核工作被数字所束缚的机械化与复杂化倾向。其次，坚持领导与群众相结合，特别注重群众评议。共性指标应以领导为主，专业化指标应以专家为主，社会评价应以群众为主。坚持组织考核和群众认可相结合，请“两代表一委员”以及相关专家学者参加，通过民主评议、引入第三方进行民意调查等方式，将各部门各单位特别是社会群众纳入法治考核评价主体体系，注重考评工作的公信力。再次，坚持平时与定期相结合，特别注重平时考核。法治考核以定期考核为主，年中考核为辅，通过民主测评和综合测评，确定考核分值。法治考核可采用加分制，对完成党委政府重大目标任务、有制度创新和工作创新等的法治单位实行加分；也可采用扣分制，对作风不正、工作不力、纪律不严等给予扣分。根据这一原则和方法，共性指标应以定期考核为主，专业化指标应以平时考核为基础，社会评价应以不定期抽查为主。

通过构建科学、系统、严密、可操作性强的法治建设考核指标体系，以压实各级领导干部的法治建设责任，力促其依法履职、依法用权、依法行事，为全社会法治环境改善发挥示范引领作用。

（四）落实责任追究制度

孟德斯鸠在《论法的精神》中曾言，“一切有权力的人都极容易滥用权力，这是一条亘古不变的定律”[①]。在十八届中纪委第二次全会上，习近平总书记要求“加强对权力运行的制约和监督，把权力关进制度的笼子里”[②]，“任何组织或者个人都必须在宪法和法律范围内活动，任何公民、社会组织和国家机关都要以宪法和法律为行为准则，依照宪法和法律行使权利或权力、履行义务或职责”[③]。一切违反宪法和法律的行为，都必须予以追究。准确地监督和问责是依法治国的重要保障。2009 年 6 月 30 日，中共中央办公厅、国务院办公厅印发了《关于实行党政领导干部问责的暂行规定》并开始实施。这是加强反腐倡廉法规制度建设、完善领导干部行为规范的重要举措，对于加强党政领导干部的管理和监督，增强党政领导

① ［法］孟德斯鸠：《论法的精神》，商务印书馆 2012 年版，第 5 页。

② 习近平：《在十八届中央纪委二次全会上的讲话》，2013 年 1 月 22 日。

③ 习近平：《在中共中央政治局第四次集体学习会议上的讲话》，2014 年 2 月 23 日。

干部的责任意识，更好地贯彻落实科学发展观，不断提高党的执政能力和执政水平，具有重大意义。各级党政领导干部要认真践行全心全意为人民服务的宗旨，以对党和国家高度负责、对人民群众高度负责的精神，切实履行党和人民赋予的职责，兢兢业业完成好各项工作任务。各级党委和政府要依照《暂行规定》严肃问责，充分发挥问责在党风廉政建设中的积极作用。

如果领导干部的权力不受制约，则存在两个方面的危险：一是权力寻租，即“权力导致腐败，绝对权力导致绝对腐败”；二是权力滥用，公民权利遭受政府权力的不法侵害。因此，为实现社会长期稳定的发展，需要用法律限制权力的任意行使，充分发挥法律和法律方法的功能，重视法律的权威以及逻辑推理、修辞论证和理解解释等方法的作用。依据“有权必有责，权责相统一”的基本原理，建立和完善政府领导干部的责任追究制，能够有效控制权力的滥用和保障权利的落实。在我国现行的责任追究制的基础上，如中共中央批准的《党政领导干部辞职暂行规定》规定了因公辞职、自愿辞职、引咎辞职、责令辞职等追究责任的形式，进一步完善配套的责任追究制度。设置和完善领导干部的自我纠错机制和外部监督机制，形成自上而下与自下而上的双重监督。为此，必须强化政务公开，让权力在阳光下运行，公开公权力在各领域、各阶段的全方位、全过程的运行，以保障人民群众批评、监督领导干部权利的落实。建立各类行政权力、决策权力，司法制度的科学、民主、透明的程序，确保任何人的合法权益不受侵害。此外，逐步完善追究责任的评价标准，形成体系化和规范化的统一标准。既要严格问责故意或者重大过错范畴的事项，又要能够使领导干部在工作中不至于受限于问责标准而息事宁人地处理问题。问责的最终目的还是促使领导干部在行使公权力之时首先要考虑合法性的问题，使法治方式成为治国理政的重要手段。

首先，推进党政领导干部问责制，是健全权力运行制约和监督机制的重要内容，贯彻了“有权必有责、用权受监督、违法受追究”的基本要求。其次，推行党政领导干部问责制，是对各级领导干部严格要求、严格教育、严格管理、严格监督的重要举措。完善和推行问责制度，有利于规范党纪、政纪处分以及刑事处罚以外的其他责任追究方式如引咎辞职、责令辞职、免职等，加大对党政领导干部问责力度。再次，推行党政领导干部问责制，是科学执政、民主执政、依法执政的重要保证。严格要求和检查督促领导干部廉洁从政，严肃查处领导干部滥用权力、谋取私利、贪污贿赂、腐化堕落、失职渎职等方面的案件，对负有责任的领导干部实行问责，有利于提高党政领导干部责任意识和大局意识，促进党政领导干部恪尽职守，依法履行职责，有利于使我们党作出的决策、采取的措施、推行的工作更加符合客观实际和规律，更加符合广大人民群众的愿望和利益。

第五章

建设中国特色社会主义法律体系

中国的法律体系大体由在宪法统领下的宪法及宪法相关法、民法商法、行政法、经济法、社会法、刑法、诉讼与非诉讼程序法七个部分构成，包括法律、行政法规、地方性法规三个层次。中国特色社会主义法律体系，是中国特色社会主义伟大事业的重要组成部分，是全面实施依法治国基本方略、建设社会主义法治国家的基础，是新中国成立70年特别是改革开放41年来经济社会发展实践经验制度化、法律化的集中体现。良法是善治的前提。“立善法于天下，则天下治；立善法于一国，则一国治。”建设中国特色社会主义法律体系，首要的是完善以宪法为核心的中国特色社会主义法律体系。目前，我国有法律250多部、行政法规700多部、地方性法规9000多部、行政规章11000多部，中国特色社会主义法律体系已经形成，还需进一步完善以适应中国特色社会主义进入新时代的要求。要紧紧围绕提高立法质量和立法效率，继续加强和改进立法工作，坚持科学立法、民主立法、依法立法，坚持立改废释并举，增强法律法规的及时性、系统性、针对性、有效性，提高法律法规的可执行性、可操作性。加强重点领域立法，及时反映新时代党和国家事业发展要求，回应人民群众关切期待。法律的生命力在于实施，法律的权威也在于实施。“天下之事，不难于立法，而难于法之必行。”法律的有效实施，是全面依法治国的重点和难点。

党的十九大系统阐述了习近平新时代中国特色社会主义思想，从新时代和发展中国特色社会主义“八个明确”和“十四条坚持”基本方略的高度进一步强调了全面依法治国的重要地位，要求“深化依法治国实践”“坚持厉行法治，推进科学立法、严格执法、公正司法、全民守法”。

一　树立宪法权威

习近平总书记指出，“全面贯彻实施宪法，是建设社会主义法治国家的首要任务和基础性工作”[①]。在关于党的十八届四中全会《中共中央关于全面推进依法治国若干重大问题的决定》（以下简称《决定》）的说明中强调：“宪法是国家的根本法。法治权威能不能树立起来，首先要看宪法有没有权威”，要求“把宣传和树立宪法权威作为全面推进依法治国的重大事项抓紧抓好，切实在宪法实施和监督上下功夫”。[②] 树立宪法权威，加强宪法实施和监督，是全面推进依法治国的重要举措，也是中国特色社会主义法律体系的重要组成部分。

（一）树立宪法权威的重要意义

“要在全党全社会深入开展尊崇宪法、学习宪法、遵守宪法、维护宪法、运用宪法的宣传教育活动，弘扬宪法精神，树立宪法权威，使全体人民都成为社会主义法治的忠实崇尚者、自觉遵守者、坚定捍卫者。”[③] 宪法是国家的根本大法，是治国安邦的总章程，具

① 《习近平关于全面依法治国论述摘编》，中央文献出版社 2015 年版，第 41 页。

② 习近平：《关于〈中共中央关于全面推进依法治国若干重大问题的决定〉的说明》，《人民日报》2014 年 10 月 29 日。

③ 《习近平弘扬宪法精神　树立宪法权威　使全体人民都成为社会主义法治的忠实崇尚者自觉遵守者坚定捍卫者》，《人民日报》2018 年 12 月 5 日。

有最高的法律地位、法律权威、法律效力。关于宪法的重要性、权威性，习近平总书记指出："我国宪法以根本法的形式反映了党带领人民进行革命、建设、改革取得的成果，确立了在历史和人民选择中形成的中国共产党的领导地位。"① "我国宪法以国家根本法的形式，确立了中国特色社会主义道路、中国特色社会主义理论体系、中国特色社会主义制度的发展成果，反映了我国各族人民的共同意志和根本利益，成为历史新时期党和国家的中心工作、基本原则、重大方针、重要政策在国家法制上的最高体现。我们要更加自觉地恪守宪法原则、弘扬宪法精神、履行宪法使命。"② 每年 12 月 4 日是国家宪法日。在全社会普遍开展宪法教育，弘扬宪法精神。建立宪法宣誓制度，凡经人大及其常委会选举或者决定任命的国家工作人员正式就职时公开向宪法宣誓。宪法是立国之根基、治国之圭臬、强国之重器，宪法与国家前途、民族命运、人民幸福息息相关。我国宪法是党的主张、人民意志和国家意志的高度统一，是党的指导思想、基本理论、基本路线、基本方略、重大战略决策宪法化的集中体现，是保证党和国家长治久安的根本法律基础和宪制保障，具有最高法律权威。宪法权威是法治权威的最高体现，是指宪法得到社会普遍认同、自觉遵守、有效维护的理念与理由，尤其体现为宪法对公权力和所有国家生活产生的拘束力和规范力。深化依法治国实践，必须树立和维护宪法的最高权威，维护宪法尊严，保证宪法实施，养成严格崇敬宪法、遵守宪法、维护宪法的习惯与文化，使宪法和法律成为人们普遍遵守的行为规范，是建设法治中国必须解决的首要问题。

---

① 习近平：《关于〈中共中央关于全面推进依法治国若干重大问题的决定〉的说明》，《人民日报》2014 年 10 月 29 日。

② 习近平：《在首都各界纪念现行宪法公布施行 30 周年大会上的讲话》，《人民日报》2012 年 12 月 5 日。

（二）依法治国首先是依宪治国，依法执政关键是依宪执政

我党在长期的执政实践中，围绕靠什么执政、如何执政这个重大课题，不断提高认识总结经验，提出了依宪执政的基本方针。党的十六届四中全会更进一步明确指出，“依法执政是新的历史条件下党执政的一个基本方式”，并将“依法执政”确立为加强党的执政能力建设的总体目标之一。习近平总书记在首都各界纪念现行宪法公布施行30周年大会上更明确指出，依法治国首先是依宪治国，依法执政关键是依宪执政；在2014年9月5日庆祝全国人民代表大会成立60周年大会上的讲话中再次强调：“宪法是国家的根本法，坚持依法治国首先要坚持依宪治国，坚持依法执政首先要坚持依宪执政。”依宪执政的提出，是对党执政经验的总结，要求我们党在其执政过程中运用宪法思维，坚持在宪法和法律范围内活动，带头维护宪法的最高权威，将对宪法原则的遵守与执行贯彻于整个执政活动，使执政行为严格按照宪法的规定和要求，使整个执政行为具有合宪性。

依宪执政为党提供最坚实的合法性基础。宪法能把执政党的意志转化为人民的根本意志，实现党的意志和人民意志的根本统一。宪法确立了执政党的宪法地位，使执政党的领导有了宪法和法律的支撑与保障；宪法要求“一切政党和社会组织必须在宪法和法律范围内活动”，从而能够厘清党的行为与国家行为的边界，确保宪法和法律的严肃性及权威性。依宪执政是科学执政的前提。宪法以根本法的形式，确立了中国特色社会主义道路、中国特色社会主义理论体系、中国特色社会主义制度的发展成果，反映了我国各族人民的共同意志和根本利益，是新时期党和国家的中心工作、基本原则、重大方针、重要政策的最高体现。只有依据宪法来执政，才能反映人民的利益和意志，充分地体现党和国家的中心工作、基本原

则、重大方针、重要政策。只有依宪执政才能实现党的领导、人民当家作主和依法治国的有机统一。只有依宪执政，才能广泛地吸纳、整合、表达民意，并通过立法程序将党的意志和政策变成国家意志和法律；才能将党的领导融入人民代表大会制度这一根本政治制度之中，并通过权力机关的立法权、人事选举罢免权、重大事项的决定权和监督权实现党对国家的领导；才能使党对国家的领导方式与宪法所规定的国家权力运行方式协调、统一起来，确保行政机关依法行政、司法机关依法独立公正地行使职权。只有依宪执政才能建立真正的法治国家，法治的精义在于良法之治，而宪法是整个法律体系的统帅，是具有最高的法律地位、法律权威、法律效力的法。只有宪法的地位得到保障，宪法的权威得到维护，宪法的效力得到体现，才能真正建构中国特色社会主义的法治大厦。

宪法的地位、内容决定了依法治国首先必须依宪治国。法治，首先是宪法之治。宪法作为根本法，对于整个国家的法律体系具有统帅作用，是治国安邦的总章程，具有最高的法律地位、法律权威、法律效力，具有根本性、全局性、稳定性、长期性；在我国，依法治国所依之法，包括宪法、法律、行政法规、地方性法规和其他具有效力的地方性文件。在这个法律体系中，宪法的位阶最高，居于最高的法律地位，具有最高的法律效力，是制定修改解释其他法律法规的根本依据。因此，其他法律法规要想具有权威和效力，宪法必须首先具有权威和效力；宪法的实施是其他法律较好实施的保证。现行宪法以其最高的法律地位、法律权威和法律效力，确立了中国特色社会主义道路、中国特色社会主义理论体系、中国特色社会主义制度的发展成果，规定了国家公权力的组织体系、职责权限和行为标准，反映了我国各族人民的共同意志和根本利益，成为保持国家统一、民族团结、经济发展、社会进步和长治久安的法律基础，是历史新时期党和国家的中心工作、基本原则、重大方针、重要政策在国家法治上的最高体现。我国现行所有的法律，上升为国家意志的党的路线、方针、政策，都是依据宪法制定的，是对宪法精神、原则和制度的具体化。因此，依宪治国不仅是依法治国的必然要求，也是依法治国的首要之义。新形势下，我们党要履行好执政兴国的重大职责，就是要按照宪法和党章的要求，真正做到党领导立法、保证执法、带头守法。宪法是党和人民共同意志的体现，是党的事业、人民的根本利益的具体体现；宪法确立的国家的领导核心和指导思想，工人阶级领导的、以工农联盟为基础的人民民主专政的国体，人民代表大会制度的政体，中国共产党领导的多党合作和政治协商制度、民族区域自治制度以及基层群众自治制度，爱国统一战线，社会主义法制原则，民主集中制原则，尊重和保障人权原则等，都是中国特色社会主义政治发展道路的具体体现，坚持依宪治国就是坚持中国特色社会主义政治发展道路；改进党的领导方式和执政方式的具体表现就是依法执政、依宪执政；宪法的生命在于实施，宪法的权威也在于实施，全党要坚持不懈地抓好宪法实施工作。

习近平总书记强调，维护宪法权威，就是维护党和人民共同意志的权威。捍卫宪法尊严，就是捍卫党和人民共同意志的尊严。保证宪法实施，就是保证人民根本利益的实现。他还指出，全面贯彻实施宪法，是建设社会主义法治国家的首要任务和基础性工作。这些论述，深刻阐述了宪法和宪法实施在建设社会主义法治国家中的重要地位，具有很强的思想性和指导性。实践证明，抓好宪法实施，坚持依宪治国、依宪执政，社会主义法治的统一、尊严、权威才有坚实基础，国家统一、民族团结、经济发展、社会进步和国家长治久安才有可靠保障，党和国家事业兴旺发达才能获得磅礴伟力。

（三）宪法的实施与监督制度体系

宪法是国家的根本大法，是推进依法治国战略的总纲领。健全宪法实施和监督机制是保障市场经济有效运行的迫切需要，是维护社会公平正义的迫切需要。2012 年 12 月 4 日，习近平总书记在纪念现行宪法公布实施 30 周年大会的讲话中指出："宪法的生命在于实施，宪法的权威也在于实施。我们要坚持不懈抓好宪法实施工作，把全面贯彻实施宪法提高到一个新水平。"[①] 在党的十八届四中全会上，习近平总书记对此做出了进一步的强调，同时指出："法治权威能不能树立起来，首先要看宪法有没有权威。必须把宣传和树立宪法权威作为全面推进依法治国的重大事项抓紧抓好，切实在宪法实施和监督上下功夫。"[②] 可见，党和国家已充分认识到宪法的实施和监督在法治中国建设中的战略地位。目前，我国保证宪法实施的监督机制和具体制度还不健全，有法不依、执法不严、违法不究的现象在一些地方和部门依然存在；公民包括一些领导干部的宪法意识还有待进一步提高。这些问题都可归结为宪法实施和监督的实效性不足，今后应当进一步强化各级人大及其常委会的监督职能，激活宪法监督机制在以下几个方面的制度构建。首先，强化违宪审查层面的监督，通过制度化、常规化的渠道，保证违宪的立法和行为及时得到纠正，从而实现宪法的有效实施。《宪法》第 62 条规定，全国人民代表大会监督宪法的实施。同时，第 67 条规定，全国人民代表大会常务委员会解释宪法，监督宪法的实施。可见，中国的宪法监督权由全国人民代表大会及常务委员会（常委会）共

---

① 习近平：《在首都各界纪念现行宪法公布实施 30 周年大会上的讲话》，《人民日报》2012 年 12 月 5 日。

② 习近平：《关于〈中共中央关于全面推进依法治国若干重大问题的决定〉的说明》，《人民日报》2014 年 10 月 29 日。

同行使。根据党的十八届四中全会的部署，全国人大及其常委会有望成立一个专门机构负责监督宪法实施。其次，强化宪法解释机制，增强其对下位法的指示作用。宪法要得以实施，首先需要被解释，否则其意旨可能无法明确。宪法解释机制应当明确宪法解释的启动程序、实施程序、解释规则、公布程序等。再次，建立有利于宪法实施的利益导向机制和科学合理的宪法实施评价机制，把宪法职责和宪法义务的自动履行率提高到一个新水平。

二　推进立法体制改革

习近平总书记指出："具体讲我国法治建设的成就，大大小小可以列举出十几条、几十条，但归结起来就是开辟了中国特色社会主义法治道路这一条。"全国人大及其常委会 40 年立法的成就也可以列举出十几条、几十条，但最重要的是形成了中国特色社会主义法律体系并不断完善，为改革开放和社会主义现代化建设事业提供了法律保障。

（一）深入推进科学立法、民主立法、依法立法

党的十九大报告明确要求，推进科学立法、民主立法、依法立法，以良法促进发展、保障善治。习近平总书记也明确强调：推进科学立法、民主立法，是提高立法质量的根本途径。科学立法的核心在于尊重和体现客观规律，民主立法的核心在于为了人民、依靠人民。因此，科学立法、民主立法所追求的"良法"，应是最大限度反映社会发展客观规律，最大限度体现人民利益的法律规范体系。人大主导立法的同时要各方参与，人大代表是立法的参与者，更是人民意志的传递者，立法要切实保障人大代表的权利，做到依法立法，是全面推进依法治国的重要组成部分。立法是依法治国的

活水源头，依法立法则是涵养法治中国水源的核心工程。充分认识立法工作的复杂性，为实现在党的领导下，以大局意识、底线意识为行动指南的科学、民主、依法立法奠定基础。

第一，推进科学立法、民主立法。科学立法是在立法过程中必须以符合法律所调整事态的客观规律作为价值判断，并使法律规范严格地与其规制的事项保持最大限度的和谐，法律的制定过程尽可能满足法律赖以存在的内外在条件。民主立法，是在整个立法过程中国家坚持民主立法的价值取向，使社会公众参与和监督立法的全过程，建立充分反映民意、广泛集中民智的立法机制，推进法治建设的科学化、民主化，使法律真正体现和表达公民的意志，真正成为保护人民财产权利和人身权利的良法。民主立法的核心在于立法要为了人民、依靠人民。

首先，公开立法规划和计划。立法工作有序进行的前提是必须要有切实可行合理科学的立法规划和立法计划。立法规划和立法计划须遵循中国特色社会主义法律体系的要求，将立法项目统筹安排，根据轻重缓急分清主次、突出重点，依照法定程序科学制定法律。在规划和计划立法时应当集思广益，因为人民群众对于社会还需要哪些法律等最有发言权，应当采取各种方式听取人民群众的意见和立法项目建议，也可通过代表提出的议案，掌握社会最迫切的需要，人民群众生产生活密切相关的立法项目，优先安排起草和审议。经广泛征求意见后形成的全国人大常委会五年立法规划和年度立法计划，要向全社会公开。

其次，公开法律草案的起草。相关部门起草法律草案时，应当集思广益，发挥有关专家、组织和科研院所的作用。可以委托有关组织和科研院起草一些专业性强、利益关系复杂的法律建议稿，这样就防止“国家立法部门化，部门利益法律化”，避免有的部门通过起草法律草案不适当地扩权诿责。承担起草任务的单位或组织要深入基层、深入群众、广泛听取意见、汇集民意，开展调查研究，并对立法过程中存在重大分歧意见的问题公开召开专题听证会，直接听取争议双方的相反意见，做到兼听则明。

再次，公开法律草案的审议。新闻单位可由委员会决定适度公开有关专门委员会审议法律草案的会议。全国人大常委会全体会议或者分组会议审议法律草案，可以适当地选择一些社会公众普遍关心的法律，安排电视或者网络进行直播。通过新闻媒体的报道，让社会公众更深入地了解法律审议情况。

还要公开征求意见的情况。涉及公民、法人和其他组织的切身利益，特别是需要设定普遍性的公民义务的重要法律草案，要向社会公布，通过电话、信件、传真、网络等多种方式，征求有关机关、组织和人民群众的意见。人民群众提出了哪些意见，也要采取适当的方式予以公开。对于人民群众和代表的意见，不但要广泛地“听”，更要认真地“取”，以保证制定的法律充分体现党的主张和人民的意志。立法文件和资料要公开。除需要保密的以外，常委会审议的法律草案、委员发言的记录、有关部门的意见以及相关的立法资料等，可以摘要在新闻媒体上发表；代表大会和常委会审议法律草案的简报等资料，应当允许专家学者和有关人士查阅。要通过立法信息的公开，保障和促进立法民主。

最后，充分发挥代表作用是立法公开的重要内容。人大代表是人民选举出来行使权力、管理国家事务的代表，立法工作中必须充分发挥人大代表的作用，从提出立法议案建议、参与研究起草、列席参加审议等环节，使人大代表更多地参与立法。确定列入立法规划的立法项目，应当主要以代表提出的议案为基础和依据；法律草案起草过程中，要征求提出议案的代表和相关领域代表的意见和建议；召开座谈会、研讨会和进行调查研究，应当适当吸收代表参加；常委会审议的法律草案，可以根据情况将草案发给有关代表征求意见，常委会审议时邀请相关领域的代表列席会议；常委会审议法律的情况要向代表通报。充分发挥代表作用，是立法公开的重要内容。起草单位和人大常委会工作机构要及时向代表提供多方面信息，让代表知情知政，既了解当地民意，又了解全局情况，为代表依法履行职权，更有效地参与立法创造条件。

第二，依法立法。《立法法》进一步完善了立法的体制、机制，具有很强的科学性、指导性、针对性和可操作性，为进一步提高我国立法科学化民主化水平，提高立法质量，让法律立得住、行得通、真管用，提供了可靠管用的法律制度保障。因此，深入推进我国的科学立法、民主立法工作，《立法法》要求严格依法立法，否则深入推进我国科学立法、民主立法工作就无从保障。依法立法是保障法治统一的关键，其核心要求就是依照法定的权限和程序立法。

首先，不得超越法定权限立法。《立法法》明确规定了全国人大及其常委会的专属立法权，并对各个立法主体的权限做了适当划分。各立法主体遵守法定的权限和程序，在各自的权限范围开展立法活动，是立法要遵循的基本原则之一。其次，以宪法为依据立法，不得同宪法相抵触。宪法是国家的根本法，是立法活动的根本准则。行政立法权和地方立法权来源于宪法授权，行使行政立法权和地方立法权必须维护宪法权威，与宪法保持一致。再次，不得违反上位法。一是行政立法和地方立法要与全国人大及其常委会制定的法律保持一致，不得违反法律的基本原则和具体规范。行政立法和地方立法的主要任务是实施国家法律，因此要特别注意和国家法律保持一致。二是地方性法规和规章不得违反行政法规，要与行政法规保持一致。我国是单一制的国家结构体制，国务院统一领导全国各级国家行政机关的工作，因此地方性法规和规章不得与国务院制定的行政法规相抵触。最后，要把好备案审查关，强化立法监督。备案审查是保障宪法法律实施、维护国家法制统一的重要机制，也是保障立法质量，实现依法立法、良法之治的基本举措。

（二）加强党对立法工作的领导

党的领导为立法工作提供科学的思想指导、政策引导和组织领导，对于确保立法代表最广大人民的根本利益、始终保持立法的正确方向，对于维护社会主义法制的统一和尊严有效防止立法中的地方和部门保护主义具有重要意义。坚持党对立法工作的领导，这是我国立法工作必须遵循的重大政治原则，也是我国立法工作不断取得新成绩、实现新发展的基本经验。党的十八大以来，习近平总书记针对全面依法治国面临的新形势新任务新要求，围绕法治建设和立法工作提出了一系列新理念新思想新战略，鲜明地提出全面依法治国首先要有法可依，坚持立法先行，发挥立法的引领和推动作用；鲜明地提出实现立法和改革决策相衔接，做到重大改革于法有据、立法主动适应改革发展需要。全国人大及其常委会自觉贯彻落实党中央要求和习近平总书记重要讲话精神，将党的路线方针政策贯彻落实到立法全过程，使党的主张通过法定程序成为国家意志，成为全社会一体遵循的行为规范和活动准则。

（三）发挥人大在立法工作中的主导作用

习近平总书记在党的十九大报告中要求："发挥人大及其常委会在立法工作中的主导作用，健全人大组织制度和工作制度，支持和保证人大依法行使立法权、监督权、决定权、任免权"，人大"主导"立法，是新时代立法体制和人大制度的进一步健全和完善，是立法工作的遵循准则。人大主导立法必须坚定不移地坚持党的领导。中国特色社会主义最本质的特征是中国共产党领导，中国共产党的领导是人民当家做主和依法治国的根本保证。法，国之重器。

人大在立法中的主导作用，是在党的领导和支持下的主导作用，越是坚持党的领导，就越能有效地发挥人大的主导作用，越能有效地进行地方立法沟通协调，推动地方立法进程。人大主导立法必须提升民主立法水平。人大主导立法必须处理好政府及其部门依法参与立法的关系。发挥人大在地方立法工作中的“主导作用”与发挥政府及其部门在地方立法工作中的“重要作用”不是矛盾的而是统一的，健全人大主导立法体制与改进政府立法制度不是矛盾的而是相辅相成的。人大立法要做到有所为有所不为，要科学界定人大与其他立法参与主体的关系，关键是要充分尊重其他主体在不同立法环节中参与立法的职权。人大主导立法应该充分发挥政府及其部门具有的行业、专业和实践优势，承担起有关地方法规的起草工作。既要确权又要立责，既要赋予行政机关必要的权力和手段，又要加大监督力度、明晰法定责任，避免逐利避险、争权推责、以法代政、以法怠政。同时，要最大限度维护人民的根本利益，努力使每一项立法都能体现和尊重人民的主体地位，维护人民的根本利益。

（四）加强和改进政府立法制度建设

政府立法形式有三种：行政法规、部门规章和地方政府规章。行政法规的制定主体为国务院。部门规章是国务院各部门（包括国务院各部、委员会、中国人民银行、审计署和具有行政管理职能的直属机构）根据法律和国务院的行政法规、决定、命令，在本部门的权限范围内，按照法定程序制定的执行性规范文件。地方政府规章是省级人民政府和较大的市的人民政府（包括省会所在市的人民政府和经国务院批准的较大的市的人民政府）根据法律、行政法规和地方性法规，按照法定程序制定的执行性规范文件。地方政府规章的内容不得与法律、法规相违背，其效力从属于宪法、法律、行政法规和地方性法规。

党的十八届四中全会《决定》指出：加强和改进政府立法制度建设，完善行政法规、规章制定程序，完善公众参与政府立法机制。重要行政管理法律法规由政府法制机构组织起草。明确政府立法在国家立法体制中的地位，加强政府立法工作，运用法律手段促进各地方各领域的经济社会协调发展，实现社会全面进步，体现了民主立法和科学立法相结合，人民参与，专家、专门机关参与相结合。首先，新立法法对行政法规的制定权限做了细致规定。《中华人民共和国立法法》第66条：国务院法制机构应当及时跟踪了解国务院各部门落实立法计划的情况，加强组织协调和督促指导。国务院有关部门认为需要制定行政法规的，应当向国务院报请立项。第67条：行政法规由国务院有关部门或者国务院法制机构具体负责起草，重要行政管理的法律、行政法规草案由国务院法制机构组织起草。第69条：行政法规的决定程序依照国务院组织法的有关规定办理。其次，立法法也详尽讨论了规章的制定权限。第80条：部门规章规定的事项应当属于执行法律或者国务院的行政法规、决定、命令的事项。没有法律或者国务院的行政法规、决定、命令的依据，部门规章不得设定减损公民、法人和其他组织权利或者增加其义务的规范，不得增加本部门的权力或者减少本部门的法定职责；第82条：没有法律、行政法规、地方性法规的依据，地方政府规章不得设定减损公民、法人和其他组织权利或者增加其义务的规范。再次，考虑到地方实际工作的需要，立法法第82条规定：应当制定地方性法规但条件尚不成熟的，因行政管理迫切需要，可以先制定地方政府规章。规章实施满两年需要继续实施规章所规定的行政措施的，应当提请本级人民代表大会或者其常务委员会制定地方性法规。最后，要求政府法制机构勇于担责，对各项重要的政府立法，从事前事中以及事后进行严格审查和监督，力求使政府的每一个立法活动从程序到实体内容都符合宪法和法律。

（五）赋予设区的市地方立法权

2015 年《立法法》修改后，新赋予 273 个设区的市立法权，在地方立法主体大幅度扩容的同时限制了地方人大的立法事项。截至 2017 年 12 月 31 日，已有 273 个设区的市确定立法权，并已发布 614 部地方性法规。地方立法法的增加在一定程度上存在着困境，例如机构和人员尚需完善，经验和人才需要累积以及省人大合法性审查责任重等。《立法法》的修改使地方立法主体扩容，为我国的立法制度和立法工作带来深远影响，新赋予立法权的设区的市行使立法权既是挑战也是机遇。国家信息化战略规划和人工智能发展规划为立法工作发展指明了方向，立法机构要借助现代化技术，创新立法方式，实现立法工作信息化，推动和促进地方立法工作提高立法质量，实现良法善治。

首先，要加强立法队伍建设，重视立法人才培训。立法工作是一项专业性极强的工作，对立法人才要求较高，不仅要有立法专业知识，还要有立法实践经验。在当前立法人才紧缺的情况下，需要重视立法人才的培训。其次，注重立法制度建设，规范立法工作机制。地方立法程序法规是规定立法的法，该法的制定和出台，有利于规范立法工作，提高立法质量和效率。大部分设区的市已建立适合本市实际情况的立法程序规定，未出台立法程序法规的设区的市应尽快建立立法制度规范，完善立法相关工作机制，指导地方人大立法工作。再次，监督立法工作，加强备案审查力度。设区的市立法全面展开后，立法数量增加，为了维护法制统一，需要强化监督立法功能，完善备案审查制度。最后，应当借力信息化，实现跨越式发展。《国家信息化发展战略纲要》《“十三五”国家信息化规划》将信息化工作提高到前所未有的高度，为信息化工作提供了行动指南。法检系统的信息化工作已全面展开，给司法工作带来的帮助有目共睹。人大的信息化工作相对落后，主要还是依靠传统的工作方式立法，利用人工解决工作中的问题。因此，可加大信息化力度，创新工作方式。

三　加强重点领域立法

加强重点领域立法，依法保障公民权利，加快完善体现权利公平、机会公平、规则公平的法律制度，保障公民人身权、财产权、基本政治权利等各项权利不受侵犯，保障公民经济、文化、社会等各方面权利得到落实，实现公民权利保障法治化。增强全社会尊重和保障人权意识，健全公民权利救济渠道和方式。

（一）推进公民权利保障法治化

党的十八届四中全会《决定》指出："依法保障公民权利，加快完善体现权利公平、机会公平、规则公平的法律制度，保障公民人身权、财产权、基本政治权利等各项权利不受侵犯，保障公民经济、文化、社会等各方面权利得到落实，实现公民权利保障法治化。增强全社会尊重和保障人权意识，健全公民权利救济渠道和方式。"尊重和保障人权是民主政治的基本价值观及其制度安排。尊重和保障人权是民主政治的基本要求，是社会政治文明的基本标志。和谐社会必然同时是一个法治社会，尊重和保障人权则是实行依法治国、建设社会主义法治国家的基本准则。实行依法治国，说到底就是要维护法律的至上权威和尊严，确保法律充分体现人民的意志，通过赋予公民以不受侵害的人权为公共权力的行使划出底线，通过建立健全以宪法为基础的人权法治保障体系，将尊重和保障人权切实贯彻到立法、执法、司法等各个环节之中。推进公民全力保障法治化，使公民各项人权在法治的轨道上得到有效保障。

（二）完善社会主义市场经济体制

党的十八届四中全会《决定》指出："社会主义市场经济本质上是法治经济。使市场在资源配置中起决定性作用和更好发挥政府作用，必须以保护产权、维护契约、统一市场、平等交换、公平竞争、有效监管为基本导向，完善社会主义市场经济法律制度。健全以公平为核心原则的产权保护制度，加强对各种所有制经济组织和自然人财产权的保护，清理有违公平的法律法规条款。……加强市场法律制度建设，编纂民法典。"① 完善产权制度是党的十九大报告确定的深化经济体制改革的重点之一。完善产权制度必须坚持和完善我国基本经济制度。公有制为主体、多种所有制经济共同发展的基本经济制度，是中国特色社会主义制度的重要支柱，是社会主义市场经济体制的根基。完善产权制度，必须毫不动摇巩固和发展公有制经济，毫不动摇鼓励、支持、引导非公有制经济发展。完善产权制度要着力加强产权保护。以公平为核心原则，依法保护各种所有制经济产权和合法利益，依法保护各种所有制经济组织和自然人财产权。公有制经济财产权不可侵犯，非公有制经济财产权同样不可侵犯。要加强对各类产权的司法保护，依法严肃查处各类侵权行为。只有夯实这个基础，才能实现各种所有制经济依法平等使用生产要素、公平参与市场竞争。

加快建设和完善要素市场。深化劳动力市场改革，依法保障平等就业。劳动力是最活跃的生产要素，就业是民生之本，实现劳动力在城乡之间自由流动。深化土地市场改革，加快建设城乡统一的

① 《中共中央关于全面推进依法治国若干重大问题的决定》，《人民日报》2014 年 10 月 29 日。

建设用地市场。坚持农村土地集体所有权，严格用途管制和用地规划管理。完善农村集体经营性建设用地权能，实现与城市建设用地同等入市、同权同价。深化资本市场改革，规范发展股票市场，有序发展债券市场。深化金融体制改革，把为实体经济服务作为出发点和落脚点，全面提升金融服务能力和水平。健全金融监管体系，加快相关法律法规建设，完善金融机构法人治理结构，加强宏观审慎管理制度建设，加强功能监管和行为监管。

加快完善主要由市场决定价格的机制。由市场决定价格是市场经济的基本要求和市场配置资源的基本途径。党的十八大以来，市场决定价格机制基本建立。党的十九大报告继续强调“使市场在资源配置中起决定性作用”，要求“加快要素价格市场化改革”。深化资源性产品、垄断行业等领域要素价格形成机制改革，进一步规范自然垄断，破除各种形式的行政垄断，根据水、石油、天然气、电力、交通、电信等不同行业的特点，实行网运分开和公共资源市场化配置，还要强化价格领域反垄断执法，加强事中事后监管。深化利率和汇率市场化改革，稳步推进人民币国际化，提高金融市场国际化水平。

加快完善公平竞争的市场环境，实现统一开放、有序竞争。党的十九大报告要求：全面实施市场准入负面清单制度，清理废除妨碍统一市场和公平竞争的各种规定和做法。公平竞争是市场机制发挥作用的必要前提。加快全面实施市场准入负面清单制度和公平竞争审查制度，最大限度减少政府对企业经营的干预，提高我国经济的国际竞争力。上海等地 11 个自由贸易试验区已在建立市场准入负面清单制度方面进行了有益尝试。同时，完善公平竞争审查制度，强化执法能力建设，推动经济全球化。市场经济是法治经济，法治是社会主义市场经济的内在要求。加快修订反不正当竞争法、土地管理法，加快完善物权、合同、知识产权相关法律制度，严格落实民法总则、反垄断法、中小企业促进法及知识产权类法律。完善市场监管。建立健全社会信用体系，强化全社会信用意识和诚信行为，营造诚实守信、公平竞争的市场环境。

加快确立各类企业的市场主体地位，实现企业优胜劣汰。党的十九大报告强调：深化国有企业改革，发展混合所有制经济。国有企业是国有经济的主体，是中国特色社会主义的重要物质基础和政治基础，要旗帜鲜明、理直气壮地做强做优做大。深化国有企业改革，必须坚持党对国有企业的领导，坚持现代企业制度改革方向，坚持分类指导原则。稳妥有序发展混合所有制经济，在市场竞争中激发国有企业活力和创造力，提高国有企业竞争力。党的十九大报告要求：支持民营企业发展。政府要密切同民营企业的沟通联系，依法保护民营企业法人财产权和经营自主权，激发和保护企业家精神，引导民营企业提升经营管理水平，鼓励民营企业建立现代企业制度。与此同时，创新和完善宏观调控，更好发挥政府作用。经济体制改革的核心问题是处理好政府和市场的关系。加快完善社会主义市场经济体制，必须通过科学、适度、有效的宏观调控，更好发挥政府作用。遵循经济社会发展规律，尊重市场作用和企业主体地位，全面正确履行政府职能。进一步简政放权，健全监督机制，做到政务公开，政府要主动接受社会公众和新闻舆论的监督。完善绩效管理制度，不断提高政府公信力和执行力。

（三）完善社会主义民主政治法律制度

党的十八届四中全会《决定》指出：制度化、规范化、程序化是社会主义民主政治的根本保障。以保障人民当家做主为核心，坚持和完善人民代表大会制度，坚持和完善中国共产党领导的多党合作和政治协商制度、民族区域自治制度以及基层群众自治制度，推进社会主义民主政治法治化。

加强社会主义民主政治建设，要适应党和国家领导制度、组织制度改革的需要，修改国务院组织法，分别制定地方人大组织法和地方人民政府组织法，使中央和地方权力机关、行政机关的组成、职责与行使职权的原则程序以及问责制度法定化、规范化。要处理好党的领导、人民当家作主与依法治国的关系。坚持党的领导、人民当家作主和依法治国是有机统一的整体。党的领导是保证，人民当家作主是根本，依法治国是方略。我国的民主政治制度是在党的领导下创建和发展起来的，离开党的领导，民主政治发展就会失去方向和保障。人民当家作主是社会主义民主政治的本质和核心。党的领导和执政的根本目的，就是保证和实现人民当家作主。依法治国，是现代政治文明的重要体现。通过对立法法、行政复议法、行政诉讼法、行政程序法、人民法院组织法民检察院组织法等基本法律的修改和完善，积极稳妥推进政治体制改革，让人民当家作主必须在法治轨道上实现。要建设社会主义民主政治必须以党内民主带动人民民主。党在长期实践基础上做出了以党内民主带动人民民主的战略决策，是我国民主政治建设的基本路径。实现以党内民主带动人民民主，需要从多个层面加以推进：以党员民主意识、党内民主氛围引导人民的民主意识和社会的民主氛围；以切实改进领导方式和执政方式组织和带动人民当家作主；以党内民主制度化引导人民民主制度化；以党内民主程序化推进人民民主程序化；建设社会主义民主政治建设要坚持中国特色，推进社会主义民主政治制度化、规范化、程序化，也必须充分考虑中国国情，必须始终坚持“中国特色”。人民代表大会制度、中国共产党领导的多党合作和政治协商制度、民族区域自治制度以及基层群众自治制度，是具有中国特色的人民民主的主要实现形式。这是我们党科学把握社会主义民主政治的本质特征和我国基本国情探索出来的行之有效的民主制度。其特点和优势在于：坚持党的领导、人民当家作主、依法治国的有机统一；坚持国家一切权力属于人民；坚持民主内容和形式的统一；坚持以民主集中制为根本组织原则和活动方式。在现阶段的民主政治建设中，我们仍要始终坚持并充分发挥这些被实践反复证明为行之有效的而且有中国特色的制度优势。

（四）完善社会主义先进文化法律制度

党的十八届四中全会《决定》指出："建立健全坚持社会主义先进文化前进方向、遵循文化发展规律、有利于激发文化创造活力、保障人民基本文化权益的文化法律制度。制定公共文化服务保障法，促进基本公共文化服务标准化、均等化。制定文化产业促进法，把行之有效的文化经济政策法定化，健全促进社会效益和经济效益有机统一的制度规范。制定国家勋章和国家荣誉称号法，表彰有突出贡献的杰出人士。加强互联网领域立法，完善网络信息服务、网络安全保护、网络社会管理等方面的法律法规，依法规范网络行为。"通过完善文化领域立法，落实文化法律法规和规章，推进文化产业发展。文化体制的改革要运用法律手段加以推进，增强国家文化软实力建设。建立健全坚持社会主义先进文化前进方向、遵循文化发展规律、有利于激发文化创造活力、保障人民基本文化权益的文化法律制度。用法律的权威来增强人们培育社会主义核心价值观的自觉性。加大普法力度，加强法治宣传教育，培育和增强全民知法、懂法、守法、用法的意识。制定公共文化服务保障法，文化产业促进法等，把行之有效的文化经济政策法定化。加强互联网领域立法，规范网站经营，完善网络信息服务、网络安全保护、网络社会管理等方面的法律法规，净化网络环境，使网络传播健康发展，依法规范网络行为。

（五）完善改善民生和社会治理法律制度

党的十八届四中全会《决定》指出："加快保障和改善民生、推进社会治理体制创新法律制度建设。依法加强和规范公共服务，完善教育、就业、收入分配、社会保障、医疗卫生、食品安全、扶贫、慈善、社会救助和妇女儿童、老年人、残疾人合法权益保护等方面的法律法规。加强社会组织立法，规范和引导各类社会组织健康发展。制定社区矫正法。"当前我国社会组织发展迅猛，作用日益突出，但存在着立法层级较低、法规内容滞后、政策不配套等问题，完善社会组织法，鼓励和支持社会组织依法自治，对社会组织进行分类别的管理，扶持社会组织的发展，鼓励引导其参与社会管理，提供公共服务，为社会组织发展创造良好的法治环境。制定社区矫正法，将近年来社区矫正试点的成功经验加以总结，加快立法成为国家法律，以作为刑法的重要补充法律并取代已废除的简单的劳动教养制度。

（六）完善生态文明法律制度

党的十八届四中全会《决定》指出："用严格的法律制度保护生态环境，加快建立有效约束开发行为和促进绿色发展、循环发展、低碳发展的生态文明法律制度，强化生产者环境保护的法律责任，大幅度提高违法成本。建立健全自然资源产权法律制度，完善国土空间开发保护方面的法律制度，制定完善生态补偿和土壤、水、大气污染防治及海洋生态环境保护等法律法规，促进生态文明建设。"保护生态环境必须依靠制度、依靠法治。《民法总则》第9条确立了"生态环境保护原则"。当前，将生态文明建设和环境权写入宪法已成为一项重大使命。环境保护要坚持保护优先、预防为主、综合治理、公众参与、损害担责的原则。通过加强生态建设立法，用严格的法律制度保护生态环境，加快建立有效约束开发行为和促进绿色发展、循环发展、低碳发展的生态文明法律制度。地方各级人民政府应当对本行政区域的环境质量负责，一切单位和个人都有保护环境的义务，强化生产者环境保护的法律责任，企业事业单位和其他生产经营者应当防止、减少环境污染和生态破坏，对所造成的损害依法承担责任，提高违法成本。公民应当增强环境保护意识，采取低碳、节俭的生活方式，自觉履行环境保护义务。新闻媒体应当开展环境保护法律法规和环境保护知识的宣传，对环境违法行为进行舆论监督。建立健全自然资源产权法律制度，完善国土空间开发保护方面的法律制度，制定完善生态补偿和土壤、水、大气污染防治及海洋生态环境保护等法律法规，制定完善广大公民保护生态环境、保护自然、节约资源和粮食的健康低碳生活的法律法规，以立法促进形成良好的生态文明风尚，促进生态文明建设。

（七）完善国家安全法律制度

党的十八届四中全会《决定》指出："贯彻落实总体国家安全观，加快国家安全法治建设，抓紧出台反恐怖等一批急需法律，推进公共安全法治化，构建国家安全法律制度体系。"自党的十八大以来尤其是中央国家安全委员会成立以来，广大群众的国家安全意识进一步提升，围绕总体国家安全观的落实工作扎实推进国家安全法治是中国特色社会主义法治体系的基石。通过加强国家安全领域立法，贯彻落实总体国家安全观，构建集政治安全、国土安全、军事安全、经济安全、文化安全、社会安全、科技安全、信息安全、生态安全、资源安全、核安全等于一身的国家安全体系，打造国家安全命运共同体。加快国家安全法治建设，需尽快出台反恐怖、反分裂、产业安全、网络安全、信息安全、核安全等法律，推进公共安全法治化，构建国家安全法律制度体系。首先，要做好立法工作，制定相关的法律、法规、规章，形成一个从母法到子法以及更进一步的法律法规的体系；其次，实施需要完善的操作办法、操作规程、实施细则、操作程序，使立法上的要求能够得到具体的落实；再次，要有监督机关、监督的措施、法律责任；最后是保障，要有相应的经费投入、教育配套，还要有辅助的工作人员服务队伍。

第六章

加快建设法治政府

深入推进依法行政，加快建设法治政府。法治是治国理政的基本方式，全面推进依法治国内含了依法行政的要求与法治政府的建设目标。党的十八大报告提出，到2020年基本建成法治政府，这是全面建成小康社会的首要改革目标，是五位一体全面小康社会的内在要求。2013年2月23日，在中央政治局第四次集体学习时，习近平总书记明确提出了“坚持依法治国、依法执政、依法行政共同推进，坚持法治国家、法治政府、法治社会一体建设”。2019年5月中共中央办公厅、国务院办公厅印发的《法治政府建设与责任落实督察工作规定》深入贯彻落实了习近平总书记全面依法治国新理念新思想新战略，充分发挥了督察工作对法治政府建设与责任落实的督促推动作用，构建了守责尽责、失责追责的法治政府建设与责任落实工作机制，不断推进了法治政府建设。在依法治国、依法执政、依法行政三者中，依法行政发挥最基础的作用，对依法执政和依法治国的进程产生决定性的影响；在法治国家、法治政府、法治社会三者中，法治政府居于承上启下的关键位置，具有积极的能动作用。法治政府要求政府行为的法治化、规范化，还要求简政放权，转变政府职能，全力建成职能科学、权责法定、执法严明、公开公正、廉洁高效、守法诚信的法治政府。

一 法治政府的科学内涵

（一）法治政府的基本内涵

马克思历史唯物主义关于社会与政府关系的基本观点认为：政府产生于社会，具有社会管理的职能，法治政府有限行使其公共权力，规范行政程序，并具有较高的依法行政意识。实现对整个社会系统的整合与控制，促进社会体系的良性运作，为社会发展注入新的活力。1993 年国务院工作办法规定依法办事，依法行政。依法行政第一次出现在政府文件中，法治政府的雏形开始形成。1999 年国务院专门发布了《关于全面推进依法行政的决定》，对各级政府和部门的依法行政工作提出了明确的要求。2004 年国务院制定了《全面推进依法行政实施纲要》，明确提出“经过十年左右坚持不懈的努力，基本实现建设法治政府的目标”的口号。2010 年《国务院关于加强法治政府的建设意见》，提出法治政府的标准主要包括：行政人员具有较强的依法行政的意识和能力、政府运作的制度化、政府决策的科学民主化、政府执法严格等方面。2014 年党的十八届四中全会审议通过的《中共中央关于全面推进依法治国若干重大问题的决定》将“深入推进依法行政，加快建设法治政府”确定为全面推进依法治国的六项重大任务之一。继续深入推进依法行政，早日建成法治政府。2015 年国务院印发《法治政府建设实施纲要（2015—2020 年）》，提出建设法治政府的总目标是“到 2020 年基本建成职能科学、权责法定、执法严明、公开公正、廉洁高效、守法诚信的法治政府”。

法治政府是指行政主体按照依法行政的基本要求管理国家事务、管理经济文化事业和社会事务，实现政府组织职能、权限行为程序化和责任法定化。简而言之，法治政府是在行使权力履行职责过程中坚持法治原则，严格依法行政，政府的各项权力都在法治轨道上运行，政府行政系统依法建构、依法运行、依法承担责任，从决策到执行及监督的整个过程都要纳入法治化轨道，权利与责任紧密相连，集阳光政府、有限政府、诚信政府、责任政府于一身。法治政府建设就是要健全政府行政的法律依据，同时督促政府依法行政的法律制度。政府全面推进依法行政，不断提高政府公信力和执行力，为保障经济又好又快发展和社会和谐稳定发挥更大的作用。法治政府、法治国家、法治社会三者之间又是一个有机统一的整体，法治政府在法治国家和法治社会之间是承上启下的作用，通过法治政府支撑法治国家，通过法治政府引领法治社会。

（二）法治政府的基本特征

第一，法治政府是有限有为的政府。首先，法治政府必须是有限政府，有限政府就是政府的职能、权力和行为方式受到法律和社会严格有效的限制和制约。行政权力也是如此，政府权力需要加以规范和限制，防止形成全能政府或者全权政府的模式。有限政府与有效政府并不对立，相反，有限的政府是有效政府的前提，在有限政府之下，要使国家和政府有所作为的最好方式，就是对国家和政府的职能和权力加以必要的规范和限制。改革开放之前，我国实行计划经济体制，政府对社会经济、文化、治安等实施全面管制，实际上就是全能政府的治理模式。用法治规范和限制政府权力，即通过宪法和法律，明确规定各级政府的应为事项、可为事项、不可为事项，并坚决落实权力清单制度，实现政企分开、政事分开、政社分开，明确“法无授权不可为、法无授权即禁止”的原则。其次，法治政府必须是有为政府，一个负责任的政府必须主动作为，主动治理社会，主动对社会经济、政治、文化、治安等进行管理，主动对军事、外交，国内、国外、中央、地方的事务进行安排和有效治理，真正成为一个有为的政府。如果不作为，或者延迟为之，那么就构成玩忽职守或者懒政、怠政，就是行政违法。

第二，法治政府是权责法定的政府。政府的权责要逐步实现法定化。近年来我国制定的《行政处罚法》《行政许可法》《行政强制法》等，通过立法方式授予行政机关权力并加以规范和约束，以保证权力有效行使。政府职能体现在五个方面：宏观调控、市场监管、社会管理、公共服务、环境保护。政府在行使这些职能的过程中，积极主动就自己的行为向人民负责。出现违法或者不当行使职权，应当依法承担法律责任，确保实现权力和责任的统一，做到执法有保障、有权必有责、违法受追究、侵权须赔偿。公民行使权利的同时必然承担相应的义务，对政府而言，有权力的同时必须要承担相应的法律责任。对于违法的行政行为必须严厉问责，追究法律责任。权责法定包括依法制定行政法规、规章和规范性文件，也包括依法执法。其中，依法执法在依法行政中有重要的地位。

第三，法治政府是廉洁高效的政府。习近平总书记多次强调，建设廉洁政治，坚决反对腐败，是我们党一贯坚持的鲜明政治立场，也是人民群众高度关注的重大政治问题。各级政府及部门必须提高政治站位，推动权力“瘦身”、法治“强身”和廉政“健身”相结合，建设人民满意的廉洁政府。党的十八大以来，党中央和国务院坚定决心与腐败做斗争，一大批“苍蝇老虎”相继落马。李克强总理提出“简政放权、管住权力、管住钱财、政务公开、简朴从政、依法促廉”六项措施，围绕着制度建设和法治建设的根本，促进廉洁政府的建设。高效政府有利于提高行政效率、有利于生产力的发展、有利于提高人民的物质文化生活水平、有利于提高政府的公信力。高效政府要求政府高效率、高效能。行政效率的高低直接影响着行政管理活动，较高的行政效率有助于建立政府与社会之间的良性关系，有助于我国现代化建设的进程。行政效能是指行政管理活动达到预期结果或影响的程度。简而言之，是政府向公众提供服务的水平和能力，它包括数量、质量、效果、影响、能力、公众满意度等多方面的要求。高效政府建设的根本目的是运用各种科学合理的手段、制度和载体，调动工作人员的积极性、主动性和创造性，不断提高工作人员的办事效率和办事能力，提高为人民服务的质量，保证党和政府的方针政策得以贯彻落实。

第四，法治政府是守法诚信的政府。要进一步推进政府和政府工作人员诚信守法。杜绝“钓鱼执法”。没有诚信的政府将陷入政府公信力的“塔西佗陷阱”，会引发一系列的纠纷、矛盾。现代政府作为服务的主体，必须提高政府的公信力，维护法律秩序的稳定有序，保护人民基于信赖产生的合法利益。政府守法是法治政府的前提和题中应有之义。法治政府也意味着必须得是诚信政府。政府必须言而有信，不能朝令夕改，出尔反尔。政府的决策、决定，包括审批行为等不能随意变动，因为一旦变动，就会导致政府公信力的下降。政府要对行政行为所产生的信赖利益予以合法保护，做到守法诚信。诚实信用本身属于民法的基本原则，政府要讲诚信，政府工作人员更要讲诚信。整个社会诚信体系的基础和核心就是政府必须履行其对公众承诺的责任，它是现代民主社会中责任政府的重要标志，是构筑政府公信力的基石。政府应对法律诚信、对人民诚信、对社会诚信，其内在各部门、上下级之间相互诚信。它要求政府的行为符合人民的意志，是一个守法的政府、具有较强执政能力的政府、全心全意为人民服务的政府。

第五，法治政府是公开透明的政府。习近平总书记指出：“要强化公开，推行地方各级政府及其工作部门权力清单制度，依法公开权力运行流程，让权力在阳光下运行，让广大干部群众在公开中监督，保证权力正确行使。”① 改革决策与方案的形成需要充分发扬民主，使社会公众参与，广泛听取公众的意见，政府活动需要更多地与公众进行互动沟通，这样才具有深厚的社会基础，才能产生良好的社会效果。实践中，转变执政方式，权力运作公开透明，社会公众有效参与是必然选择。行政体制改革要以公开透明和民主参与为突破口，特别是要建立健全制度化的信息公开与公众参与机制，使社会公众的主体地位在改革中受到尊重，法定的权利和利益得到保障和增进，才能赢得社会公众认同、支持和配合，才具有力量的源泉，并能在良性互动的基础上实现改革的预期目标。

公开透明是法治政府的重要标准和基本特征。全面推进政务公开，要坚持以公开为常态、不公开为例外，推进行政决策公开、执行公开、管理公开、服务公开和结果公开，推动简政放权、放管结合、优化服务改革，激发市场活力和社会创造力，打造公开透明的阳光政府。首先，政府组织的公开。政府组织程序和权力构架必须公开。我国宪法规定国家行政机关、监察机关、审判机关、检察机关都由人民代表大会产生，对它负责，受它监督。政府公务员的遴选与罢免受到人民代表大会的全程监督。从权力来源角度看，人民代表大会之所以是我国法定的权力机关，是基于全体公民的选举与授权。作为人民代表大会权力来源的全体公民，应该享有对政府事务的知情权和参与权。其次，政府决策的公开。政府决策的公开，便于人民群众和社会的监督，有利于行政决策的民主化、科学化，有利于消减社会矛盾。再次，政府管理的公开。市场经济使政府的管理行为更多采取市场的手段，市场主体必然要求政府管理符合公开的规则。因为，政府在经济领域的每一个决定，都可能导致某一

---

① 《在第十八届中央纪律检查委员会第三次全体会议上的讲话》，载《习近平关于全面推进依法治国论述摘编》，中央文献出版社 2015 年版，第 60 页。

企业甚至某一行业的兴衰成败，不公平的产业政策也将极大地损害企业经营者的积极性和政府的可信度。如果政府行为有失公正，企业无法获得来自行政部门或司法机关的救助，政府的管理就会出现“暗箱操作”的状态。最后，行政行为的公开。改变传统的行政行为方式，实现政务公开。依法把各项公共政策、法规、规章、条例等涉及群众利益的公共信息，通过大众传媒，让公民都享有知情权和参与权。

（三）建设法治政府的重大意义

法治政府是全面推进依法治国、建设中国特色社会主义法治体系的重要内容。习近平总书记指出，“依法治国是我国宪法确定的治理国家的基本方略，而能不能做到依法治国，关键在于党能不能坚持依法执政，各级政府能不能依法行政”。我国目前已制定的法律、法规、规章的实施主要依赖各级政府及其部门。坚持依法治国、依法执政、依法行政共同推进，坚持法治国家、法治政府、法治社会一体建设。无论是“共同推进”，还是“一体建设”，法治政府都是核心。无论从依法治国、依法行政、依法执政共同推进角度，还是法治国家、法治政府和法治社会一体建设角度，推进依法行政和建设法治政府是其中的一个重要环节和重要组成部分。在共同推进和一体化建设中，较之于法治社会中的公民法人等普通社会主体的守法行为而言，行政权在国家的各项权力中是最大的、最影响国家进步的，同时范围也是最广的，而且是主动的一个权力。依法治国有两个重点：一是规范公权力，二是保障私权利。从规范公权力的角度讲，建设法治政府居于基础地位。因为只有通过法治政府建设，才能实现规范公权力的目的。所以，法治政府建设的一个重要特征就是职能科学、权责法定，只有通过科学配置政府职能，严格依法限制政府滥用权力，才能规范公权力。法治即法的统治。

习近平总书记讲“要把权力关进制度的笼子里”。只有通过法治才能将权力关进制度的笼子里。法治政府是实现把权力关进制度笼子里的重要途径。也只有把权力关进制度的笼子里、法律的笼子里，公民的权利才能够得到有效保障。法治政府建设的进度和质量直接关系党和政府的公信力。《法治政府建设实施纲要（2015—2020年）》将公民合法的权利和利益得到切实保护作为建设法治政府的重要目标之一。因此，依法行政是全面推进依法治国的重中之重。政府机关及其行使权力行为的法治化，既具有率先性和垂范性，也具有推动和促使这些社会主体的行为遵守法律规范的保障作用。

法治政府建设是全面建成小康社会、全面深化改革的迫切需要。我国正处在一个转型时期，经济发展的主要驱动力由资源和人口红利转变为以创新促发展。大众创业、万众创新的过程中，创新本身要依靠法治，要依靠市场，要有公平平等的机会，创新才能有成效。法治政府是小康社会的组成部分。党的十八大首次将“法治政府基本建成”确立为“全面建成小康社会”的重要目标之一。小康社会，不仅仅是经济上我们的人均收入达到了多少，它应该是一个整体的组成，这个组成包括了法治政府。如果法治政府没有建成，小康社会也就难以实现。习近平总书记强调，“我们要让全面深化改革、全面推进依法治国如鸟之两翼、车之双轮，推动全面建成小康社会的目标如期实现”。重大改革必须做到有理有据，有法可依，获得法律层面的支持，这样在一定程度上就可以上升为宪法、法律。立法也要随时跟进，适应社会形势发展，适应改革的需求。在政治经济生活发生了巨大变化的情况下，法律不能一成不变。立法要主动适应改革和经济社会发展的需求，及时清理过时的法律法规，做到立、改、废、释并举，制定要制定的，修改该修改的，废止要废止的，解释需解释的。现阶段全面建成小康社会已进入决定性阶段，改革进入攻坚期和深水区，改革发展稳定任务之重前所未有，矛盾风险挑战之多前所未有。在此种形势之下，法治政府建设更为必要，必须用法治来促进改革，解决改革中所遇到的问题。法治能营造出发展改革的良好环境，法治思维凝聚发展改革共识，发展改革中遇到的难题能够运用法治办法来解决，发展改革的成果需要法治规范加以保障。新时期，全面深化改革、全面建成小康社会都需要法治政府来为其提供坚实有力的制度支撑和法治保障。

法治政府是维护人民合法权益、实现社会公平正义的制度保障。当人们的社会生活出现了矛盾纠纷时，需要有正规的法治途径、法治轨道予以解决。随着人们法治意识的增强，越来越多的人在发生矛盾纠纷时主动寻求法律救济途径。法治是化解矛盾、建立和谐社会、维护社会稳定、实现国家长治久安的基本保障，公平正义是中国特色社会主义的内在要求。必须坚持法治建设为了人民、依靠人民、造福人民、保护人民，以保障人民根本权益为出发点和落脚点，保证人民依法享有广泛的权利和自由承担应尽的义务，维护社会公平正义，促进共同富裕。法治政府的建设，能推动形成整体、全面、合理的制度安排，实现严格规范公正文明执法，强化对行政权力的制约和监督，保证依法全面履行政府职能，有利于促进各种利益依法调解、各种矛盾依法解决、各项社会事务依法管理，有利于促进社会成员依法享有权利、行使权利、维护权利、履行义务、承担责任，从而推动在全社会实现公平正义。

二　法治政府建设的基本要求

《中共中央关于全面推进依法治国若干重大问题的决定》对法治政府建设、对依法行政和法治政府建设提出了新的要求，指出：各级政府必须坚持在党的领导下，在法治轨道上开展工作，创新执法体制，完善执法程序，推进综合执法，严格执法责任，建立权责统一、权威高效的依法行政体制，加快建设职能科学、权责法定、执法严明、公开公正廉洁高效、守法诚信的法治政府。2015 年，中共中央、国务院发布《法治政府建设实施纲要（2015—2020 年）》，确定了法治政府的总体目标：职能科学、权责法定、执法严明、公开公正、廉洁高效、守法诚信。党的十九大报告进一步对法治政府建设提出了若干新的具体要求。推进依法行政，严格规范公正文明执法；转变政府职能，深化简政放权，创新监管方式；增强政府公信力和执行力，建设人民满意的服务型政府；形成科学合理的管理体制，完善国家机构组织法。

行政法学基本理论对法治政府有着行政组织法、行政行为法、行政救济法三方面的要求。① 行政组织法的要求是机构和职能法定、服务型政府；行政行为法的要求包含行政立法法治化、行政决策法治化、行政执法规范化、政府信息公开；行政救济法的要求是监督与问责的法治化、构建解决行政争议的法治体系。这些方面共同构成了法治政府建设的基本要求。

（一）机构和职能法定

行政机关的一切权力均来源于法律，都是由法律明文规定的。行政机关不得行使法律没有赋予的权力，这是依法行政最基本的要求。政府的权力来源于人民的授权，来源于立法机关的授权，属于派生的权力。行政许可法对行政机关设定和实施行政许可的权限、范围作出了明确的规定。没有法律规定，这种权力就不存在，一旦行使这种权力就可能被认为是违法无效。尤其行使的权力会影响行政相对人人身和财产利益的权利时，行政机关必须遵守职权法定，

① 马怀德：《法治政府建设的基本要求》，《中国司法》2018 年第 5 期，第 18 页。

并且所有的权力都必须找到相应的法律依据。服务型政府的职能范围是提供社会性的公共服务和维护性的公共服务。维护性的公共服务主要包括维护市场经济秩序、保护财产权利和公民权利、保卫国家安全和社会安全，这是服务型政府的基石；社会性的公共服务主要是指完善的社会福利体系和健全的社会保障制度，包括教育、医疗、卫生、环境保护、公共事业和社会保障等。职权法定对于行政机关是第一要务：首先，立法层面应当不断完善法律法规，保证行政机关行使的权力有法可依；其次，行政机关在明确自身行使的权力的同时也要不断总结出目前法律尚未规定但需要立法授予的权力；再次，严格执法责任、完善执法程序，建立健全行政裁量权基准制度，确保法律公正、有效地实施。防止法外行权扩权的问题，防范权力边减边增、明减暗增的情况发生。

（二）行政立法的法治化

行政立法包括行政法规和规章的制定，行政立法活动是现代政府权力行使的重要方式。就行政机关内部而言，行政立法、行政决策、行政执法和行政司法构成了政府活动的基本内容，而行政立法无疑是政府活动的基础，行政立法的效果直接关系并决定着行政决策、行政执法和行政司法的结果。实现行政立法的法治化意味着：第一，坚持法律优先原则。在我国，除了宪法和全国人大及其常委会制定的法律之外，还有其他层次的立法，比如国务院制定的政策法规，相关地方人大及其常委会制定的地方性法规，国务院各部委制定的部门规章，相关地方政府制定的地方政府规章等。当存在各种层次的规范性文件并存时，一个基本的原则要求就是法律优先；当不同层次的规范性文件发生冲突时，应优先适用上位法。就行政立法而言，行政法规和行政规章（包括部门规章和地方政府规章）的内容不得与宪法和法律相抵触。第二，坚持法律保留原则。对人民群众权益影响较大的事项，只能由法律规定，法律以外的任何规范性文件都无权规定。第三，推进行政立法程序的法治化，加强行政立法公开和公众参与，有效约束行政立法过程中的部门利益，实现社会公共利益。第四，加强对行政立法活动的监督和救济，维护社会主义法治统一和宪法、法律权威。

（三）行政决策的法治化

行政决策是各级行政机关的日常性行政活动，影响着个人权益、组织行为和社会秩序，但是我国目前有关行政决策的法治建设还有待提升。自《行政诉讼法》实施以来，我国先后颁布《行政处罚法》《行政许可法》《行政强制法》等有关行政行为的法律，但基本上是围绕着具体行政行为展开。抽象行政行为和行政决策基本上游离于法治之外，但这些行为往往影响力很大，一旦违法也会造成较大的损害。从我国实际出发，行政决策的法治化是法治政府建设的重要内容和基本要求，依法决策也是科学决策的重要保证。实现行政决策的法治化要做到：首先，权限合法，行政决策必须要有法律授权，不得越权决策、违法决策；其次，实体合法，行政决策必须与法律所体现的意志和利益相一致，不得与法律规范及其精神相抵触；最后，程序合法，行政决策必须严格遵守法定程序，不得违反程序进行决策。要确保权限合法、实体合法、程序合法，还必须建立和完善有效的科学民主决策机制，要把公众参与、专家论证、风险评估、合法性审查和集体决策作为重大行政决策必经的法定程序，并保证其能够严格实施。

（四）行政执法的规范化

政府是执法主体，对执法领域存在的有法不依、执法不严、违法不究甚至以权压法、权钱交易、徇私枉法等突出问题，老百姓深恶痛绝，必须下大力气解决。各级政府必须坚持在党的领导下、在法治轨道上开展工作，加快建设职能科学、权责法定、执法严明、公开公正、廉洁高效、守法诚信的法治政府。[①] 行政执法是行政机关实施的与社会民众联系最为密切、接触最为频繁的行政活动，行政执法的规范化水平直接影响着民众对于法治政府建设状况的认识和感知。因此，对于绝大多数普通民众而言，行政执法的规范化是衡量法治政府的最重要标准之一。法律实施不良、行政执法不规范已成为当前我国法治政府建设的最大难题。为了推进行政执法的规范化，就要严格公正执法，建立一套比较完备的执法程序，约束和规范各类执法行为，确保法律得以严格实施；减少行政执法层级，加强基层执法力量，整合执法主体，推进综合执法，完善城市管理执法体制，提高执法和服务水平，加强对行政执法的监督，明确执法责任，杜绝利益性执法。此外，行政执法规范化还需要坚持比例原则，即行政机关要公平、公正、合理地行使裁决权，行政机关所要实现的目的或任务应与其采取的具体措施相适应，不能过分侵害相对人的合法权益；行政措施应有助于实现行政目的，行政措施应给相对人造成最小侵害，行政措施的采取和相对人权益的保护应当合乎比例。

（五）政府信息公开化

"人民主权"这一宪法原则要求政府信息公开，这也是法治政府的应有之义。如今网络化、信息化的社会环境，赋予政府信息公开更特殊的法治意义。各国政府也早已摒弃传统的保密行政，打造阳光、透明政府是现代法治政府的基本要求。行政机关依照宪法、

① 习近平：《关于〈中共中央关于全面推进依法治国若干重大问题的决定〉的说明》，《人民日报》2014 年 10 月 29 日。

法律的规定行使职权。对于政府的立法、决策和讨论情况，公民有权通过政府合理获悉。需要申请公开的信息，政府也应当根据公民和社会组织的申请，及时做到公开，法律规定不允许公开的内容除外。此外，政府信息须以便民的形式公开。现代透明政府要求政府的信息公开具备便捷性、及时性和有效性，不得迟延公开信息，不得设置不合理的依申请公开条件，不得以非法理由拒绝公开信息。行政相对人合法权益因政府信息公开行为受到损害的，可依法获得法律救济。

（六）监督与问责的法治化

法律赋予行政机关的职权，既是一种权力，也是一种责任。行政机关违法行使职权或者权力行使不当的，要依法承担法律责任。习近平总书记强调："必须把权力关进制度的笼子里，坚持用制度管权管事管人。"[①] 责任政府要做到两点，首先是监督，其次是问责。监督和问责的法治化是法治政府建设的基本要求，也是权责一致原则的具体落实。行政机关必须对自身因不合法行政行为所产生的法律责任负责。要加强党内监督、人大监督、民主监督、行政监督、司法监督、审计监督、社会监督、舆论监督，科学有效的权力运行体系和完整的监督体系是问责制度法治化运行的内在动力，从而强化监督合力和监督实效。

（七）构建解决行政争议的法治体系

行政争议涉及行政主体之间、行政主体与相对人之间的权利义务关系，这些争议能否公正解决直接关系着社会稳定。如果行政争

① 中共中央宣传部编：《习近平总书记系列重要讲话读本》，学习出版社、人民出版社2014年版，第85页。

议解决途径不畅通，就会削弱法治的力量。所以说，法治政府建设的关键就在于行政争议的解决法治化。构建解决行政争议的法治体系、实现行政争议解决的法治化包含两个方面：首先，要推进行政裁决、行政调解、行政仲裁等行政系统内行政争议解决机制的法治化。充分发挥行政复议、行政裁决、行政仲裁等制度的优势。引导人民群众通过法定途径表达诉求、解决纠纷、维护合法权益。发挥行政复议在解决行政争议中的主渠道作用，改革行政复议体制，完善行政复议程序，及时有效地解决行政争议。其次，保障行政诉讼制度的有效运行，要以贯彻司法最终裁决为原则。司法裁判的落实关系到纠纷的最终解决。行政诉讼是司法机关以诉讼方式解决行政争议的法律制度，它将行政争议蕴含的公民权利与国家权力之间的矛盾纳入和平的司法程序当中，然后加以理性解决，对有效维护良好的社会秩序有至关重要的作用。

（八）转变政府职能，深化简政放权，创新监管方式

党的十九大报告对新时代法治政府建设提出了重要要求，即“转变政府职能，深化简政放权，创新监管方式”。转变政府职能就要政府工作人员树立创新、协调、绿色、开放、共享的发展理念，坚持政企分开、政资分开、政事分开、政社分开，梳理政府与市场、政府与社会的关系，以便市场在资源配置中起决定性作用，政府只行使宏观调控、市场监管、社会管理、公共服务、环境保护等政府该行使的职能。深化简政放权，首先，要求继续全面清理行政审批事项，最大限度减少政府对生产经营活动的许可，最大限度缩小投资项目审批、核准的范围，最大幅度减少对各类机构及其活动的认定和对行政相对人办事的各种奇葩证明的要求。其次，地方和基层管理范围要包含直接面对基层的和量大面广的行政许可项目，这样能更加方便有效。适度取消和下放束缚企业生产经营、影响群

众就业创业行政许可事项的力度，鼓励大众创业、激发创新意识。创新监管方式，发挥互联网、人工智能等现代科学技术的作用，使其为行政监管服务，这样不仅能提高监管的效率和质量，还能节约资源，为行政相对人提供方便。减少监管者与被监管者的矛盾和冲突。行政监管的平台建设也应受到各级政府的监督，监督包括数据公开和在线监督。鼓励社会公众参与行政监管等。

（九）形成科学合理的管理体制，完善国家机构组织法

党的十九大报告为新时代法治政府建设提出的另一项新要求是“形成科学合理的管理体制，完善国家机构组织法”。关于“形成科学合理的管理体制”，党的十九大报告是将行政管理体制放在党和国家整个机构设置和治理机制中进行考虑、谋划和设计的。报告指出：“统筹考虑各类机构设置，科学配置党政部门及内设机构权力、明确职责。统筹使用各类编制资源，形成科学合理的管理体制。”“在省市县对职能相近的党政机关探索合并设立或合署办公。”实行职能相近的党政机关合并设立或合署办公的体制，意义是多方面的。一是有利于节约成本，提高效率。二是有利于减少机构职能重复，避免相互摩擦冲突，加强相应管理的统一协调。三是有利于加强党对政府工作的领导。党政机构合一必须依党规国法进行，保证我国基本政治制度——人民代表大会制度的全面实施。相应机构仍应由人民代表大会产生，对人民代表大会负责，接受人民代表大会监督（同时对同级党委负责和接受党委监督）。“完善国家机构组织法”是法治国家、法治政府的基本要求。长期以来，我国各类组织法，特别是行政组织法很不完善。例如，国务院各部门、地方省市乡镇政府都没有专门的组织法，国家对其组织、职能、编制等的调整、规范主要通过行政行为法和“三定方案”“三定规定”等政府文件进行。造成这种情况的原因除了组织法观念淡

薄以外，还因为改革开放以来，整个政府机构的设置一直处在不断的改革变动中，难于制定具有相对稳定性的行政组织法。党的十九大以后，行政机构改革将进一步深入进行并将取得重大成效。在各级各类机构改革的目标、任务基本实现，政府机构设置具有相对稳定性以后，即可以而且必须启动各种行政组织法的立法，如国务院各部委的组织条例，各直属机构、办事机构的组织简则，省级、市级、县级、乡镇级人民政府的组织法等。这是一个需要几年甚至十几年才能完成的相当宏大的工程，我们可以先易后难，先从较传统、较稳定部门（如公安部、财政部、教育部、民政部、交通部等）的组织条例开始，一年完成五个至十个。到党的二十大时，我国就可以有一个一定规模的行政组织法体系了。行政组织法建设是法治政府建设的不可缺少的部分，必须下大决心和下大力气做好这件事情。①

（十）增强政府公信力和执行力，建设人民满意的服务型政府

增强政府公信力和执行力，建设人民满意的服务型政府是党的十九大对法治政府建设的重要要求，同时也是法治政府建设的重要目标。增强政府公信力首先要求政府依法履职，杜绝乱作为和不作为，尽量减少和清除“三拍”决策和“政绩”工程，避免给人民群众利益造成重大损害。增强政府公信力，需要全面推进政务公开，坚持以公开为常态，不公开为例外，政府运作不仅要结果公开，而且要过程公开；不仅要决策公开，而且要执行公开；不仅要管理公开，而且要服务公开。政府只有在阳光下运作，打造“透明政府”，才能不断增强公信力。增强政府执行力同时也要求政府和政府工作人员加强学习，全面提高依法行政的能力，提高政府治理

① 姜明安：《行政法》，北京大学出版社 2017 年版，第 138—141 页。

能力和现代化治理水平。必须加强对政府工作人员法律知识、法治理念和现代科学技术的培训，使之既善于运用法治思维、法治方式和现代科学技术进行执法，改进执法质量和提高执法效率，又善于运用法治思维、法治方式和现代科学技术解决行政执法过程中的争议、纠纷，维护社会和谐与稳定。

党的十九大报告在阐述新时代中国特色社会主义思想和基本方略时，强调一切工作要以人民为中心，践行全心全意为人民服务的根本宗旨，要坚持在发展中保障和改善民生。大力发展和改进公共服务，保障和改善民生是现代政府不可推卸的责任。政府特别需要在“幼有所育、学有所教、劳有所得、病有所医、老有所养、住有所居、弱有所扶”方面有所作为，以解决这些最基本的民生问题。政府还应在脱贫攻坚上下大力，保证全体人民有更多获得感。法治政府必然和必须是服务型政府。政府只有不断为人民提供高效优质的公共服务，人民才会满意、才会拥护和支持政府。[①] 全心全意为人民服务作为党的根本宗旨，是各级政府行使权力的基本要求。服务型政府要求各级政府和官员必须树立“公民本位、社会本位、权利本位”的思想，即人民是国家的主人，政府的权力源于人民，政府为人民服务的根本是人民的利益至上，政府必须全心全意为人民服务，实现社会公共利益的最大化。服务型政府要求行政机关提高行政效率，高效便民，提升效能政府的建设。首先，行政机关要遵守行政活动的法定时限。其次，在可能侵害相对人合法权益时，要保证权力正确行使。再次，行政机关提供公共服务和社会服务时，要切实履行职责。最后，在执法领域实现秩序行政与给付行政的统一。现代法治政府的意义在于高效便民地为人民提供公共服务，并取信于民，方能服务于民，才能强国富民。所以，服务型政府的构

① 姜明安:《推进落实法治政府建设新要求》,《行政管理改革》2018 年第 1 期，第 18 页。

建既是法治政府的建设目标，也是法治政府的基本要求。服务型政府的构建更应该是我国社会主义法治政府建设的重要内容。

三　法治政府建设的主要路径

中共中央、国务院印发了《法治政府建设实施纲要（2015—2020 年）》（以下简称《纲要》），这是继国务院 2004 年颁布《全面推进依法行政实施纲要》10 年之后关于依法行政的又一规划性文件。《纲要》是新的历史时期对法治政府建设的纲领性文件，是贯彻“四个全面”战略布局的重要举措，又是推进我国“十三五”规划的有力保障，同时也为“十四个坚持基本方略”的实施保驾护航。根据《纲要》内容，法治政府建设的主要路径归结为七个方面：

（一）依法全面履行政府职能

第一，深化行政审批制度改革。按照应减必减、该放就放的原则，进一步取消和调整行政审批项目。积极推行行政审批规范化的建设。加快推进事业单位改革和社会组织管理改革。进一步健全行政审批服务体系。要加强政府的监管，各级政府切实履行职责，制定政策法规等，加强监管，保证市场秩序，保障人民的生命健康安全。在行政审批领域推行“阳光审批”防止腐败。理顺和规范政府与企业、与社会的关系，规范上下级政府的关系。进一步优化政府机构设置和职能配置，提高行政效能和公共管理服务质量。

第二，大力推行权力清单、责任清单、负面清单制度并实行动态管理。负面清单、权力清单主要针对有限政府问题，防止政府随意干预市场；责任清单主要针对有效政府问题，防止政府不作为。首先，依据公开政府行为，依法行政的前提是有法可依，各级政府在开展工作的过程中，要公开其行使职权的合法依据，应做到无职权无行为。根据制定的权力清单向社会全面公开政府职能、法律依据、实施主体、职责权限、管理流程、监督方式等事项。其次，依据公开政府行为的过程。政府行为的过程应当是一个透明的、无暗箱操作的过程，在这个过程中，除去议事、决策等特定程序外，其他程序都应当依据通过一定的方式使公民知晓。再次，依据公开政府行为的结果。充分保障公民的知情权，有行为一定要有结果，且结果应公示，防止行政机关滥用职权，肆意侵害公民合法权益现象的出现。

第三，优化政府组织结构。推进各级政府事权规范化、法律化，完善不同层级政府特别是中央和地方政府事权法律制度，强化中央政府宏观管理、制度设定职责和必要的执法权，强化省级政府统筹推进区域内基本公共服务均等化职责，强化市县政府执行职责。优化政府组织结构，不断适应我国社会矛盾变化及深化供给侧结构改革要求，推动政府组织结构更加成熟稳定。

第四，完善宏观调控。关于完善宏观调控《纲要》确定的任务主要是：健全发展规划、投资管理、财政税收、金融等方面的法律制度，加强发展战略、规划、政策、标准等制定和实施。……完善主要由市场决定价格的机制，大幅缩减政府定价种类和项目，制定并公布政府定价目录，全面放开竞争性领域商品和服务价格。完善宏观调控能促进经济健康增长，增加就业，稳定物价，保持国际收支平衡，以促进国民经济又好又快发展。

第五，加强市场监管。关于加强市场监管《纲要》确定的任务主要是：清理、废除妨碍全国统一市场和公平竞争的各种规定和做法，破除部门保护、地区封锁和行业垄断。深化商事制度改革，……实现工商营业执照、组织机构代码证、税务登记证三证合一、一照一码。……实行综合监管，推广随机抽查，探索智能监管。加强社会信用体系建设，建立健全全国统一的社会信用代码制度和信用信息共享交换平台，推进企业信用信息公示全国一张网建设，依法保护企业和个人信息安全等。完善法律法规，促进制度和服务体系的建设。本着公平、公开、公正的原则规范市场，保护投资者的利益。加强事中事后的监管，创新市场监管的方式，完善市场监管体系。并加强社会信用体系的建设，使市场经济健康有序地发展。

第六，创新社会治理。关于创新社会治理《纲要》确定的任务主要是：提高社会治理科学化和法治化水平。完善社会组织登记管理制度。适合由社会组织提供的公共服务和解决的事项，交由社会组织承担。支持和发展社会工作服务机构和志愿服务组织。规范和引导网络社团社群健康发展，加强监督管理。深入推进社会治安综合治理，有效防范管控影响社会安定的问题，保护人民生命财产安全。提高公共突发事件防范处置和防灾救灾减灾能力。全方位强化安全生产，全过程保障食品药品安全。推进社会自治，发挥市民公约、乡规民约、行业规章、团体章程等社会规范在社会治理中的积极作用。社会治理是国家治理的重要方面，良好的社会治理是保持社会和谐稳定、满足人民美好生活需要的重要保障。坚持以人民为中心是创新社会治理的根本遵循。创新社会治理，需要密切关注社会主要矛盾及其变化。党的十九大在科学分析我国发展形势的基础上强调，我国社会主要矛盾已经转化为人民日益增长的美好生活需要和不平衡不充分的发展之间的矛盾。这是关系社会治理全局的历史性变化，要求我们在继续推动发展的基础上，着力解决好发展不平衡不充分问题，大力提升发展质量和效益，着力化解影响社会秩序和活力的新的结构性矛盾，不断满足人民日益增长的美好生活需要。创新社会治理，必须深入研究社会治理规律，不断创新社会治理方式方法，增强社会治理的科学性和有效性，提高社会治理社会化、法治化、智能化、专业化水平。加强社会治理法律、体制机制、能力、人才队伍和信息化建设，提高社会治理科学化和法治化水平。

第七，优化公共服务。关于优化公共服务《纲要》确定的任务主要是：着力促进教育、卫生、文化等社会事业健康发展，强化政府促进就业、调节收入分配和完善社会保障职能，加快形成政府主导、覆盖城乡、可持续的基本公共服务体系，实现基本公共服务标准化、均等化、法定化。建立健全政府购买公共服务制度。……凡属事务性管理服务，原则上都要引入竞争机制向社会购买；确需政府参与的，实行政府和社会资本合作模式。公共服务满足公民生活、生存与发展的某种直接需求，能使公民受益或享受。优化公共服务需要政府的参与，实行政府和社会资本合作模式，以促进教育、卫生、文化等社会事业健康发展，并加快形成可持续的基本公共服务体系，实现基本公共服务的标准和平衡，同时加强公共服务的法治化建设。

第八，强化生态环境保护。关于强化生态环境保护《纲要》确定的任务主要是：加快建立和完善有效约束开发行为和促进绿色发展、循环发展、低碳发展的生态文明法律制度。深化资源型产品价格和税费改革，实行资源有偿使用制度和生态补偿制度。改革生态环境保护管理体制，完善并严格实行环境信息公开制度、环境影响评价制度和污染物排放总量控制制度。健全生态环境保护责任追究制度和生态环境损害赔偿制度。良好生态环境是实现中华民族永续发展的内在要求，是增进民生福祉的优先领域。全面加强生态环境保护，是提升生态文明和建设美丽中国的重要内容。首先，落实党政主体责任。地方各级党委和政府对本行政区域的生态环境保护工作及生态环境质量负总责，主要负责人是本行政区域生态环境保护第一责任人。健全环境保护督察机制，开展重点区域、重点领域、重点行业专项督察。其次，强化考核问责。严格责任追究。对省

（自治区、直辖市）党委和政府以及负有生态环境保护责任的中央和国家机关有关部门贯彻落实党中央、国务院决策部署不坚决不彻底、生态文明建设和生态环境保护责任制执行不到位、生态环境问题突出的问题问责主要负责人。对不顾生态环境盲目决策、违法违规审批开发利用规划和建设项目的，对造成生态环境质量恶化、生态严重破坏的，对生态环境事件多发高发、应对不力、群众反映强烈的，对生态环境保护责任没有落实、推诿扯皮、没有完成工作任务的，依纪依法严格问责、终身追责。

（二）完善依法行政制度体系

第一，完善政府立法体制机制。健全政府立法立项、起草、论证、协调、审议机制，增强政府立法的及时性、系统性、针对性、有效性。适时选择综合性强、涉及多部门职责的立法项目，委托第三方起草或进行立法评估，提高立法质量等。与时俱进适应改革社会发展要求，及时修正和完善法律法规，加强行政法规、规章解释工作。第二，加强重点领域政府立法。主要完善社会主义市场经济体制、发展社会主义民主政治、建设社会主义先进文化、创新社会治理、保障公民权利和改善民生、维护国家安全、保护生态环境、加强政府自身建设等领域的立法。要全面贯彻法治政府的建设要求，实现改革和法治相统一，在法治下推进改革，在改革中完善法治。加强法治工作能力建设，坚持立法为深化改革、促进发展、保障民生服务。第三，提高政府立法公众参与度。提高立法的公众参与度，一定程度上有助于全面准确地反映多元利益的现实，保护群众的合法权益，同时有助于集中民智，推进立法科学化，这也是一种生动有效的民主法治教育形式。提高政府立法公众的参与度首先需明确公众参与立法的范围、程序和方式，通过具体制度安排保障公众参与的权利。通过立法规定各种不同类型、不同形式公众参与的程序和方法，使公众参与立法制度化、规范化、程序化。其次，进一步公开立法信息，提高公众对立法的知情度。再次，建立公众意见的反馈制度。还要总结地方人大在推进民主立法、科学立法方面的新做法、新经验。在经验成熟时及时将有效的制度创新加以制度化、规范化和程序化。最后，充分发挥政协委员在推进民主立法中的积极作用。第四，加强规范性文件监督管理。行政规范性文件是除国务院的行政法规、决定、命令以及部门规章和地方政府规章外，由行政机关或者经法律、法规授权的具有管理公共事务职能的组织（以下统称行政机关）依照法定权限、程序制定并公开发布，涉及公民、法人和其他组织权利义务，具有普遍约束力，在一定期限内反复适用的公文。为推进依法行政、建设法治政府的部署和要求，切实保障群众合法权益，维护政府公信力，要加强规范性文件监督管理。严格依法行政，防止乱发文件。规范制发程序，确保合法有效。严格行政规范性文件的制发程序，认真评估论证，广泛征求意见，认真审核把关，制定行政规范性文件要实行集体研究讨论制度，及时向社会公开发布。加强监督检查，严格责任追究，地方各级人民政府对所属部门、上级人民政府对下级人民政府、各部门对本部门制发的行政规范性文件要加强监督检查，健全责任机制。强化备案监督，做到有件必备、有备必审、有错必纠。加强督查考核，充分发挥政府督查作用，将行政规范性文件的制定和监督管理工作纳入法治政府建设督察的内容中。第五，建立行政法规、规章和规范性文件清理的长效机制。各级政府及其部门要根据规范性文件立改废情况及时做出相应的调整，并向社会大众公开。以下五种情形的文件要及时予以修正、清理、废止：行政规范性文件的主要内容与法律、行政法规、地方性法规和政府规章相抵触的，或者已被新的法律、法规和规章所替代的；文件适用期已过或者调整对象已消失，实际上已经失效的；因文件制定后情况发生变化，原文件已不符合改革要求或经济社会发展需要的；已有新的文件替代，但相对应的原文件还未由原发文机关予以废止的；文件个别条款与法律、行政法规、地方性法规、政府规章及上级行政机关制定的行政规范性文件不一致或因实际情况发生变化需要修正部分内容的。最终实现行政法规、规章、规范性文件目录和文本动态化、信息化管理。

（三）推进行政决策科学化、民主化、法治化

第一，健全依法决策机制。明确决策主体、事项范围、法定程序、法律责任，规范决策流程，强化决策法定的刚性约束，完善重大决策的行政程序制度。第二，增强公众参与时效。公众参与是行政民主化的重要体现。重大决策事项应当集思广益，听取有关人大代表、政协委员、人民团体、基层组织、社会组织的意见，同时加强公众参与平台建设，及时公开信息、采纳反馈意见。提高行政过程中公众参与的有效性，提升政府治理效能，加强民主政治建设的重要方面，进一步规范公众参与方式、完善信息公开制度及公众参与者的权利保障制度和重大民生决策事项民意调查制度。第三，提高专家论证和风险评估质量。首先，建立科学的政府重大决策法律风险评估规范体系。其次，明确法律风险评估内容包括审查决策事项的合法性、有益性和调查群众对决策事项的支持度。再次，实行专家信息和论证意见公开。最后，成立政府重大决策和突发公共事件应急措施的法律风险第三方评估机构，同时健全监督机制。第四，加强合法审查。建立行政机关内部重大决策合法性审查机制。建立以政府法制机构人员为主体、吸收专家和律师参加的法律顾问队伍。第五，坚持集体讨论决定。重大决策坚持集体讨论决定，防止和杜绝个人或者少数人说了算，广泛听取意见，如实记录讨论情况和决定，完整保存。第六，严格决策责任追究。将决策权力和决

策责任统一起来，特别是从时间链条上遏制那些为追求政绩或当前利益而不考虑长期决策效果、引发严重失误的决策问题。解决好集体决策和个人负责之间的关系，完善决策过程的一些记录等制度，在落实违法决策和决策失误的责任追究等方面，做出更为细节的制度设计，提升政府依法决策的能力，推进法治政府的建设。

（四）坚持严格规范公正文明执法

严格执法要求执法者执法铁面无私，不放纵违法行为，不法外施恩，不网开一面。特别是对于黄赌毒和假冒伪劣、坑蒙拐骗、网络诈骗等损害人民群众生命健康和严重侵害公民、法人或其他组织财产权的行为，绝不心慈手软，依法该采取行政强制措施的坚决采取行政强制措施，依法该科处行政处罚的坚决科处行政处罚，行为构成犯罪的必须移交司法机关处理，不能以罚代刑。规范执法要求执法者严格依法定权限、法定规则、法定程序执法。依法定权限执法要求执法机关公开权力清单，保证执法不越位、不错位、不缺位。依法定规则执法要求执法机关公开执法依据，并制定和公开执法基准。因为法律法规的规定往往过于原则、抽象，需要通过执法基准予以细化和具体化。依法定程序执法要求执法机关执法要遵守法定方式和手续、步骤，如出示证件、表明身份、说明理由、听取陈述申辩等。公正执法要求执法者执法不偏私，如执法事项与之有利害关系，应主动回避。平等对待行政相对人，不歧视弱者和弱势群体，如多个行政相对人申请同一行政许可事项，应通过招标、拍卖、考试、考核等公平竞争程序选择被许可人；如多个行政相对人实施相同或不同的行政违法行为的处理要秉持过罚相当的原则，根据其各自违法行为的事实、性质、情节及社会危害程度等给予处罚。执法只考虑相关因素，不考虑不相关因素。文明执法要求执法者在执法过程中摆事实，讲道理，以理服人，以法服人；执法时讲究语言文明，举止文明，尊重行政相对人的人格；不得任性、恣意，不得主观武断、滥用职权；严禁暴力执法、野蛮执法、钓鱼执法、养鱼执法。

第一，改革行政执法体制。建立更加完善、公正的制度，确保人民按照制度办事，每一级执法机关都应该严格要求公正文明执法。根据不同层级政府的事权和职能，合理配置执法力量，整合队伍和资源，从而提高效率。对关系到群众切身利益的重点领域，要加大执法力度，提高执法和服务水平。第二，完善行政执法程序。严密的执法程序是规范执法的重要前提，也是执法公平公正的重要保障。特别是对一些敏感复杂案件的处置，如果执法程序规范严密、公开透明，就能最大限度地赢得人民群众对执法工作的理解和支持，最大限度地避免出现执法瑕疵而授人以柄。不断严密执法程序，规范执法行为，减少执法漏洞。制定行政执法程序规范，明确具体操作流程，按照标准化、流程化、精细化要求，进一步完善行政执法在调查取证、告知、罚款和没收财物管理等方面的制度。建立健全行政裁量权基准制度，细化、量化行政裁量标准，规范裁量范围、种类及幅度。推行行政执法公示制度、执法全过程记录制度、重大执法决定法制审核制度。建立行政执法记录全过程的制度，为解决执法机关之间的权限争议，及时完善行政执法权限协调机制，建立异地行政执法协助制度以及严格执行重大行政执法决定法制审核制度，促进严格规范公正文明执法，保障和监督行政机关有效履行职责，维护人民群众合法权益。第三，创新行政执法方式。创新行政执法方式主要包括推行行政执法公示制度，建设行政执法信息化，做到信息共享。这样就强化了行政执法中的科技、装备。同时推广运用说服教育、劝导示范、行政指导、行政奖励等非强制性执法手段。建立健全公民和组织守法信用记录，完善守法诚信褒奖机制和违法失信行为惩戒机制。第四，全面落实行政执法责任制。推行行政执法责任制的关键是要落实行政执法责任。严格确定不同部门及机构、岗位执法人员的执法责任，建立健全常态化的责任追究机制。要进一步明确执法责任，按照有权必有责的要求，厘清行政执法依据，知悉不同部门及机构、岗位执法人员的执法责任，实行权力清单制度。追究行政执法责任，必须做到实事求是、客观公正。加强执法监督，健全完善监督机制，建立完善投诉举报、情况通报等制度，坚决排除对执法活动的非法干预，防止和克服地方及部门的保护主义和执法工作中的利益驱动，惩治执法腐败现象。切实做到有权必有责、用权受监督、违法必追究。第五，健全行政执法人员管理制度。要求执法人员严格规范公正文明执法，全面提升执法人员的综合素质，尤其是职业道德素养的综合素质水平。各级执法机关应该高度重视执法人员的综合素质和道德水平，要健全领导干部学法制度，行政执法人员要持证上岗，规范其资格管理制度。培养广大执法人员自主学法、守法的意识，规范自身执法行为，坚决杜绝不合法、不规范和不作为、乱作为的执法行为出现。坚持按照法律做事，秉公处理，严格执法，不断提高自身的执法水平，提升职业道德水准。第六，加强行政执法保障。依法处理妨碍行政机关正常工作秩序以及阻碍行政执法人员依法履行职责的违法行为，营造出全社会支持行政执法机关依法履行职责的良好氛围。行政机关履行执法职责的经费由各级政府纳入本级政府预算，并保证经费充足，从而改善执法条件。合理安排执法装备、科技建设方面的投入。

（五）强化对行政权力的制约和监督

第一，健全行政权力运行制约和监督体系。确保决策权、执行权、监督权既相互制约又相互协调，保证国家机关按照法定权限和程序行使权力。首先，进一步健全决策机制和程序，发挥思想库作用，加强决策的论证、听证，不断提高科学决策、民主决策、依法决策水平，尤其是要建立健全决策问责和纠错机制，涉及群众切身利益的决策要充分听取群众意见，防止和纠正损害群众权力的行为。其次，推进权力运行公开化、规范化。权力公开，不仅是向部门或单位内部公开，也要向社会公开，接受本单位干部职工和社会公众的监督。完善权力公开机制，大力推进党务公开、政务公开、厂务公开、村务公开和公共事业单位办事制度公开，明确权力的幅度和依据，明确公开的内容、范围、形式、载体和时间，提高权力运行的透明度和公信力。最后，健全监督体系。完善各方面监督制度，形成监督合力。加强对权力的监督，必须构建完善的监督体系，充分发挥各方面监督的作用，使监督覆盖到权力行使的各个环节和各个方面。

第二，自觉接受党内监督、人大监督、民主监督、司法监督。要加强党内监督、人大监督、民主监督、行政监督、司法监督、审计监督、社会监督、舆论监督，努力形成科学有效的权力运行和监督体系，增强监督合力和实效。[①] 我们党是执政党，党员领导干部手中掌握着大大小小的权力资源。因此，加强对权力运行的制约和监督，重点是加强党内监督。人大是国家最高权力机关，其行使监督权是宪法法律赋予的一项最基本的职责，这一职责的发挥，有利于集中体现人民的意志，调动人民参与管理国家和社会事务的积极性和创造性，有利于加强对国家权力的行使进行有效的监督，促进国家机关高效运转，从制度上防止和消除腐败，实现决策的民主化、科学化。民主监督作为“自下而上”的非权力性监督，主要通过建议和批评协助国家机关改进工作作风、提高工作效率、克服官僚主义。民主监督是保证政权不腐败的一项重要措施，全社会都应

---

① 习近平：《加快建设社会主义法治国家》，《求是》2015 年第 1 期。

该重视，而不能仅仅限于某个范围，只有全民都来执行监督，才能使执政者不腐败，才能保障政权的清正廉明。司法监督是司法机关依法对行政机关及其工作人员的行政行为、权力、职能是否合法的监督。

第三，加强行政监督和审计监督。行政监督应重点强化行政机关内部上下级之间的监督，充分发挥行政监察、审计机关对国家行政机关及其公务人员的监督。行政监督应该首先有法律上的依据，才能使行政监督实现法治化和程序化。行政监督的依法监督原则是指享有监督权的组织和个人在行使监督权时要严格遵循法律的规定。因此，行政监督要求立法上的完善，建立起一整套行政监督法律体系，使相关的监督法律法规具有系统性、可行性的特点，从而使行政监督做到切实有法可依。完善审计制度，充分发挥审计的监督作用，健全有利于依法独立行使审计监督权的审计管理制度，建立并完善审计监督法律体系，建立具有审计职业特点的审计人员管理制度，形成与国家治理体系和治理能力现代化相适应的审计监督机制。明确审计主体、审计内容、审计范围，健全经济责任审计报告制度，有效监督行政机关及其工作人员正确行使职权，让权力在阳光下运行。

第四，完善社会监督和舆论监督机制。社会监督是由国家机关以外的社会组织和公民对各种法律活动的合法性进行的不具有直接法律效力的监督。舆论监督是指社会利用各种传播媒介和采取多种形式，表达和传导有一定倾向的议论、意见及看法，以实现对政治权力运行中偏差行为的矫正和制约。主要通过建立对行政机关违法行政行为投诉举报登记制度，确保监督渠道的畅通，设立举报箱、电子信箱、热线电话等，方便群众反映问题。行政机关要依法及时处理违法行政行为。同时发挥舆论监督的重要作用，将传统媒体——报刊、广播、电视的作用以及和网络媒体的互动规范化、法治化。

第五，全面推进政务公开。坚持以公开为常态、不公开为例外原则。政务公开的深化必然要求将重大突发事件和热点问题及时公布，加大信息公开力度。政府工作人员要养成在“放大镜”“聚光灯”下行使权力的习惯，遵循客观规律和社会进步的要求，用《中华人民共和国政府信息公开条例》进行约束，提高权力运行的透明度，把执政为民的要求落到实处。推动政务公开离不开权力清单制度，通过“晒清单”明确各行政部门的职责权限，有助于构建清晰具体的权责体系和法制化的权力运行流程，防止权力恣意和异化。要完善政府新闻发布制度，通过政府新闻发布会定期发布政务信息；继续通过政府公报、政务公开栏、公开办事指南和其他形式公开政务；充分利用报刊、广播、电视、网络等媒体，发挥其在政务公开中的作用；积极探索通过社会公示、听证和专家咨询、论证以及邀请人民群众旁听政府有关会议等形式，对行政决策的过程和结果予以公开；通过各类综合或专项行政服务中心，对行政许可、公共服务等事项予以公开；加强政府网站建设，推进电子政务，逐步扩大网上审批、查询、交费、办证、咨询、投诉、求助等服务项目的范围，为人民群众提供快捷、方便的服务。抓好重大突发事件和群众关注热点问题的公开，客观公布事件进展、政府举措、公众防范措施和调查处理结果，及时回应社会关切，正确引导社会舆论。建立健全主动公开和依申请公开制度。对于应当让社会公众广泛知晓或参与的事项，要及时主动向社会公开。暂时不宜公开或不能公开的，要报上级主管机关备案。公开事项如变更、撤销或终止，要及时公布并做出说明。对于只涉及部分人和事的事项，要按照规定程序，向申请人公开，确实不能公开的要及时做好解释说明工作。建立健全政务公开评议制度。把政务公开纳入社会评议政风、行风的范围，组织人民群众对政务公开的内容是否真实、准确、全面，时间是否及时，程序是否符合规定，制度是否落实到位等进行评议。建立健全政务公开责任追究制度，明确政务公开工作各部门和单位的责任。对工作不力、搞形式主义的，要严肃批评，限期整改；对弄虚作假、侵犯群众民主权利、损害群众合法利益、造成严重后果的，要严肃查处。

第六，完善纠错问责机制。加强行政问责规范化、制度化建设，增强行政问责的针对性和时效性。加大问责力度，坚决纠正行政不作为、乱作为，坚决克服懒政、庸政、怠政，坚决惩处失职、渎职。认真落实党风廉政建设责任制，坚持有错必纠、有责必问，对“四风”问题突出、发生顶风违纪问题或者出现区域性、系统性腐败案件的地方、部门和单位，既要追究主体责任、监督责任，又要严肃追究领导责任。

（六）依法有效化解社会矛盾纠纷

第一，健全依法化解纠纷机制。预防化解社会矛盾纠纷，需要创新完善机制，也需要畅通预防化解渠道。首先要完善社会矛盾纠纷预警机制，设立社会矛盾纠纷预警中心，切实做好各类矛盾纠纷的分析研判、预警处置工作，对待从不同渠道收集到的矛盾纠纷信息，预警中心根据矛盾的成因、性质、类别、调处难度以及发展动向等因素，组织有关人员进行认真分析研判，及时评估和发布研判结果。其次要健全群众利益诉求表达机制。要通过信访、热线电话、网络表达、电视问政、领导下访等多元化渠道回应群众诉求。再次健全群众利益纠纷协商沟通机制。通过建立健全“决策听证会”“代表联络会”和“民主议事会”等制度积极开展民主协商、沟通交流，对涉及群众利益的现实问题广泛协商、广纳群言、广集民智、广聚群力。最后建立多元化救济救助机制。

第二，加强行政复议工作。行政复议工作是政府工作的重要组成部分，是全面推进依法行政的重要内容。在新的形势下，进一步提高对做好行政复议工作重要意义的认识，加强和改进行政复议工作的措施，对于依法及时化解行政争议、促进法治政府建设、构建和谐社会具有重要的意义。完善行政复议制度，改革行政复议体制，积极探索整合地方行政复议职责。健全行政复议案件的审理机制，加大公开听证审理力度，纠正违法或不当行政行为。并充分发挥行政复议在解决行政争议中的重要作用，提高行政复议案件办案质量，增强行政复议的专业性、透明度和公信力。建立行政复议决定履行情况监督制度，对做出撤销、确认违法、责令履行等决定的复议案件，要求被复议部门按时报送履行结果情况，强化纠错成果的落实，加大后续监督力度，切实维护申请人合法权益。积极推进行政复议决定书上网公开制度，在提高办案质量、加强文书说理、规范文本格式的基础上，实现行政复议决定书部分网上公开，进一步接受公众的监督。

第三，完善行政调解、行政裁决、仲裁制度。健全行政调解制度，进一步明确行政调解范围，完善行政调解机制，规范行政调解程序。健全行政裁决制度，强化行政机关解决同行政管理活动密切相关的民事纠纷功能。有关行政机关要依法开展行政调解、行政裁决工作，及时有效化解矛盾纠纷。完善仲裁制度，提高仲裁公信力，充分发挥仲裁解决经济纠纷、化解社会矛盾、促进社会和谐的作用。

第四，加强人民调解工作。习近平总书记在党的十九大报告中把“以人民为中心”作为新时代坚持和发展中国特色社会主义的重要内容。人民调解作为群众自治性组织，根植于人民、服务于人民，在维护社会和谐稳定、保障一方平安中具有独特的、不可替代的基础性作用。贯彻落实人民调解法，健全人民调解组织网络，促进当事人平等协商、公平公正解决矛盾纠纷。同时完善人民调解、行政调解、司法调解的联动工作体系。充分发挥人民调解宣传法治、化解矛盾、服务群众的独特作用。

第五，改革信访工作制度。信访工作是各级党政部门与群众联系，群众与党政机关联系的桥梁和纽带，是为人民群众排忧解难的工作，也是构建社会主义和谐社会的基础性工作。以习近平总同志为核心的党中央高度重视信访工作制度改革，着力打造“阳光信访、责任信访、法治信访”，党的十八届三中全会决定提出，改革信访工作制度，实行网上受理信访制度，健全及时就地解决群众合理诉求机制。我国当前的社会矛盾复杂多变，问题大都发生在基层，大量的信访也发生在基层，为了切实维护广大群众的批评权、检举控告权，维护广大人民群众的根本利益，做好基层信访工作显得至关重要。引导群众在法治框架内解决纠纷矛盾，有效回应信访群众的利益诉求，不断提高信访工作法治化、规范化、信息化水平，将涉法涉诉信访纳入法治轨道来解决，建立涉法涉诉信访依法终结制度。

（七）全面提高政府工作人员法治思维和依法行政能力

第一，提升政府工作人员法治思维和依法行政的能力关键看领导干部这个关键少数。将法治素养和法治能力作为用人导向，将法制观念强、法治素养好作为衡量干部的基本标准。将遵纪守法、依法办事、恪守国法作为考察干部的重要内容。对于出现法治观念淡薄、特权思想严重的干部要及时教育整改，出现问题或违纪违法的坚决零容忍，依法依纪严肃处理。第二，加强对政府工作人员的法治教育培训。强化政府工作人员的法治思想和观念，以举办领导干部法治专题培训班和各级政府领导班子法治专题讲座的形式，将学习宪法、法律作为干部教育培训的必修课。加强法律知识、专门法律知识、新法律法规等专题教育培训。加强依法行政实务培训。第三，完善政府工作人员法治能力考查测试制度。领导干部任职前，要对其法律知识和依法行政能力进行考查和测试，考查测试的结果作为领导干部任职的重要参考。同样对政府工作人员要以年度考核的形式，将法律知识考查测试纳入考核内容，以促进政府及其部门负责人和工作人员严格履行法治建设职责。第四，注重通过法治实践提高政府工作人员法治思维和依法行政能力。政府工作人员特别是领导干部想问题、做决策、办事情必须守法律、重程序、受监督，牢记职权法定、权依法使，切实保护人民权益。要自觉运用法治思维和法治方式深化改革、推动发展、化解矛盾、维护稳定，依法治理经济，依法协调和处理各种利益问题，努力营造办事依法、遇事找法、解决问题用法、化解矛盾靠法的良好法治环境。落实“谁执法谁普法”的普法责任制，建立行政执法人员以案释法制度，使执法人员在执法普法的同时不断提高自身法治素养和依法行政能力。

第七章

大力推进公正司法

公正是法治的生命线。司法公正对社会公正具有重要引领作用，司法不公对社会公正具有致命破坏作用。习近平总书记指出："我们要依法公正对待人民群众的诉求，努力让人民群众在每一个司法案件中都能感受到公平正义，决不能让不公正的审判伤害人民群众感情、损害人民群众权益。"[①] 以习近平同志为核心的党中央着力于破解影响司法公正、制约司法能力的深层次问题，对深化司法体制改革做出了系统化的顶层设计，把我国司法体制改革推进到了一个新的历史阶段。我们要深刻认识确保公正司法提高司法公信力的重大意义，确保依法独立公正行使审判权、检察权，推进以审判为中心的诉讼制度改革，健全司法权运行机制，完善人权司法保障制度，加强对司法的监督。

一 深化司法体制改革

完善司法管理体制和司法权力运行机制，规范司法行为，加强对司法活动的监督，努力让人民群众在每一个司法案件中都能感受

---

① 习近平：《在首都各界纪念现行宪法公布施行三十周年大会上的讲话》，《人民日报》2012年12月5日。

到公平正义。建设公正高效权威的社会主义司法制度，是推进国家治理体系和治理能力现代化的重要举措，是促进社会公平正义的必然选择。党的十八大报告提出，要“进一步深化司法体制改革，坚持和完善中国特色社会主义司法制度，确保审判机关、检察机关依法独立公正行使审判权、检察权”。习近平总书记强调，“司法体制改革是政治体制改革的重要组成部分，对推进国家治理体系和治理能力现代化具有十分重要的意义，必须加快建设公正高效权威的社会主义司法制度，更好坚持党的领导、更好发挥我国司法制度的特色、更好促进社会公平正义”，“要从确保依法独立公正行使审判权检察权，健全司法权力运行机制，完善人权司法保障制度三个方面，着力解决影响司法公正、制约司法能力的深层次问题，破解体制性、机制性、保障性障碍”。司法制度是上层建筑的重要组成部分，必须适应经济基础的要求，既要遵循司法活动权责统一、权力制约、公开公正、尊重程序等客观规律，充分发挥其职能作用；也要适应和服务于经济基础及其高质量发展的需要。在服务高质量发展的前提下，司法不仅可以有所作为，而且会必有所为，司法体制改革是推动上层建筑适应经济基础的必然要求。党的十九大报告指出：“深化司法体制综合配套改革，全面落实司法责任制，努力让人民群众在每一个司法案件中都感受到公平正义。”这标志着我国司法体制改革进入新时期。党的十八大以来，中国特色社会主义司法制度建设的探索取得了一系列重要成就。站在司法体制改革的新起点，积极稳妥地推动中国司法制度实现科学化、体系化、现代化。党的十九大、十九届三中全会对人民法院深化司法体制综合配套改革提出新任务新要求，人民法院司法体制改革进入综合配套、纵深推进的新阶段，要进一步增强司法体制改革的整体性、系统性、协同性，不断增强各项改革举措协同配合，切实提升改革综合效能。要进一步激发制度机制活力，复制推广基层改革创新鲜活经验，不断推动司法体制改革均衡协调发展。要进一步研究解决影响司法公正和制约司法能力的深层次体制机制问题，不断完善中国特色社会主义司法制度，促进国家治理体系和治理能力现代化。

（一）深化司法体制改革的原则

第一，坚持正确的政治方向。习近平总书记在中央政治局第二十一次集体学习时的讲话中指出："司法制度是上层建筑的重要组成部分，我们推进司法体制改革，是社会主义司法制度自我完善和发展，走的是中国特色社会主义法治道路。党的领导是社会主义法治的根本保证，坚持党的领导是我国社会主义司法制度的根本特征和政治优势。深化司法体制改革，完善司法管理体制和司法权力运行机制，必须在党的统一领导下进行，坚持和完善我国社会主义司法制度。"党对各级政权机关、组织和团体等的领导，主要体现在支持和保证它们依法履行职责方面。在司法领域，党对司法的领导重点是对司法工作实行思想、政治和组织上的领导，保证司法机关依法独立公正地履行司法职责。推进司法体制改革要进一步发挥党统揽全局、协调各方的优势，改革要在党的领导下进行，改革的举措要有利于加强党在思想上、政治上和组织上对司法工作的领导，有利于确保司法机关的领导权始终掌握在忠于党、忠于国家、忠于人民、忠于法律的人手中，有利于切实保障司法机关依法独立公正行使审判权和检察权。

第二，以宪法为根本遵循。深化司法体制改革核心要义是用宪法来约束公共权力，保障人权和公民权利。以这一核心要义为中心，宪法规定了国家机关的设置原则及其权力边界，规定了民主政治的基本框架，规定了公民的基本权利及其保障，是治国理政的总章程。因此，深化司法体制改革，首先，必须树立和维护宪法的尊严，保证宪法的实施。一切国家机关和武装力量、各政党和人民团体、各企事业组织以及人民群众都必须以宪法为根本活动准则，一切违反宪法的行为都必须得到追究和纠正。其次，改革要坚持依宪治国，依宪执政。必须健全宪法实施和监督制度，党要带头实施宪法武装力量、各政党和人民团体以及全体公民都要维护宪法尊严、严格按宪法办事，违宪必究。再次，改革要完善全国人大及其常委会的宪法监督制度，加强对规范性文件的合宪性审查，确保宪法得到切实的遵循。最后，深化司法体制改革要落实宪法关于尊重和保障人权的规定，进一步加强人权司法保障。

第三，符合国情和遵循司法规律。一个国家实行什么样的司法制度，归根结底是由这个国家的国情所决定的，深化司法体制改革，必须从社会主义初级阶段的基本国情出发，既认真借鉴人类法治文明的有益成果，又不照抄照搬外国的司法制度。必须增强对中国特色社会主义司法制度的自信，发挥我国司法制度的特色，勇于改革创新，又不超越经济社会发展阶段盲目冒进。“司法活动有其固有的规律性，只有正确地认识、把握、遵循和运用司法规律，才能实现预期的改革目标。”① 要充分尊重司法规律，保障司法机关独立行使职权，同时坚持党对政法工作的绝对领导，确保司法体制改革沿着正确的方向推进，走出一条具有中国社会主义特色、符合司法规律的改革之路，深化司法体制改革是重中之重。

第四，保证司法公正，提高司法公信力。“公生明，廉生威。执法司法是否具有公信力，主要看两点，一是公正不公正，二是廉洁不廉洁。这两点说起来简单，要做到就不容易了。要扭住职业良知、坚守法治、制度约束、公开运行等环节，坚持不懈、持之以恒地抓。”② 公正是法治的精髓，司法是维护社会公正的最后一道防

① 孟建柱：《深化司法体制改革》，《人民日报》2013 年 11 月 26 日。

② 习近平：《严格执法，公正司法》（2014 年 1 月 7 日），载《十八大以来重要文献选编》上，中央文献出版社 2014 年版，第 718 页。

线。我国是社会主义国家，人民代表大会制度是我国的根本政治制度，这一根本政治制度已经载入我国宪法，受宪法保护。司法机关依法独立行使职权，以实现司法公正的目的。因此，必须从制度上确保司法机关依法独立行使职权，防止领导干部干预司法活动、插手具体案件处理等行为的发生，要建立完善记录、通报和责任追究制度。优化司法权力配置，最高人民法院设立巡回法庭，探索建立跨行政区划的人民法院和人民检察院。从制度上防止领导干部插手和干预司法活动。要推进严格司法，保障人民群众参与司法，加强人权司法保障，加强对司法活动的监督，保证司法公正，提高司法公信力。

第五，坚持统筹兼顾。司法体制改革的系统性、整体性、协同性强，要坚持统筹兼顾，我国各地情况千差万别，不同层级司法机关工作特点也有所不同，不能搞一刀切、齐步走，必须在中央统一领导下自上而下有序推进。司法体制改革是中央事权，必须坚持自上而下、顶层设计的原则来推进。在中央确定的改革目标框架内，深化顶层设计和基层探索的良性互动、有机结合，进一步完善改革事项统筹协调机制，推动内设机构改革和审判执行工作、队伍建设、智慧法院建设等各项工作相互促进、良性互动、协同配合。鼓励各地因地制宜地开展试点，立足地区的差异性，在试点过程中不断创造可复制、可推广的有益经验。在坚持整体推进的同时，善于抓住改革全局中具有牵一发而动全身意义的重点事项进行攻坚，以重点事项突破带动改革的全面开展。确保司法体制改革工作有条不紊地不断向前推进，让人民群众感受到公平正义就在身边。

（二）深化司法体制改革的意义

第一，深化司法体制改革是推进国家治理体系和治理能力现代化的重要举措。党的十八届三中全会明确将“国家治理体系和治理能力现代化”确立为全面深化改革的总目标。而一个国家要实现良好治理，关键是要逐步形成一套符合规律、有效管用的法律体系，并保证这些制度能得到切实执行。在现代国家治理体系的权力系统中，司法系统是一个重要的权力系统，司法是国家治理中不可或缺的重要机制，司法体制是国家治理体系的组成部分，司法机关依法定分止争的能力是国家治理能力的重要体现。深化司法体制改革，就是完善司法管理体制和司法权力运行机制，调动广大司法人员的积极性，提高司法队伍的素质和能力，更好地发挥司法制度的治理功能，促进国家治理体系和治理能力现代化。因此，通过司法体制改革，实现司法系统的现代化，是国家治理现代化的必然要求。一个公正高效权威的司法体系将及时地、分散地解决社会问题，从而有助于化解和消除民众的不满和怨愤，实现社会的平稳转型。

第二，深化司法体制改革是实现社会公平正义、维护社会和谐稳定的必然要求。公正是司法工作的生命线，司法不公将严重损害司法公信力。“公正是法治的生命线。司法公正对社会公正具有重要引领作用，司法不公对社会公正具有致命破坏作用。”① 习近平总书记指出，“要努力让人民群众在每一个司法案件中都感受到公平正义，所有司法机关都要紧紧围绕这个目标来改进工作，重点解决影响司法公正和制约司法能力的深层次问题”②。通过司法体制改革，树立司法权威，提高司法公信力，让司法承担社会治理的功能，维护公平正义，定分止争，从而实现社会和谐稳定。

稳定与发展，始终是当今中国社会面临的两大主题。解决社会稳定的通常做法主要有两种：一是发展经济，“把蛋糕做大”；二是

① 《中共中央关于全面推进依法治国若干重大问题的决定》，《人民日报》2014 年 10 月 29 日。

② 《依法治国依法执政依法行政　共同推进法治国家法治政府法治社会一体建设》，《人民日报》2013 年 2 月 25 日。

要充分地解决纠纷，“把蛋糕分得更公平”，实现分配正义和矫正正义。而司法的过程，恰恰应当是提供矫正正义。在现代日益复杂的社会生活中，司法在维系社会正常运转中扮演了一个不可或缺的角色。多年来，司法机关在依法解决社会矛盾纠纷、促进社会公平正义上做出了重要贡献，赢得了社会认可。但是，也要看到司法不严格、不规范、不公正的问题仍然存在，办关系案、人情案、金钱案的现象时有发生，对司法公信力产生了很大负面影响。当前中国正处于社会转型期，面临更为复杂的利益冲突和矛盾纠纷，司法所承担的接纳和消弭社会不满的任务日益艰巨。深化司法体制改革，就是健全有效防范司法不公、司法腐败的体制机制，增强司法过程的公开性和透明度，让司法真正成为维护社会公平正义的最后一道防线。

第三，深化司法体制改革是满足人民日益增长的司法需求的迫切需要。人民是推进依法治国的根本动力和力量源泉，社会主义法治建设的主体是人民。法治工作的核心是尊重和保障人权。在进入21世纪之后，文化多元化、科学技术不断进步，加之社会转型和利益格局变化的形势下，涉外案件、新型案件、疑难案件层出不穷，涉及民生问题和群体性利益的案件不断增加，立法滞后，人格权、生存权、环境权、发展权等人权问题关联的诉讼也呈现攀升趋势，人民群众迫切需要司法满足其日益增长的需求。改革的措施要充分反映人民群众的期望，改革方向要面向人民群众反映最突出、要求最强烈的问题，从制约司法公正的环节入手，使改革的成果不断满足人民群众的愿望，切实有效地维护人民群众的合法权益，才能实现良法善治、法正民安，维护社会公平正义，促进社会和谐稳定。

第四，深化司法体制改革是建设高素质队伍的必要条件。“我们社会主义国家的政法机关，不能搞成旧社会‘官府衙门八字开，有理无钱莫进来'！身教重于言教。要从政法机关做起，坚决破除各种潜规则，杜绝法外开恩，改变找门路托关系就能通吃、不找门路托关系就寸步难行的现象，让托人情找关系的人不但讨不到便宜，相反要付出代价。"① 深化司法体制改革建设高素质队伍是人才强法的根本举措，只有高素质的队伍才能保障科学立法、严格执法、公正司法、监督守法、全民普法的实现。建立一支优秀的法治队伍，才能实现法正民安。形成人才强法的良好局面需要大批受过良好专业训练，具有高职业素质、高专业水平的法律队伍来实现权利救济和惩恶扬善的目的，与此同时，坚守社会公平正义的防线，要忠于法律、捍卫法律、严格执法、秉公司法，恪守职业道德，坚持党的事业、人民利益、宪法法律至上。"司法人员要刚正不阿，勇于担当，敢于依法排除来自司法机关内部和外部的干扰，坚守公正司法的底线。要坚持以公开促公正、树公信，构建开放、动态、透明、便民的阳光司法机制，杜绝暗箱操作，坚决遏制司法腐败。"②

二 完善和发展司法制度

（一）确保依法独立公正行使司法权

人民法院、人民检察院依法独立公正行使审判权、检察权，是宪法的明确规定，不受任何机关、单位和个人的非法干涉，是保障国家法律统一正确实施的关键。长期以来，我国法院、检察院以行政区划设置，并实行人财物分级管理、分级负责的体制，致使司法管理体制上的诸多障碍，尤其是司法机关的人财物受制于地方，司

① 习近平：《严格执法，公正司法》（2014 年 1 月 7 日），载《十八大以来重要文献选编》上，中央文献出版社 2014 年版，第 721—722 页。

② 习近平：《加快建设社会主义法治国家》，《求是》2015 年第 1 期。

法活动易受地方保护主义的干扰，影响法制统一，损害司法权威。

第一，推进司法管理体制改革。首先，推动省以下地方法院、检察院人财物统一管理。在财物管理方面，由于我国司法人员和地方法院、检察院的经费，主要按行政区域实行分级管理、分级负担的体制——由同级地方财政统筹拨款，这使得司法机关很容易受制于地方行政部门，容易助长地方保护主义，影响司法公正，乃至滋生各种司法腐败。为避免可能会加剧的法院内部行政化，中央在《关于司法体制改革试点若干问题的框架意见》中将财务统管权交由省级法检两院，主要是“建立省以下地方法院、检察院经费由省级政府财政部门统一管理机制”。党的十八届四中全会《决定》提出：“改革司法机关人财物管理体制，探索实行法院、检察院司法行政事务管理权和审判权、检察权相分离。”由于我国经济社会发展不平衡，各地司法保障水平差别较大，坚持从实际出发，因地制宜，不强求步调一致。目前，有的省（区、市）实行省级统一管理，有的省（区、市）则暂时还是以地市为单位实行统一管理。在领导干部管理方面，目前中级、基层法院院长均已实现由省级党委（党委组织部）管理，其他领导班子成员，有的地方由省委组织部管理，有的地方由省委组织部委托当地地市级党委管理；法律职务任命方面，各地均按照“省级统一提名，地方分级任免”的模式操作。主要是建立法官、检察官统一由省提名、管理并按法定程序任免的机制；在编制管理方面，2015 年 12 月，最高法会同中央编办、中央政法委、最高检印发了《关于省以下地方法院检察院政法专项编制统一管理的试点意见》，指出，“对人的统一管理，主要是建立法官、检察官统一由省提名、管理并按法定程序任免的机制”，并提出了在省一级设立由法官、检察官、律师、法学学者等社会人士参与的“法官、检察官遴选委员会”，专司从专业角度提出法官、检察官人选的方案。明确提出省以下地方法院的机构编制管理工作，由省以下分级管理上收至省级统一管理。目前，全国 21 个省（区、市）已经完成省以下法院编制统一管理改革。

其次，司法与行政辖区的“适当分离”改革。《人民法院第四个五年改革纲要（2014—2018）》就建立与行政区划适当分离的司法管辖制度做出了安排。主要措施包括：在管辖制度方面，通过提级管辖和指定管辖，确保行政案件、跨行政区划的民商事案件和环境保护案件得到公正审理；在法院管理方面，巩固铁路运输法院管理体制改革成果，将林业法院、农垦法院统一纳入国家司法管理体系，改革部门、企业管理法院的体制；在机构设置方面，建立上级法院在重大、疑难、复杂案件较多的地方派出巡回法庭工作机制。进一步推动环境资源审判机构建设；在法院设置方面，推动在知识产权案件较集中的地区设立知识产权法院健全完善组织体系。这样打破了司法管辖和行政辖区的重叠，有助于解决司法资源不均的问题。

党的十八届三中全会《中共中央关于全面深化改革若干重大问题的决定》提出，“探索建立与行政区划适当分离的司法管辖制度”。主要推出了两项改革措施：一是设立跨行政区划的法院、检察院。二是设立知识产权法院。随着社会主义市场经济深入发展和行政诉讼出现，跨行政区划乃至跨境案件越来越多，涉案金额越来越大，导致法院所在地有关部门和领导越来越关注案件处理，甚至利用职权和关系插手案件处理，造成相关诉讼出现“主客场”现象，不利于平等保护外地当事人合法权益、保障法院独立审判、监督政府依法行政、维护法律公正实施。加强知识产权法院体系建设，加强知识产权运用和保护，健全技术创新激励机制，探索建立知识产权法院。2014 年 8 月 31 日，十二届全国人大常委会第十次会议表决通过了全国人大常委会关于在北京、上海、广州设立知识产权法院的决定。专门管辖本行政区域内的知识产权案件。党的十八届四中全会《中共中央关于全面推进依法治国若干重大问题的决定》提出“探索设立跨行政区划的人民法院和人民检察院，办理跨地区案件”，这有利于排除对审判工作和检察工作的干扰、保障法院和检察院依法独立公正行使审判权和检察权，有利于构建普通案件在行政区划法院审理、特殊案件在跨行政区划法院审理的诉讼格局。对铁路运输法院和检察院加以改造，构建跨行政区划的人民法院和人民检察院。同时“完善行政诉讼体制机制，合理调整行政诉讼案件管辖制度，切实解决行政诉讼立案难、审理难、执行难等突出问题”[①]。最高人民法院《人民法院第五个五年改革纲要(2019—2023)》提出规范专门法院建设。加强知识产权法院建设，完善专利等案件审判机制。加强金融法院建设，完善金融审判体系，营造良好的法治环境。

最后，加强最高人民法院巡回法庭建设。近年来，随着社会矛盾增多，全国法院受理案件数量不断增加，尤其是大量案件涌入最高人民法院，导致审判接访压力增大，息诉罢访难度增加，不利于最高人民法院发挥监督指导全国法院工作职能，不利于维护社会稳定，不利于方便当事人诉讼。习近平总书记指出：“最高人民法院设立巡回法庭，审理跨行政区域重大行政和民商事案件。这样做，有利于审判机关重心下移、就地解决纠纷、方便当事人诉讼，有利于最高人民法院本部集中精力制定司法政策和司法解释、审理对统一法律适用有重大指导意义的案件。”[②]《人民法院第五个五年改革纲要（2019—2023)》提出进一步优化城乡人民法庭布局，充分发挥人民法庭面向基层、面向群众和便利群众诉讼、便利法院审判的

① 《中共中央关于全面推进依法治国重大若干问题的决定》，《人民日报》2014年10月29日。

② 习近平：《关于〈中共中央关于全面推进依法治国若干重大问题的决定〉的说明》，《人民日报》2014年10月29日。

优势，依法促进基层社会治理，规范人民法庭领导职数设置，加强人员配备和经费支持，坚持和完善人民法庭巡回审判制度，不断提高巡回审判的效果和水平。

第二，司法人员管理制度改革。首先，完善司法人员分类管理制度。党的十八届三中全会《关于全面深化改革若干重大问题的决定》提出，“建立符合职业特点的司法人员管理制度，完善司法人员分类管理制度”。党的十八届四中全会《关于全面推进依法治国若干重大问题的决定》进一步提出，“加快建立符合职业特点的法治工作人员管理制度”。司法人员分类管理，就是把法院、检察院工作人员分为法官检察官、司法辅助人员、司法行政人员三类。其中审判辅助人员包括法官助理、书记员、司法警察、执行员；司法行政人员包括从事组织人事、纪检监察、财务管理、档案管理等工作的人员。突出法官和检察官的主体地位，按照工作特点和履行职责的要求，合理安排这三类人员在法院队伍中的比例，确保每一位工作者各司其职，各尽其责，同时拓宽和畅通司法人员的发展空间和晋升渠道，调动其工作的积极性和热情，以实现司法资源的优化配置，提高审判质效。《人民法院第五个五年改革纲要（2019—2023)》进一步提出健全法官员额制度，完善法官交流和退出机制，明确退出的情形、程序、相应后果和救济办法等，实现员额进出常态化、制度化。

其次，健全司法人员职业保障制度。司法职业保障包括职业能力保障、身份或职务保障、薪酬保障和安全保障这四个方面，现阶段我国司法队伍人才流失等问题长期存在，主要原因是没有建立起符合职业特点的司法人员职业保障制度。一是设单独职务序列增强职业认同感。2015 年 9 月中央全面深化改革领导小组审议通过了《法官、检察官单独职务序列改革试点方案》。这一方案对法官、检察官单独职务序列的适用范围、等级设置、晋升方式、等级比例、审批权限等做出了明确规定，有利于建立起符合司法职业特点、有别于普通公务员的单独职务序列。二是提升法官检察官薪酬保障。2015 年 9 月中央全面深化改革领导小组审议通过了《法官、检察官工资制度改革试点方案》，提出要实行全国统一的法官、检察官工资制度，在统一制度的前提下，体现职业特点，建立与法官、检察官单独职务序列设置办法相衔接、有别于其他公务员的工资制度。要建立与工作职责、实绩和贡献紧密联系的工资分配机制，提升薪酬保障有利于缓解人才流失的现状。工资水平有较大增幅的同时责任也变大，正所谓责酬相当。三是建立健全司法人员履行法定职责保护机制。非因法定事由，非经法定程序，不得将法官、检察官调离、辞退或者做出免职、降级等处分。充分显示了对法官、检察官的职业尊重。在处理各种纠纷中，如果不同利益主体肆意干扰法官、检察官，失去职责保障，公正司法将不复存在。必须在观念上重视，制度上保障，经济上支持，健全司法人员职业保障制度。

再次，完善法官、检察官遴选制度。最高人民法院《人民法院第四个五年改革纲要（2014—2018）》提出："建立法官、检察官逐级遴选制度。初任法官、检察官由高级人民法院、省级人民检察院统一招录，一律在基层法院、检察院任职。上级人民法院、人民检察院的法官、检察官一般从下一级人民法院、人民检察院的优秀法官、检察官中遴选。"法官的遴选首先是实行省级统一遴选，这样就保证了遴选的专业性和权威性。从符合条件的律师、法学专家中招录立法工作者、法官、检察官的制度，改善了司法队伍人员的组成结构，有利于提升司法队伍的专业素质。建立法官、检察官逐级遴选制度，这样就为具有丰富司法经验的优秀基层法官和检察官提供了畅通的晋升通道。《人民法院第五个五年改革纲要（2019—2023）》进一步强调，完善从律师、专家学者和其他法律工作者中公开选拔法官的工作机制。

第三，切实维护司法权威。法律是最高的准绳和最后的裁决，目的就是要以法律的权威性来规范和约束权力，最大可能地保证权力的正确行使。维护司法权威，必须从制度上保障司法机关依法独立公正行使审判权和检察权，不受其他行政部门、社会团体或个人的干预，这是法治的制度性前提。首先，必须禁止行政权力干预司法。中共中央办公厅、国务院办公厅印发的《领导干部干预司法活动、插手具体案件处理的记录、通报和责任追究规定》有效防止了领导干部干预司法活动，确保司法机关依法独立公正行使职权，既要排除外部干预，也要加强内部监督，从而维护司法权威。其次，无论是普通民众还是党员干部，都要遵守法律、按法律办事，依照宪法法律行使权力或权利、履行职责或义务，没有人可以拥有不受宪法法律约束的特权。绝不允许任何人以任何借口、任何形式以言代法、以权压法、徇私枉法。再次，维护司法权威就要求切实提升司法公信力，化解社会矛盾离不开司法公正。社会的稳定与和谐，相当程度上要依赖于公正司法。司法本身也需通过公正裁判，在公众中树立良好形象。努力让人民群众在每一个司法案件中都能感受到公平正义，提升人民对司法的信心。司法部门应切实肩负起维护公平正义的神圣职责，始终坚持司法为民、公正司法，通过一个个具体案件的公正审判，维护司法权威。最后，必须建立严格的司法终局性原则，维护司法权威。美国一位大法官说过，最高法院的权威不是源自它判决案件的正确性，而在于它不可改变的终局性。一切案件或纠纷，一旦进入司法程序，由司法机关依法做出生效的判决、裁定或决定，便应得到最终解决或平息，任何机关和个人都不应再做处理，以维护社会关系的稳定，最终维护司法的权威。

（二）健全司法权运行机制

构建符合中国国情、符合法治国家要求的司法权力运行机制，是深化司法体制改革和确保正确行使司法权的客观需要，也是实现司法民主的必要形式和司法公正的基本保障，同时也是实行司法公信的重要途径和司法廉洁的有效手段。

第一，优化司法职权配置。优化司法职权配置，健全司法权力分工负责、互相配合、互相制约机制，加强和规范对司法活动的法律监督和社会监督。对公安部门、检察院、法院、司法部门等职责权限以及相互关系进行必要的调整，构建职能明确、分工合理、制约有效的司法权力运行机制，使人民法院、人民检察院和公安机关办理刑事案件时切实做到分工负责、互相配合、互相制约，保证准确有效地执行法律。规范司法用权行为，全面实行“立审分立、审执分立、审监分立”。构建科学合理的监督机制，拓展监督渠道，主动接受党的监督、人大的监督、社团的监督、舆论的监督、公民个人的监督。

首先，推进以审判为中心的诉讼制度改革。党的十八届四中全会首次提出推进以审判为中心的诉讼制度改革。习近平总书记在《关于〈中共中央关于全面推进依法治国若干重大问题的决定〉的说明》中强调指出：“这项改革有利于促使办案人员增强责任意识，通过法庭审判的程序公正实现案件裁判的实体公正，有效防范冤假错案产生。”2016年6月27日，中央全面深化改革领导小组第25次会议审议通过《关于推进以审判为中心的刑事诉讼制度改革的意见》。随后，最高人民法院、最高人民检察院、公安部、国家安全部、司法部联合发布了《刑诉改革意见》。要求人民法院必须认真贯彻习近平总书记的重要指示精神，严格落实上述的部署要求，深入推进以审判为中心的诉讼制度改革，进一步提高司法质量、效率和公信力。其一，要充分认识改革意义，明确改革方向。充分发挥审判程序的职能作用，确保侦查、审查起诉的案件事实证据经得起法律的检验，通过法庭审判的程序公正实现案件裁判的实体公正，提高司法公信力。其二，加强组织领导和协调，确保改革取得成效。各级人民法院要紧紧依靠党委领导和人大监督，密切与其他政法机关的沟通、协调，确保各项改革统筹推进，落到实处。其三，注重制度探索，及时总结改革经验。遵循刑事诉讼规律，处理好惩罚犯罪与保障人权、实体公正与程序公正、司法公正与司法效率、互相配合与互相制约等关系，确保改革稳步推进。要以庭审实质化改革为核心，以强化证人、鉴定人、侦查人员出庭作证和律师辩护为重点，着力推进庭审制度改革。在贯彻执行过程中找准问题，总结经验，并及时层报最高人民法院。

其次，裁判执行体制改革。先是刑罚执行改革。我国刑罚执行权由司法行政、人民法院、公安机关三个机关分别行使。人民法院负责死刑立即执行、罚金、没收财产、无罪、免除处罚的执行；监狱负责死刑缓期两年执行、无期徒刑、有期徒刑的执行；公安机关负责管制、剥夺政治权利、有期徒刑缓刑、拘役以及拘役缓刑的执行。此外，对于在交付执行刑罚前，剩余刑期在一年以下的有期徒刑罪犯，由看守所（隶属于公安机关）代为执行。刑罚执行权过于分散，完善刑罚执行制度，统一刑罚执行体制，将有利于加强刑罚统一执行的管理和监督，更好地发挥刑罚的教育改造功能，保障罪犯合法权益，实现刑罚预防犯罪的目的。还要“推动实行审判权和执行权相分离的体制改革试点”①。审执分离改革所要解决的主要问题是“切实解决执行难”。近年来，执行难在一定程度上滋生了执行领域的腐败现象，对司法公信力构成了极大的威胁。积极探索和推行分离模式，通过审执分离改革，完善司法体制；通过完善司法体制，推动执行难问题的解决；通过执行难问题的解决，保证公正

① 《中共中央关于全面推进依法治国若干重大问题的决定》，《人民日报》2014 年 10 月 29 日。

司法，提高司法公信力。自从我国实行省以下法院、检察院人财物省级统管后，形成了外部分离的格局，法官检察官遴选等司法行政事务管理权将从省以下法院、检察院剥离出来。与此同时，其他司法行政事务管理权与审判权、检察权也应在法院、检察院内部明确区分开来。

最后，实行法院、检察院司法行政事务管理权和审判权、检察权相分离。党的十八届四中全会指出："改革司法机关人财物管理体制，探索实行法院、检察院司法行政事务管理权和审判权、检察权相分离。"法院、检察院的人财物管理权属于司法行政事务权。将司法行政事务管理权与审判权、检察权适当分离，有利于防止司法行政事务管理权影响审判权、检察权，确保依法独立公正行使审判权、检察权。保障人民法院依法独立公正地行使审判权，不因人财物等资源的供给不足而妨碍人民法院审判权和执行权的正常运行，不因人财物等司法行政事务管理权的滥用而损害审判权和执行权的独立性、公正性和公信力。

第二，完善司法责任制。首先，完善主审法官、合议庭、主任检察官、主办侦查员办案责任制。党的十八届三中全会审议通过的《中共中央关于全面深化改革若干重大问题的决定》提出，"完善主审法官、合议庭办案责任制，让审理者裁判、由裁判者负责"。四中全会提出"完善主审法官、合议庭、主任检察官、主办侦查员办案责任制，落实谁办案谁负责"。建立主审法官责任制、合议庭办案责任制和检察官办案责任制，突出法官、检察官办案的主体地位，明确法官、检察官办案的权力和责任，对所办案件终身负责，严格错案责任追究，形成权责明晰、权责统一、管理有序的司法权力运行机制。司法机关内部人员不得干预其他人员正在办理的案件，建立切实有效过问案件的记录制度和责任追究制度，促使内部力量将司法责任制真正落到实处。

其次，建立办案质量终身负责制和错案责任倒查问责制度。中央《关于司法体制改革试点若干问题的框架意见》要求“主审法官、合议庭法官在各自职权范围内对案件质量终身负责”。明确各类司法人员工作职责、工作流程、工作标准，实行办案质量终身负责制和错案责任倒查问责制，确保案件处理经得起法律和历史检验。实行案件质量终身负责制和错案责任倒查问责制，不断健全司法人员办案业绩评价体系，让司法责任制成为硬约束。对案件的终身负责制就是对法律负责，对历史负责，对人民利益负责，以保证案件的高质量。错案责任倒查问责制度就要建立完善的倒查程序，公正客观地分析错案产生的原因、性质和带来的社会影响等，及时公开有关信息，追究责任人的法律责任。确保司法人员做到以至公无私之心，行正大光明之事。回应人民群众对公平正义的期待。

（三）完善人权司法保障制度

第一，强化诉讼过程中当事人和其他诉讼参与人权利的制度保障。党的十八届四中全会指出：“健全落实罪刑法定、疑罪从无、非法证据排除等法律原则的法律制度。”实体公正是结果，程序公正是过程。在查办案件工作中，必须注重取证程序的正当性和合法性，必须遵循程序优先原则，坚决防止和克服“重实体轻程序”的倾向。新的刑诉法实施后，对证据合法性的要求更高，纪检监察机关要更加注重依纪依法办案，在调查取证过程中，不仅要注重证据主体合法、形式合法，而且还要注重证据获取的方法合法、程序合法。首先，罪刑法定原则是现代社会保障人权的要求和体现。法无明文规定不为罪，法无明文规定不处罚。法律规定为犯罪的，必须要依照法律定罪处罚，体现了国家对公民权利的保障。对于法律没有规定为犯罪的，不得定罪处罚，这体现了对国家权力的限制和对人权的保障。罪刑法定主义是刑法机能的有机结合，它最终的落脚点是要保障人权。其一，排斥习惯法，把成文法作为刑法的唯一渊源。对于刑法上没有明文规定的行为，不允许通过适用习惯法定罪。其二，刑法无溯及力，把从旧原则作为解决刑法溯及力问题的唯一原则。对于行为的定罪量刑，只能以行为当时有效的法律为依据，行为后颁行的新法没有溯及既往的效力。其三，禁止类推，但是不禁止扩大解释，把刑法的明文规定作为定罪的唯一根据。对于法律没有明文规定的行为，不能通过类推或者类推解释以犯罪论处。其四，绝对禁止法外刑和不定期刑，刑罚的名称、种类和幅度，都必须由法律加以确定，并且刑期必须是绝对确定的，既不允许存在绝对的不定期刑，也不允许规定相对的不定期刑。其五，疑罪从无原则是刑事诉讼中，检察院对犯罪嫌疑人的犯罪事实不清，证据不确实、不充分，不应当追究刑事责任的，应当做出不起诉决定，体现了人权司法的刑事原则。疑罪从无原则是有利被告的原则。无罪推定原则的一个派生标准。由于现有证据既不能证明被追诉的被告人的犯罪行为，也不能完全排除被追诉被告人实施了被追诉犯罪行为的嫌疑，根据无罪推定原则，从诉讼程序和法律上推定被追诉被告人无罪，从而终结诉讼的行为的法律原则。坚持疑罪从无原则，严格执行法定证明标准，是防范冤假错案的唯一选择。其六，非证据排除规则指在刑事诉讼中，侦查机关及其工作人员使用非法手段取得的证据不得在刑事审判中被采纳的规则，是人权司法的程序法保障。完善刑事诉讼证据制度，是深化司法体制改革的一项重要内容，是进一步提高中国刑事诉讼制度民主化、法治化水平的重要举措。党的十八届三中全会《决定》提出的严格实行非法证据排除规则，就是完善这一制度的重要内容，也是用程序公正保证司法公正的具体体现。非法证据排除规则一方面是对非法取证行为的鲜明否定和有力制裁，它向侦查人员发出明确信号，非法取证不仅可能要负法律责任，而且取得的证据也没有法律效力，从而有效遏制违法取证，彰显程序公正价值；另一方面，该规则有助于准确认定案件事实，实现刑事诉讼的实体公正价值。如果仅仅根据刑讯口供来定罪，往往是铸成冤案的重要原因。这一规则把非法取得的证据排除在诉讼之外，最大限度地避免了根据虚假的证据错误认定案件事实，严防冤假错案发生。完善对限制人身自由司法措施和侦查手段的司法监督，加强对刑讯逼供和非法取证的源头预防，健全了冤假错案的有效防范、及时纠正的机制。

第二，规范查封、扣押、冻结、处理涉案财物的司法程序。党的十八届三中全会《决定》、四中全会《决定》提出的改革举措有：规范查封、扣押、冻结、处理涉案财物的司法程序，建立国家司法救助制度，加快建立失信被执行人信用监督、威慑和惩戒法律制度。2015 年 1 月 24 日，中共中央办公厅、国务院办公厅印发《关于进一步规范刑事诉讼涉案财物处置工作的意见》；2015 年 3 月 6 日，最高人民检察院印发《人民检察院刑事诉讼涉案财物管理规定》的通知；2015 年 7 月 22 日，公安部发布印发《公安机关涉案财物管理若干规定》的通知。上述有关文件对查封、扣押、冻结、处理涉案财物的司法程序做了较原则性的规定。规范涉案财物处理既是对人权的保障，也是为了维护司法公信力。

首先，在刑事诉讼过程中，办案机关对当事人涉案财物的处置直接影响到当事人财产权的保障，财产权是个人赖以维系其生命权的基础，为个人的安全和自由建立了一道物质保障，如果财产权得不到尊重，其他权利的行使也将成为空谈。因此，规范刑事案件涉案财物的处理，是保障人权的必要要求。其次，司法公信力的构建来自于公正规范的司法行为，规范涉案财物处理是提高司法公信力的现实需要。近年来，办案机关对涉案财产的处置较为混乱，有些财产尚未判断是否属于赃款、赃物就被查封、扣押；有些应当查封、扣押的赃款处置不及时。导致损害当事人财产权利，同时借机出现了一些腐败现象，更是损害了司法机关的公信力。修复和重塑刑事诉讼司法公信力，必须有效规范涉案财物的司法处置程序。要建立办案部门与保管部门、办案人员与保管人员相互制约制度。规定政法机关指定一个部门统一保管涉案财物，严禁由办案部门、办案人员自行保管。再次，规范涉案财物查封、扣押、冻结程序。严禁在立案之前查封、扣押、冻结财物。不得查封、扣押、冻结与案件无关的财物。经查明确实与案件无关的，应当在三日内予以解除、退还。还需要建立办案部门与保管部门、办案人员与保管人员相互制约制度。涉案财物应当由公安机关、国家安全机关、人民检察院、人民法院指定本机关的一个部门或者专职人员统一保管，严禁由办案部门、办案人员自行保管。对作为证据使用的实物一般应当随案移送，如实登记，妥善保管，健全交接手续，防止损毁、丢失等。规范涉案财物保管制度同样至关重要。对查封、扣押、冻结的财物，均应当制作详细清单。对扣押款项应当逐案设立明细账，在扣押后立即存入扣押机关唯一合规账户。对赃物特别是贵重物品实行分类保管，做到一案一账、一物一卡、账实相符。最后，探索建立涉案财物集中管理信息平台。公安机关、人民检察院和人民法院查封、扣押、冻结、处理涉案财物，应当依照相关规定将财物清单及时录入信息平台，实现信息共享。完善涉案财物审前返还程序。完善涉案财物先行处置程序。涉案财物处置工作应当做到公开、公平。

第三，健全错案防止、纠正、责任追究机制。2013 年以来中央政法各单位相继出台了《中央政法委关于切实防止冤假错案的规定》等文件。依法惩罚犯罪，尊重和保障人权，提高司法公信力，维护社会公平正义，严格遵守法律程序制度，坚守防止冤假错案底线。各级检察机关要严格执行修改后刑事诉讼法有关规定，强化诉讼过程中当事人和其他诉讼参与人的知情权、陈述权、辩护辩论权、申请权、申诉权的制度保障。首先，应当在犯罪嫌疑人被送交看守所羁押后，对询问的全过程采取录像或录音等手段全程记录。当案件移交到侦查机关时，应当将犯罪嫌疑人、被告人的有无罪证的证据以及犯罪情节轻重的证据一并移交。正确排除非法证据，尤其是在侦查、审查起诉、审判阶段。其次，坚持证据裁判原则，证据的收集、采纳、出示、辨认、质证等要通过规范的调查程序进行查证，查证属实才可采纳。当证据不足，不能对犯罪嫌疑人或被告人定罪时，要坚持疑罪从无的原则。再次，切实保障律师会见、阅卷、调查取证和庭审中发问、质证、辩论等辩护权利。对于被告人及其辩护人提出的辩解辩护意见和提交的证据材料，人民法院应当认真审查，并在裁判文书中说明采纳与否的理由。对罪犯提出的申诉、控告、检举材料，监狱或其他刑罚执行机关不得扣压，应当及时转送或者提请有关机关处理，有关机关应当认真审查、及时处理，并将处理结果通知监狱或其他刑罚执行机关。最后，加强办案责任制的落实和实施，健全合议庭、独任法官、检察官、人民警察的办案职责。杜绝冤假错案、刑讯逼供、违法取证等行为，不断提高司法公信力。

第四，健全国家司法救助制度，完善法律援助制度。党的十八届三中全会提出健全国家司法救助制度，完善法律援助制度。2014年出台了《关于建立完善国家司法救助制度的意见（试行）》，要求完善人权司法保障制度，健全国家司法救助制度，为进一步加强和改进司法救助工作指明了方向。实现国家司法救助工作制度化、规范化，对受到侵害但无法获得有效赔偿的当事人，由国家给予适当经济资助，帮助他们摆脱生活困境，既彰显党和政府的民生关怀，又有利于实现社会公平正义，促进社会和谐稳定，维护司法的权威和公信。国家司法救助是对遭受犯罪侵害或民事侵权无法通过诉讼获得有效赔偿的当事人，所采取的辅助性救济措施。重点解决符合条件的特定案件当事人生活面临的急迫困难。对同一案件的同一当事人只进行一次性救助。对于能够通过诉讼获得赔偿、补偿的，一般应当通过诉讼渠道解决。首先，救助机构是负责办案的公安机关、检察机关、人民法院以及司法行政机关。其次，救助对象包括刑事被害人或其近亲属、部分民事案件的原告一方当事人、举报人、证人、鉴定人以及党委政法委和政法各单位根据实际情况，认为需要救助的其他人员。再次，救助的条件视案件类型不同，具体要求也有所差别，但均以无法通过诉讼获得赔偿且生活困难为主要条件。又次，救助的形式以支付救助金为主要方式。同时，与思想疏导、宣传教育相结合，与法律援助、诉讼救济相配套，与其他社会救助相衔接。积极探索建立刑事案件伤员急救“绿色通道”、对遭受严重心理创伤的被害人实施心理治疗、对行动不便的受害人提供社工帮助等多种救助方式，进一步增强救助效果。复次，救助标准，各地应根据当地经济社会发展水平制定具体救助标准，以案件管辖地上一年度职工月平均工资为基准，一般在 36 个月的工资总额之内。损失特别重大、生活特别困难，需适当突破救助限额的，应严格审核控制，救助金额不得超过人民法院依法应当判决的赔偿数额。最后，救助金额，要综合考虑救助对象实际遭受的损害后果、有无过错以及过错大小、个人及其家庭经济状况、维持当地基本生活水平所必需的最低支出，以及赔偿义务人实际赔偿情况等。

第五，废除劳动教养制度，健全社区矫正制度。2012 年 1 月，最高人民法院、最高人民检察院、公安部、司法部联合制定了《社区矫正实施办法》。党的十八届三中全会《中共中央关于全面深化改革若干重大问题的决定》提出，“废止劳动教养制度，完善对违法犯罪行为的惩治和矫正法律，健全社区矫正制度”。2013 年 12 月，十二届全国人大常委会第六次会议根据党的十八届三中全会

《决定》通过了《关于废止有关劳动教养法律规定的决定》，标志着实行了半个多世纪的劳动教养制度被废止。废止劳动教养制度，是我国完善人权司法保障制度的重大进步。社区矫正是将管制、缓刑假释、暂予监外执行、剥夺政治权利的罪犯置于社区内，通过政府、社会以及爱心人士的帮助，使矫正对象改正恶习，并帮助他们重新回归社会的非监禁刑罚执行活动。社区矫正制度集惩罚、矫正、教育、帮扶于一身，是宽严相济刑事政策在刑罚执行方面的重要制度安排，体现了专门机关与人民群众相结合，在节约监狱资源、节省行刑成本、改造并促进罪犯回归社会等方面有着不可替代的作用。劳教制度废除后，社区矫正制度将发挥承接劳教制度的大部分功能，使其在不脱离社会、不脱离生活的情况下，适应社会并且回归社会，实现再社会化的过程。首先，社区矫正需要具备相关方面专业知识的执法人员。应当对部分司法行政的执法人员进行专业化的培训，诸如犯罪心理学、心理学和社会学等方面知识的培训。其次，社区矫正还需要有着丰富工作经验和专业素养的专家、学者和其他工作人员，他们可以通过自身的专业学识和丰富的人生经历与矫正对象进行交流沟通，给予他们重塑自我的信心和力量，从而起到积极作用。最后，借助社会志愿者的力量，志愿者参加到社区矫正工作当中，社团组织独立招义工，形成义工队伍，对服务对象开展有自身特色的帮助工作。用他们的热情和爱心，促使矫正工作更加有效地开展。

三　加强对司法活动的监督

（一）完善检察机关行使监督权的法律制度，加强对刑事诉讼、民事诉讼、行政诉讼的法律监督

第一，党的十八届四中全会《中共中央关于全面推进依法治国

若干重大问题的决定》，把完善检察机关行使监督权的法律制度，加强对刑事诉讼、民事诉讼、行政诉讼的法律监督作为加强对司法活动监督的首要任务，进行了全面部署。为了保证公正司法，提高司法公信力，要求优化司法职权配置，建立健全对涉及公民人身、财产权益的行政强制措施，并实行司法监督制度。在履行职责中发现行政机关违法行使职权或者不行使职权的行为，检察机关应该督促其予以纠正。无论是对行政强制措施实行司法监督（检察监督），还是对行政机关行使或者不行使行政职权进行检察监督，都是检察监督制度的重要组成部分，强化对行政权力的制约和监督是司法监督的重要内容。首先，不断完善人民检察院对司法活动的监督。主要体现在对司法活动的范围、方式、程序及其保障措施的不断完善。要进一步完善人民检察院对司法活动进行监督的范围、方式、程序及保障措施。其次，检察机关的监督权是国家权力的一部分，所以要坚决防止和纠正不敢监督、不愿监督、不善监督的问题。要加大监督力度、提高监督水平。对诉讼的立案、侦查、审判、刑罚执行等各个环节进行法律监督，防止冤假错案的发生。监督民事诉讼中的虚假诉讼、裁判不公，规范民事调解，防止损害国家利益和社会公共利益。监督审判人员及审判中存在的违法行为，严肃查办职务犯罪。最后，各执法司法机关要依法配合检察机关法律监督，正确处理接受监督和依法独立行使职权的关系，营造一个良好的司法环境。

第二，完善人民监督员制度。2015 年 2 月中央全面深化改革领导小组第十次会议审议通过了《深化人民监督员制度改革方案》。人民监督员制度是检察机关在办案过程中为加强对查办职务犯罪工作的监督而探索建立的一项重大制度，是人民群众监督司法、参与司法的重要形式，接受人民群众的监督是检察机关自身强化法律监督职能的重要举措。人民监督员应当发挥重要作用，密切联系群众、利用自身丰富的社会经验和专业能力，为检察机关的执法办案活动提供保障。监督案件的同时向社会积极宣传，帮助提升检察机关的执法公信力。所以，人民监督员制度既为检察监督权提供了制度保障，也是检察机关做好民众工作的重要载体。人民监督员的选任和管理由司法行政机关进行，从制度上解决了“检察机关自己选人监督自己”的问题，提高了人民监督员制度的公信力和权威性。

第三，重视和规范舆论监督。司法机关要及时回应社会关切。规范媒体对案件的报道，防止舆论影响司法公正。首先，司法机关要及时回应社会公众关切的问题。及时做到开放、坦诚，保证司法在阳光下运行，公开执法办案信息，以正确的方式传播真实声音，推进案件信息查询、重大案件信息和典型案例发布等工作。健全的舆论环境是新闻媒体有序、高效、合法、公正地行使监督职权的前提。其次，要规范媒体对案件的报道，防止舆论影响司法公正。政法宣传工作既要遵循新闻工作的规律，又要遵循司法工作的规律。媒体要从履行社会责任出发，加强对法治新闻报道特别是案件报道的审核把关，确保合法性和准确性。建立实事求是的舆论环境，不能仅凭一面之词就进行不实的报道，发表倾向性的意见。对重大敏感案事件理性报道，避免炒作渲染。在承认媒体报道案件彰显司法公正公开价值的同时，要制定规范媒体行为的制度。正确认识新闻舆论和公正司法之间的关系。

（二）依法规范司法人员的管理

《中共中央关于全面推进依法治国若干重大问题的决定》（以下简称《决定》）规定：依法规范司法人员与当事人、律师、特殊关系人、中介组织的接触、交往行为。严禁司法人员私下接触当事人及律师、泄露或者为其打探案情、接受吃请或者收受其财物、为律师介绍代理和辩护业务等违法违纪行为，坚决惩治司法掮客行为，防止利益输送。这一规定，对司法人员的对外交往行为画出了底线，不仅有利于树立司法人员的公正形象，避免当事人和社会公众对司法公正的怀疑，也为司法人员建立起一道有效屏障。规范司法人员的对外交往行为，有利于人民增强对法治的信念。规范的对外交往行为能够体现司法正面形象，保证司法的公开公正。我国现行诉讼法和相关部门的规范性文件多次要求规范司法人员的对外交往行为。司法人员的职业道德的高低和对法律规定的遵守直接影响着司法公正，法官的职业道德就要求其在行使审判权、履行审判职能的过程中或从事与之相适应的活动时，秉公执法，遵守规范，以身作则。法官的职业道德是评价法官职业行为善恶、荣辱的标准，对法官具有特殊的约束力。

司法掮客是指企图将黑手伸向政法机关、为他人办事、从中捞取钱财或谋取其他利益的特定人群。但也有执业律师通过与少数腐败法官建立起关系网，介绍那些希望通过非正常途径获得判决胜利的律师与他们关系网中的法官结交，并从介绍这一行为中牟利。司法掮客的存在严重阻碍司法公正价值的实现，现实中要加大对司法掮客查处力度，消除司法掮客的监管盲区。司法机关要加强配合，坚决惩治从事司法掮客活动的人，在经济上要给予严惩，对情节严重涉嫌诈骗犯罪的，要及时立案查处，扼制利益输送。对司法领域的腐败零容忍，坚决清除害群之马。同时《决定》严格规定了法律从业人员的惩戒制度，对因违法违纪被开除公职的司法人员、吊销执业证书的律师和公证人员，终身禁止从事法律职业，构成犯罪的要依法追究刑事责任。这一严格的惩戒制度体现了党中央对法治工作队伍一贯的从严要求，也体现出法律职业的严肃性和神圣性。司法领域的腐败不仅影响司法的公正和廉洁，损害法治的权威和公信力，而且影响人民群众对法治的信心、对党和国家的信心，最终影响党和国家事业健康发展。坚决破除各种潜规则，绝不允许法外开恩，绝不允许办关系案、人情案、金钱案；坚决反对和克服特权思想、衙门作风、霸道作风；坚决反对和惩治粗暴执法、野蛮执法行为。

《中华人民共和国律师法》根据2017年9月1日第十二届全国人民代表大会常务委员会第二十九次会议《关于修改〈中华人民共和国法官法〉等八部法律的决定》第三次修正，旨在完善律师制度，规范律师执业行为，保障律师依法执业，发挥律师在社会主义法制建设中的作用而制定的法律。作为律师，要自觉恪守执业纪律和道德操守，洁身自好，规范与司法人员的关系，用自己扎实、过硬的法律专业服务维护当事人的合法权益。遵守律师职业道德和执业纪律，遵守律师行业公认的行业准则，公平竞争。《中华人民共和国法官法》根据2017年9月1日第十二届全国人民代表大会常务委员会第二十九次会议《关于修改〈中华人民共和国法官法〉等八部法律的决定》，旨在提高法官的素质，加强对法官的管理，保障人民法院依法独立行使审判权，保障法官依法履行职责，保障司法公正。作为法官，要树立职业荣誉感，牢记司法人员的职业道德。与此同时，还应当调动司法人员的工作责任心和积极性。在基层大力推介优秀法官先进事迹，使司法工作人员牢记使命、忠实履职、扎根基层、深入群众，化解矛盾、定分止争，在平凡的工作岗位上做出不平凡的业绩，为推进社会主义法治建设做出重要贡献。不断满足人民群众日益增长的多元司法需求，维护人民群众权益。坚持严格公正司法，维护社会公平正义的中坚力量，维护社会大局稳定、促进社会公平正义、保障人民安居乐业。

第八章

建设法治社会

党的十八届四中全会《中共中央关于全面推进依法治国若干重大问题的决定》明确提出“增强全民法治观念，推进法治社会建设”，并将建设法治社会作为全面依法治国六项战略任务之一进行了系统部署。党的十八届五中全会提出了“创新、协调、绿色、开放、共享”的新发展理念，为弘扬法治精神，推进法治社会建设提出了更新更高的要求。法治社会建设需要法治精神的保驾护航才能取得预期效果。党的十八届六中全会提出“增强法治意识、弘扬法治精神”。法治精神是建设法治社会的灵魂，没有法治精神，社会没有法治风尚，法治只能是无本之木、无源之水。社会主义法治精神，吸纳并体现了人类法治文明的共同规律和基本价值，立足并体现了社会主义初级阶段中国民主法治建设的基本国情和特定价值文化。让法律抵达人心，在全社会高度弘扬法治精神。通过大力进行社会主义法治文化建设来培育法治精神。法治文化是一个国家或民族长期积淀形成的，它体现了对社会法律生活的价值观和评判标准，是法治社会的精神要素和文化土壤，对法治建设起着无可替代的支撑作用。

一　弘扬法治精神，增强全民法治观念

卢梭说：“一切法律之中最重要的法律，既不是刻在大理石上，

也不是刻在铜表上，而是铭刻在公民的内心里。”① 法治的力量源于公民真诚的信仰。必须弘扬社会主义法治精神，增强全民法治观念。马克思主义法治观中国化的最新成果，就是形成了中国社会主义法治观，它是揭示人类政治法律发展及其规律的观念总和与理想状态，是对人类法治原则和法治建设的终极关怀，是中国特色社会主义理论体系的重要组成部分。

（一）增强公民法治观念

法律的权威源自人民内心的拥护和忠实的信仰。党的十八大报告指出，要提高国家法治建设的实力，必须大力加强培养公民法律意识的力度。推进社会主义法治建设也离不开对公民的法治教育。法治观念是社会主义法治理念的基础，如果公民的法律意识丧失其蕴含的法治精神，它将停滞不前，甚至会导致国家衰落，民族衰亡。对于国家来说，培养和增强公民的法治观念是国家安全战略的重要内容，是发展社会主义法治理念的必要条件。因此，在社会主义法治建设的道路上，加强公民法治观念至关重要，“要深入开展法制宣传教育，弘扬社会主义法治精神，引导群众遇事找法、解决问题靠法，逐步改变社会上那种遇事不是找法而是找人的现象。当然，这需要一个过程，关键是要以实际行动让老百姓相信法不容情、法不阿贵，只要是合理合法的诉求，就能通过法律程序得到合理合法的结果”②。

（二）弘扬法治精神

弘扬法治的规则至上精神，形成信仰和敬畏法律的环境。信

① ［法］卢梭：《社会契约论》，何兆武译，商务印书馆1980年版，第73页。

② 习近平：《严格执法，公正司法》（2014年1月7日），载《十八大以来重要文献选编》上，中央文献出版社2014年版，第722页。

仰，是人类对某种事物的真心向往和超功利坚守。它是人类的精神支柱，是抚慰心灵的良药，是激励人们克服困难勇敢前行的强大动力。建成法治国家，应具备以下两方面的条件：一方面是要有一套反映社会关系及其发展规律及体现公平正义的法律体系；另一方面是要有社会公众对法律秩序所内含的伦理价值的信仰，即社会公众对法律忠诚的信仰。所以，对法律的信仰与敬畏是法治的一个重要条件，没有了信仰，法治便不存在。有了对法律的信仰，在制定体现公平与正义的法律之后，人们就会自觉地依照法律法规去办事。即便是在一些暂时无法可依的领域，也会按照公平正义的要求自觉节制自己的行为，使人与人之间、人与社会之间、人与自然之间处于和谐共存的状态。有了这种信仰，我们就会对人多一份基于同情的理解，就会更愿意把自己置于与人平等的地位，就会放弃一些难以普遍化因而得不到法律支持的特权。有了这种信仰，我们的行为就有了一条牢不可破的底线，就知道什么该做，什么不该做，即便处于独自人的无约束状态，也能够恪守规则，不做出格越轨之事。

（三）教育全体公民懂法守法，自觉维护法律

法治社会建设需要全社会树立法治意识，就必须坚持信仰宪法法律，坚持以法律作为行为规范。“要在全社会加强宪法宣传教育，提高全体人民特别是各级领导干部和国家机关工作人员的宪法意识和法制观念，弘扬社会主义法治精神，努力培育社会主义法治文化，让宪法家喻户晓，在全社会形成学法尊法守法用法的良好氛围。”[①] 习近平总书记指出：“必须抓住领导干部这个‘关键少数’，首先解决好思想观念问题，引导各级干部深刻认识到，维护宪法法

① 习近平：《在首都各界纪念现行宪法公布实施三十周年大会上的讲话》，《人民日报》2012年12月5日。

律权威就是维护党和人民共同意志的权威，捍卫宪法法律尊严就是捍卫党和人民共同意志的尊严，保证宪法法律实施就是保证党和人民共同意志的实现。”① 同时在党政机关、军队、企业、学校和全体人民中，都必须加强纪律教育和法制教育。国家公职人员作为由人民委托执掌一定权力的代表和法律的卫士，是法律的具体执行者和操作者，要对他们进行教育和管理，使领导干部带头学法、用法，尽快掌握法律武器，依法管理国家事务。还要十分重视青少年法治意识的教育。法治教育要从青少年开始抓起，并贯穿全社会。将法律教育作为学校教育的重要内容以法律形式固定下来。目前，我国中小学都开设了法律教育课，高校也开设了法律基础课，法律教育步入了正规化。新时代，我国的民主建设与法治意识教育同步实施。经过法律教育，广大公民了解法律，自觉遵守法律，用法律维护自身的权益；各级领导干部学法、用法、依法办事的自觉性和能力明显提高，法治精神越来越深入人心。

二 完善社会法律服务体系

习近平 2014 年 4 月在对司法行政工作的重要指示中特别强调，要紧紧围绕经济社会发展的实际需要，努力做好公共法律服务体系建设。党的十八届四中全会进一步指出，推进覆盖城乡居民的公共法律服务体系建设，加强民生领域法律服务。完善法律援助制度，扩大援助范围，健全司法救助体系，保证人民群众在遇到法律问题或者权利受到侵害时获得及时有效的法律帮助。《全面深化司法行政改革纲要（2018—2022 年）》提出，加快推进法治政府建设，健全完善刑事执行体制，建设完备的公共法律服务体系。

① 《习近平关于全面依法治国论述摘编》，中央文献出版社 2015 年版，第 113 页。

（一）推进公共法律服务体系建设

公共法律服务体系建设是公共服务体系建设的重要组成部分，是保障和改善民生的重要举措，是推动经济社会发展、繁荣公共法律服务的必然要求，是建设中国特色社会主义法治体系、建设社会主义法治国家，推进国家治理体系和治理能力现代化的重要基础性、服务性和保障性工作。党的十八大以来，以习近平同志为核心的党中央高度重视、积极推进公共法律服务体系建设。党的十九大及时回应新时代社会主要矛盾发生的历史性转变，坚持把人民对美好生活的向往作为奋斗目标，做出完善公共服务体系、加快推进基本公共服务均等化的决策部署。党的十九届三中全会提出要加强和优化政府法律服务职能，推动公共法律服务主体多元化、提供方式多样化等决策部署。2014 年，司法部就制定出台了《司法部关于推进公共法律服务体系建设的意见》。2017 年以来，司法部确定以建设公共法律服务体系、增强人民群众获得感幸福感安全感为抓手，统筹推进司法行政改革发展的工作思路，并推陈出新，从顶层设计的角度研究制定出台了一系列政策文件。2017 年 9 月，司法部制定出台了《司法部关于推进公共法律服务平台建设的意见》，大力推进公共法律服务实体、热线、网络三大平台建设。在全面建成实体、热线、网络三大平台基础上，以便民利民惠民为目标，以融合发展为核心，以网络平台为统领，以信息技术为支撑，将实体平台的深度服务、热线平台的方便快捷和网络平台的全时空性有效整合，推进三大平台服务、监管和保障的融合，形成优势互补、信息共享、协调顺畅的线上线下一体化公共法律服务平台，实现服务标准统一、运行管理统一、组织保障统一，加快建成具有中国特色、适应时代要求、满足群众需求的公共法律服务平台。2018 年 1 月，制定出台了《司法部关于加快推进司法行政改革的意见》，这些决策部署明确了公共法律服务体系建设的目标，为整体规划、全面部署建设完备的公共服务体系提供了行动指南。

（二）完善法律援助制度

法律援助制度，也称法律救助，是为世界上许多国家所普遍采用的一种司法救济制度，是指国家在司法制度运行的各个环节和各个层次上，对因经济困难及其他因素而难以通过通常意义上的法律救济手段保障自身基本社会权利的社会弱者，对其减免收费，提供法律帮助的一项法律保障制度。作为实现社会正义和司法公正、保障公民基本权利的国家行为，法律援助制度在一国的司法体系中占有十分重要的地位。党的十八届三中、四中全会都对完善法律援助制度做出了重要部署。具体来说，完善法律援助制度，一方面要保证人民群众在遇到法律问题或者权利受到侵害时能够获得及时有效的法律帮助；另一方面要保障群众接受的法律援助是高质量的、令群众满意的。

第一，扩大法律救助范围。拓展法律援助的覆盖面，法律援助面向的主体是需要帮助的困难群众，通过法律援助的形式解决其基本生产生活方面遇到的困难。根据实际情况，结合法律援助资源的状况、公民对法律援助的需求等方面的因素，适度降低法律援助的门槛，放宽经济困难的标准，以便帮助和惠及更多的困难群众。加强刑事法律援助工作，保护当事人的合法权益，让法律援助在人权司法当中起到作用。结合刑事诉讼法和相关的法规制度，确立法律援助的范围，同时要畅通刑事法律援助的申请渠道，健全法律援助参与刑事案件速裁程序试点工作机制。建立法律援助参与刑事和解、死刑复核案件办理工作机制，依法为更多的刑事诉讼当事人提供法律援助。扩展法律援助咨询服务的覆盖面，充分发挥法律援助的作用，使解答法律咨询、宣传法律知识、指导群众依法维权得到落实。同时，利用网络平台和新兴传播工具，创新咨询服务方式。重视公共法律教育，积极提供法律信息和帮助，引导群众依法表达合理诉求。

第二，注重提高法律援助的质量。法律援助质量的提高需要将法律援助建设标准化。将法律援助组织实施各环节业务规范化，建立健全法律援助的各项规章制度。完善申请和受理审查工作制度，做到援务公开。规范法律援助机构审查职责范围和工作程序。注重法律援助的质量。拓宽法律援助人员的职业规范，严格法定程序，以便向群众提供符合标准的法律援助服务。与此同时，法律援助要完善其质量监管机制。将信息技术利用在法律援助中的流程管理、质量评估、业绩考核等方面。加强对法律援助的监督，完善法律援助投诉处理制度。完善法律援助便民服务机制。建立健全便民利民措施，加强便民窗口规范化服务。拓宽申请渠道，逐步实行网上受理申请。简化审查程序，开辟法律援助“快速通道”。建立完善法律援助异地协作机制，方便受援人异地维护自身合法权益。完善法律援助与司法救助、社会救助工作衔接机制，提升服务效果。

第三，加强组织领导。地方各级党委和政府要高度重视法律援助工作，建立法律援助补充事项范围和经济困难标准动态调整机制，促进法律援助事业与经济社会协调发展。政府要发挥其主导作用，支持鼓励社会力量参与到法律援助当中，通过多种渠道和方式参与进来。推进法律援助立法工作，提高法治化水平。强化监督管理和实施。各级司法行政机关是法律援助工作的监督管理部门，要健全管理体制，加强对法律援助机构执行法律法规和政策情况的监督，完善责任追究制度，确保法律援助机构和人员依法履行职责。加强对人民团体、社会组织和志愿者从事法律援助服务的指导和规范，维护法律援助秩序。积极利用传统媒体和新兴媒体，扩大法律援助宣传的覆盖面，增强宣传效果。加强部门协调配合。将民事诉讼和行政诉讼法律援助与诉讼费用减免缓制度有效衔接。鼓励支持各人民团体参与到法律援助工作当中，充分发挥自身优势，与各部门各单位协调配合，形成合力，不断完善和促进法律援助制度，以保障和改善民生。

（三）建立健全司法救助体系

司法救助制度是国家法律制度的一项重要内容，是审判机关在民事诉讼、行政诉讼中，通过对当事人缓交、减交或免交诉讼费用的救济措施，减轻或者免除经济上确有困难的当事人的负担，保证其能够正常参加诉讼，依法维护其合法权益的法律制度。开展司法救助是中国特色社会主义司法制度的内在要求，是改善民生、健全社会保障体系的重要组成部分。在实践中，一些地方存在不少制约司法救助工作科学发展的困难和问题。建立健全司法救济机制首先需要建立健全司法救助法律体系。司法救助制度是社会全体公民都应享有的一项社会福利和社会保障权利，只有通过立法程序，将其上升为国家法律，才能使公民的司法救助权利真正获得法律的可靠保障。将司法救助制度纳入国家统一立法体系，制定专门的《司法救助法》，将司法救助的对象、机构、内容、标准、方式以及程序等以法律的形式加以确定，与刑事诉讼法、民事诉讼法等法律体系相衔接，明确司法救助的职责主体。充分体现国家立法对司法救助和弱势群体应有的人文关怀和重视态度。其次，扩大救助对象，确保救助权益。根据《关于对经济确有困难的当事人提供司法救助的规定》，实施司法救助的对象已达十四类，很大程度上满足了不同困难群体的司法需求。但实践中，我国司法机关长期以来对刑事案件中的弱势群体予以高度重视，但迟迟未将其纳入司法救助的对象，限制了司法救助制度的发展。实行司法救助的对象还应当包括除社会公共福利机构外的其他法人和非法人组织。因为法人是由自然人设立的，享有许多和自然人相同的权利。法人和非法人组织的权利受到非法侵害后，由于经济困难交不起诉讼费的，也可以向人民法院申请司法救助，这样才符合司法公正的原则，也有利于化解社会矛盾，维护社会主义市场经济的稳定，促进和谐社会的构建。再次应增加司法救助方式，拓宽司法救助的途径。我国现行司法救助方式单一，仅涉及诉讼费用的缓交、减交或者免交。诉讼费用的司法救助应针对新情况增加新的救助方式。

（四）健全依法维权和纠纷多元化解机制

健全依法维权和化解纠纷机制，要畅通维权渠道的同时建立纠纷多元化解机制。要在推进审判方式改革的同时，完善人民调解、行政复议、仲裁等非诉讼机制。建立社会预警机制就是要建立多层次、覆盖全社会的信息网络系统，及时掌握社会矛盾和不安定因素。构建对维护群众利益具有重大作用的制度体系，建立健全社会矛盾预警机制、利益表达机制、协商沟通机制、救济救助机制、畅通群众利益协调机制、权益保障法律渠道。要把利益表达机制纳入制度化轨道，全力发挥人大、政协的指导作用，促进人民群众依法诉求。要完善立法和重大决策听证制度、政府信息公开制度、监督制度，搭建公民参政议政的平台。要发挥信访渠道的疏导作用，促进人民群众理性诉求。要使人民权利保护的渠道畅通，防止非理性利益诉求和因困难而失去诉权的保护。

第一，构建维护群众利益的制度机制。把信访纳入法治化轨道，保障合理合法诉求依照法律规定和程序就能得到合理合法的结果。首先，健全社会矛盾预警机制。社会矛盾预警机制是一种通过运用科学的理论和方法，对引发事件的各种矛盾进行监测、度量和评估，对矛盾将来可能引发的事件状况予以描述和预测，并及时做出处理的机制。具体而言，要通过多种渠道对排查的大量矛盾纠纷，自动生成预警重要信息，通过矛盾纠纷预警系统与大情报系统对接，时时掌控重点人员轨迹，提醒有关部门和单位及早做好预防化解工作。其次，健全利益表达机制。实现民意表达的畅通高效、规范有序，全面真实地掌握群众的所思所想所盼，是有效维护群众利益的前提。在完善信访举报、投诉电话等传统诉求表达渠道的基础上，用制度形式固定电子政务、公众论坛、民意调查等新型民意表达渠道，认真对待、主动回应群众合理诉求，真心实意地予以解决，实现民意表达的多元化、便捷化和低成本、无障碍，使群众话有处说、有人听。同时，科学引导和疏导民意，规范诉求表达程序，使广大群众既敢说话、说得了话，又说真话、不乱说话，推动民意表达走上理性、有序、依法的轨道。再次，健全协调沟通机制。在错综复杂的利益关系和得失比较中，妥善处理各种利益冲突，消除利益纠纷诱因，是长效维护群众利益的关键环节。这就要求我们从制度层面科学设定、合理安排“权”与“利”之间的关系，通过市场化改革，切断权力寻租的通道，实现公共资源配置、公共资产交易、公共产品生产的公正廉洁，有效预防“暗箱操作”对群众利益的侵害。最后，健全救济救助机制。我国《宪法》规定：“中华人民共和国公民在年老、疾病或者丧失劳动能力的情况下，有从国家和社会获得物质帮助的权利。国家发展为公民享受这些权利所需要的社会保险、社会救济和医疗卫生事业。国家和社会保障残废军人的生活，抚恤烈士家属，优待军人家属。国家和社会帮助安排盲、聋、哑和其他有残疾的公民的劳动、生活和教育。”这是我国开展社会救助的根本法律依据。近年来，我国社会救助工作以人人享有基本生活保障为目标，不断强化政府责任，城乡统筹，整体推进，基本构建起以城乡低保、农村五保为主体，医疗救助、教育救助、住房救助、司法救助、灾民生活救助、流浪乞讨救助等专项救助为补充，临时救助、慈善救助、优惠政策、社会互助相配套的社会救助体系，为促进社会和谐稳定与公平正义发挥了不可替代的作用。社会救济救助是保障和改善民生的重要制度。健全救济救助机制，就是要推动实现救助制度法制化、救助理念人性化、救助政策配套化、救助标准科学化、救助范围扩大化、救助管理规范化、救助监督多元化、救助手段信息化、救助城乡一体化、救助资源整合化。

第二，健全社会矛盾纠纷预防化解机制。健全社会矛盾纠纷预防化解机制，在充分发挥调解、仲裁、行政裁决、行政复议、诉讼等化解社会矛盾纠纷专门作用基础上，着重在运行制度与工作机制上加强前述各种制度之间的有机衔接和相互协调，实现其功能互补、运行互接、层次协调，最终形成合力，使纠纷解决机制覆盖到社会的各个领域和各个环节。加强行业性、专业性的人民调解组织建设，完善人民调解、行政调解、司法调解联动工作体系。完善仲裁制度，提高仲裁公信力。健全行政裁决制度，强化行政机关解决同行政管理活动密切相关的民事纠纷功能。

在健全社会矛盾纠纷预防化解机制方面，尤其要重视做好调解工作。调解是第三方居间调停、促使当事人自愿解决其纠纷的活动。我国的调解制度主要包括人民调解、行政调解和司法调解。人民调解是化解社会矛盾纠纷的“第一道防线”，是解决民间纠纷的一种群众性自治活动，其特点是，在人民调解委员会的主持下，依据法律、法规、规章、政策以及社会公德、公序良俗等，对民间纠纷，在查明事实、分清是非的基础上，通过说服教育和规劝疏导的方法，促使当事人双方互谅互让、平等协商、自愿达成调解协议，化解纠纷。行政调解是行政主体（包括行政机关和法律法规授权的组织）居间对纠纷当事人进行的调解活动。司法调解是指在人民法院审判人员的主持下，双方当事人通过自愿协商，达成协议，解决民事争议的活动和结案方式。随着改革进入攻坚期和深水区，社会矛盾纠纷多样多发将成为常态，调解任务日益繁重。作为以人民调解为基础的“大调解”工作格局中的重要一环，强化人民调解、行政调解、司法调解之间的衔接与配合，特别是将人民调解的纠纷解决机制引入司法程序中，对于整合社会调解资源、提高解决社会纠纷的整体能力都大有裨益。

要加强行业性、专业性的人民调解组织建设，建立健全社会力量参与矛盾纠纷调处化解的机制，吸纳党代表、人大代表、政协委员、律师和社会组织、新闻媒体等第三方参与矛盾纠纷调处化解工作。完善人民调解、行政调解、司法调解联动工作体系，需要依靠群众性组织、社会团体、行业协会、行政机构、司法机构相互配合、相互衔接，方便、快捷、有效地解决矛盾纠纷；需要健全完善人民调解与行政调解、司法调解的衔接配合机制，充分发挥调解在社会矛盾化解工作体系中的基础作用。

化解社会矛盾纠纷，也要重视仲裁工作，完善仲裁制度，发挥仲裁作用，提高仲裁公信力。为此，一是要在党的领导下，加强仲裁委员会建设，确保仲裁委员会政治可靠、作风正派、处事公道；健全完善仲裁工作规则和内部管理制度，保障仲裁工作公正、合理、高效运转；改进完善办案机制，努力提高办案效率和质量。二是需要我们努力建设高素质仲裁队伍，优化仲裁机构设置和人员组成，加强仲裁员素质建设，增强仲裁工作自主性，提升仲裁公正性和效率。

三　推进多层次领域的依法治理

推进多层次多领域依法治理，就是要努力形成党政善治、社会共治、基层自治的良好局面。适应新时期我国社会结构和社会关系的新特点新要求，建立健全切合我国社会现实、能够有效推动和保障我国社会健康发展的新型社会治理体制、机制，已成为我国法治建设特别是法治社会建设的重大主题。习近平总书记深刻指出，法治社会是和谐社会的本质。深入推进多层次多领域依法治理，将社会治理纳入法治化轨道，强化法律在维护群众权益、化解社会矛盾中的权威地位，推动形成行止有法、办事依法、遇事找法、解决问题靠法的良好社会氛围，对于维护社会和谐稳定、实现国家长治久安具有重要意义。

（一）坚持依法治理

依法治理，就是运用法治方式进行社会治理。习近平总书记在首都各界纪念现行宪法公布施行 30 周年大会上的讲话中指出，要更加注重发挥法治在社会管理中的重要作用。社会治理的目标是实现社会善治，实现良好的社会治理状态，即社会秩序稳定和谐、社会结构健全合理和社会正义普遍实现。而要实现这种良好的治理愿景，就必须将社会治理纳入法治化的轨道。首先，法治化使社会治理的推行具有合法性和权威性。在现代法治国家推行社会治理，社会治理的合法性和权威性也必然要建基于法治之上。只有这样，社会治理才能与民众的内心认同结合起来，取得其最大的合法性和权威性。其次，法治化使社会治理具有稳定性和确定性。社会治理作为一种治理活动，从治理本身的特性出发，必然要求社会治理具有稳定性，只有这样，才能实现有效的治理。要实现治理的稳定性和确定性，法治化的规制治理过程是必然选择。通过法治实现对治理过程的规制，可以明晰确定治理主体的行为选择方式、客体的择取角度和范围、进程的步骤和成效以及治理活动的责任和目标，从而使治理全过程在法律的视野中清晰可见，明确可控，稳定长效。

（二）发挥社会规范在社会治理中的积极作用

法治是法律之治、规则之治。依法治理是依据完备的法律法规和制度规范体系所进行的社会治理。在社会治理规则体系中，除国家法律法规外，还有不同类别、不同层级、不同效力的社会规范构成的集合体。其中，法律法规居于基础性地位，还有市民公约、乡规民约、行业规章、团体章程等多种形式的社会规范。共同作为治理社会公共事务的重要依据和遵循。推动形成多层次、多样化的社会治理规则体系，就要制定完善市民公约、乡规民约、行业规章、团体章程，把那些可以通过社会成员契约合意自我规范或解决的问题交由社会规范或契约解决。要引导和支持城乡社区基层组织、行业和社会团体通过规约章程自我约束、自我管理，规范成员行为，依法维护成员合法权益。同时，为了符合社会主义法治原则和精神，要加强对市民公约、乡规民约、行业规章、团体章程等社会规范制定和实施情况的审查监督，确保这些社会规范不违反法律规定。

（三）深入推进社会治安综合治理

加强社会治安综合治理，是解决我国社会治安问题的根本途径。要本着坚持打防结合、预防为主、专群结合、依靠群众的工作方针，深入推进社会治安综合治理，努力建设更高水平的平安中国，进一步增强人民群众的安全感，确保人民安居乐业、社会安定有序、国家长治久安。充分保障人民生命财产安全，严厉打击严重刑事犯罪。杜绝暴力恐怖、涉黑犯罪、邪教和黄赌毒等违法犯罪活动形成气候。不断完善社会治安防控体系。开展基层平安创建活动，深化排查整治社会治安重点地区。确保食品安全，建立严格的安全生产制度，对危害食品药品安全、影响安全生产、损害生态环境、破坏网络安全等重点问题依法整治。完善对严重精神障碍患者等特殊人群的救治管理机制，切实解决影响平安的突出问题。要加强互联网管理。依法治理网络空间，健全信息网络管理体系，全面推行网络实名登记制度，推动落实网络运营、服务主体法定义务，推进网络空间诚信体系建设，加强信息网络安全管理基础性制度建设，依法打击整治网络违法犯罪，全力维护网络社会安全。完善网络民意收集机制。不断增强人民群众的安全感和满意度。

（四）实现社会治理主体多元化

法治社会中治理的规则，除了国家法之外，要发挥市民公约、乡规民约、行业规章、团体章程等社会规范在社会治理中的积极作用。治理依据多元是我国当前社会发展不平衡、不同社会群体文化观念不同的必然产物。实现社会治理主体多元化，不管是转变政府职能，还是创新社会治理体制，都需要社会组织作为基石。社会组织既是市场经济的重要组成部分，又是提供公共服务的重要力量。社会组织要在党的领导下，依照宪法和法律的规定，通过各种途径和形式参与管理国家事务，管理经济文化事业，管理社会事务。发挥各自组织特点和优势，建立制度化管道、完善工作机制，积极开展法治宣传教育，依法维护团体成员和人民群众合法权益，把社会治理深深扎根于人民创造性实践中，注重联动融合、力量统筹、资源共享，增强社会治理的系统性、整体性、协同性。努力凝聚社会共识，形成社会治理合力。建立健全社会组织参与社会事务、维护公共利益、救助困难群众、帮教特殊人群、预防违法犯罪的机制和制度化渠道。支持行业协会商会类社会组织发挥行业自律和专业服务功能。发挥社会组织对其成员的行为导引、规则约束、权益维护作用。完善社会组织管理相关法律法规，构建法律规制、政府监管、社会监督有机结合的监管体系，完善社会组织内部治理结构，提高自我管理、自我约束能力，确保社会组织有序发展、规范运行。加强在华境外非政府组织管理，引导和监督其依法开展活动。

第九章

建设高素质法治人才队伍

全面推进依法治国，必须大力提高法治工作队伍思想政治素质、业务工作能力、职业道德水平，着力建设一支忠于党、忠于国家、忠于人民、忠于法律的社会主义法治工作队伍。加快建设高素质法治人才队伍是全面推进依法治国的基础性、战略性任务，是依法行政、依法治国、依法行政的根本保障，能否建设一支德才兼备的高素质法治人才队伍对全面推进依法治国至关重要。“为政之要，惟在得人。”一个国家和社会的法治，最终还是要通过人来实现，因此，提高社会成员的法治意识和法治素养，特别是要提高法治专门队伍素质能力尤为重要。

一　法治人才队伍建设的重要性

在全面推进依法治国、建设社会主义法治国家和中国特色社会主义法治体系的新形势下，中共中央印发了《关于新形势下加强政法队伍建设的意见》，于 2018 年 1 月 18 日起实行。

（一）建设优秀的政法队伍，是依法治国人才保障的内在要求

习近平总书记在党的十八届四中全会上指出：“全面推进依法治国，建设一支德才兼备的高素质法治队伍至关重要。”建设社会

主义法治体系作为全面推进依法治国的总目标，实现这一总抓手、总目标的关键点在于建设德才兼备的高素质法治专门队伍，只有社会主义法治建设有了强有力的人才保障，才能保障科学立法、严格执法、公正司法、全民守法的实现。法治队伍建设的主体是以法官、检察官、警察为主体的政法队伍，他们处在法治的前线，工作内容直接关系着广大的人民群众，所以从事一线工作的政法人员的思想观念法治化、职业行为专业化、办案程序化、纪律作风规范化直接关系着公共安全、社会公平正义、人民权益实现、社会和谐安定，直接影响人民群众对法治建设的满意度和对法治的信任。法治建设旨在依靠人民、造福人民、保护人民，保护人民群众最根本的利益，增进人民福祉。优秀的政法队伍要把思想建设摆在第一位，有坚定明确的理想信念，做到执法为民、清正廉洁，政治过硬、业务过硬、责任过硬、纪律过硬、作风过硬。

（二）建设优秀的法治人才队伍是推进国家治理体系和国家治理能力现代化的需要

党的十八届三中全会提出全面深化改革的总目标是完善和发展中国特色社会主义制度，推进国家治理体系和治理能力现代化。国家治理体系和治理能力现代化的显著标志是国家治理的法治化，也就是国家治理者要运用法治思维和法律制度治理国家法治所具有的权威、强制、稳定和连续的特质，对社会稳定、和谐发展具有不可或缺的决定性作用。全面推进依法治国中法律和各项政策的推行都需要一线政法人员来完成，这就体现了建设优秀法治人才的必要性和紧迫性。法治工作队伍业务能力、职业道德水平关系着法治的监督与保障。提升我国依法治国现代化的能力需要有一支高素质的法治工作队伍，要有一批德才兼备的国家与社会法治人才，这直接关系到国家治理法治化和现代化进程。因此，要加强法治工作队伍的建设，才能推进国家治理体系和国家治理能力现代化，只有强有力的人才和组织保障，才能将其建立在科学立法、严格执法、公正司法、全民普法之上。

（三）建设优秀的法治人才队伍，是实现良法善治的必然要求

“法律是治国之重器，良法是善治之前提”，这是我们党在反思和评估古今中外各种法治模式的基础上提出的。中国特色社会主义法治是良法善治。徒法不足以自行。实现良法善治，需要德才兼备的政法队伍。在新形势下，各种疑难案件层出不穷，立法滞后导致办案难度增加，例如新型案件、疑难案件、涉外案件、知识产权案件等，涉及诸多领域，迫切需要大批受过良好专业训练、有良好思想道德修养、明辨是非理性的法官、检察官、警官，才能将定分止争、惩恶扬善、良法善治落到实处，保护人民群众的切身利益，依法保障公民人身权、财产权、基本政治权利等各项权利不受侵犯。从而保障公民经济、文化、社会等各方面权利得到落实，实现公民权利保障法治化，保障法治社会正常运行，让人民群众在每一个执法司法案件中都能够感受到公平正义，感受到社会主义法治的“良”和“善”。

（四）建设优秀的法治人才队伍，是全面落实《中共中央关于全面推进依法治国若干重大问题的决定》的客观需要

《中共中央关于全面推进依法治国若干重大问题的决定》（以下简称《决定》）总结了近年来推进依法治国、建设社会主义法治国家的基本经验，确定了建立法治中国的总体目标，阐述了全面推进依法治国的新思想、新理论、新理念、新论断，提出了新目标、新原则、新格局、新部署、新要求，也明确了全面推进依法治国的指导思想、基本原则、具体任务和有关措施等，要贯彻落实这些新思想、新理念、新战略，实现新目标、新任务、新要求，迫切需要加强法治工作队伍建设。法治工作队伍是法治中国全面推进依法治国的建设者、实施者、组织者。法治队伍人才专业化、正规化、职业化有助于全面落实《决定》的各项重大任务和精神。《决定》提出的各项要求、措施就是要把法治工作队伍统一到《决定》的精神上来。法治人才队伍自身建设过硬、认识水平和业务能力提升，整体素质提高才能有效贯彻和落实《决定》精神，赢得群众的信任和支持，更好履行政法工作的各项任务。

二　加强法治专门人才队伍建设

全面推进依法治国是一项长期而重大的历史任务，要坚持中国特色社会主义法治道路，坚持以马克思主义法学思想和中国特色社会主义法治理论为指导，立德树人，德法兼修，培养大批高素质法治人才。全面推进依法治国，必须大力提高法治工作队伍思想政治素质、业务工作能力、职业道德水准，着力建设一支忠于党、忠于国家、忠于人民、忠于法律的社会主义法治工作队伍，为加快建设社会主义法治国家提供强有力的组织和人才保障。一支有着强大法律专业知识和依法行政思维支撑的人才队伍，必将是一支精悍的奋进之师。加强法治工作队伍建设包括四支队伍建设：从事立法工作、执法工作、司法工作的人员和社会法律服务者队伍。立法工作者队伍的建设要做好立法工作，为国家立规矩、为社会定方圆。执法工作者队伍要做好执法工作，履行好政府职能，管理好经济社会事务。司法工作者队伍要保证公正司法，有效化解矛盾。社会法律服务者队伍要搞好普法和法律服务，引导和帮助公民学法知法、用法守法。加强法治工作队伍建设是更好贯彻落实依法治国战略部署和各项任务的需要。做好立法工作，需要建设一支具备遵循规律、发扬民主、加强协调、凝聚共识能力的立法工作者队伍。做好执法工作，履行好政府职能、管理好经济社会事务需要建设一支忠于法律、捍卫法律，严格执法、敢于担当的执法工作者队伍。保证公正司法，为人们定分止争、化解矛盾，需要建设一支信仰法律、坚守法律，端稳天平、握准法槌，铁面无私、秉公司法的司法工作者队伍。搞好普法和法律服务，引导和帮助公民学法知法、用法守法，需要建设一支弘扬法治精神、恪守职业道德、热心服务群众的社会法律服务者队伍。只有建设一支政治思想政治素质好、业务工作能力强、职业道德水准高、社会责任感强的法治工作队伍，才能把全面推进依法治国的各项任务落到实处。制定的法律法规要符合客观规律，体现人民愿望。不能在立法中掺杂一己私利。在执法层面，要严格执法、规范执法、文明执法、阳光执法，做到公开透明。杜绝选择性执法、趋利性执法、充当黑恶势力的“保护伞”。在司法层面，要遵守职业操守，加强社会责任感。杜绝办案不廉，搞金钱案、关系案、人情案。加强法治专门人才队伍建设是坚持全民依法治国的基础性、战略性的任务。在坚持党管干部、党管人才原则的基础上，研究法治队伍建设的特点和规律，积极探索一套法治人才培养、选拔、管理的办法，努力提高法治队伍建设的科学化水平。

（一）大力加强法治专门人才队伍思想政治建设

法治专门人才队伍的建设要把思想政治建设摆在首位。法治工作队伍作为一支党和人民完全可以信赖和依靠的队伍，必须杜绝法治队伍中出现理想信念不坚定的危险因素存在，杜绝法治队伍人员信奉西方政治制度和司法制度。立法中要把握国情、深入了解民意、增强大局观念。习近平总书记指出：“坚定的理想信念是政法队伍的政治灵魂。我一直强调，理想信念是共产党人精神上的‘钙’，精神上‘缺钙’就会得‘软骨病’。这对政法机关来说更有现实意义。‘疾风知劲草’、‘烈火见真金’。政法队伍是和平年代面对‘疾风’、‘烈火’最多的一支队伍。这就决定了在理想信念问题上广大干警必须有更高标准、更严要求。必须把理想信念教育摆在政法队伍建设第一位，不断打牢高举旗帜、听党指挥、忠诚使命的思想基础，坚持党的事业至上、人民利益至上、宪法法律至上，铸就‘金刚不坏之身’，永葆忠于党、忠于国家、忠于人民、忠于法律的政治本色。”[①] 教育引导法治专门工作者坚定理念信念，自觉抵制错误思想的侵蚀，增强政治定力。坚定中国特色社会主义道路自信、理论自信、制度自信，始终不渝地为中国特色社会主义法治建设做出贡献。不断打牢高举旗帜、听党指挥、忠诚使命的思想基础；要坚持从严治警，严守党的政治纪律和组织纪律，坚决反对公器私用、司法腐败；要重点解决好损害群众权益的突出问题，进一步提高政法工作亲和力和公信力；要把法治精神当作主心骨，做知法、懂法、守法、护法的执法者；要敢于担当，“养兵千日，用兵千日”，政法干警要敢于在对敌斗争最前沿、维护稳定第一线去迎接挑战；要把政法机关能力建设作为重要任务，提高业务本领，强化职业道德，切实担负起中国特色社会主义事业建设者、捍卫者的职责使命。立法、执法、司法工作政治性、政策性很强，对立法、执法、司法工作者的政治立场、政治追求、政治品格、政治要求很高。政治上合格，是成为法治专门工作者第一位的条件。要加强理想信念教育，教育引导法治专门工作者常补精神之“钙”，练就金刚不坏之身，把对马克思主义的信仰、对共产主义和社会主义的信念作为终身追求，真正立牢“主心骨”，增强政治定力，自觉抵制各种错误思想影响，带头用社会主义核心价值观，以及“忠诚、为民、公正、廉洁”的政法干警核心价值观来涵养自己，内化于心、外化于行，以自己的思想、行动和良好形象树标杆、立标准、做榜

① 习近平：《在中央政法工作会议上的讲话》，2014 年 1 月 7 日。

样，并自觉贯彻和体现到立法、执法、司法的具体实践中；牢固树立社会主义法治理念，始终坚持党的事业、人民利益、宪法法律至上，始终做到党在心中、人民在心中、法在心中、正义在心中。

（二）完善法治专门人才队伍准入制度

2015 年由中共中央办公厅、国务院办公厅印发《关于完善国家统一法律职业资格制度的意见》，贯彻落实了党的十八大和十八届三中、四中全会精神，提出了完善国家统一法律职业资格制度的目标任务和重要举措，对于推进法治工作队伍正规化、专业化、职业化，为建设社会主义法治国家提供人才保障具有重要意义。从 2018 年开始，国家司法考试改为国家法律职业资格考试。不只是法官、检察官、律师、公证员需要通过该考试，从事行政处罚决定审核、行政复议、行政裁决的工作人员，以及法律顾问、法律类仲裁员也需要参加并通过考试。建立一支德才兼备的高素质法治工作队伍，要进一步完善国家的法律职业考试制度。对于国家法律职业队伍的建设，国家司法考试制度的推行发挥了十分重要的作用。国家改司法考试制度为法律职业考试制度，意义重大。通过考试实践，进一步完善国家法律职业资格考试制度，发挥这一制度在选拔德才兼备高素质法治工作人才方面的作用。推进法治专门人才队伍的正规化、专业化和职业化。健全国家统法律职业资格考试制度，建立法律职业人员统一职前培训制度，健全从政法专业毕业生中招录人才的规范便捷机制，以完善的法律职业准入制度保证从源头上把好法治专门队伍的素质关。探索建立法律职业从业者之间良性流动和开放的人才吸纳机制。扩大应当参加法律职业资格考试的人员范围，提高法律职业人员的专业学历条件。加强对取得法律职业资格人员的管理。建立多元化的法治专门人才的选拔渠道。

（三）强化法治专门人才培训

法治人才培养是全面依法治国重要组成部分。建立法律职业人员统一职前培训制度。按照“统一标准、分系统实施”原则，建立法律职业人员任职前培训制度，实行“先选后训”“谁选谁训”的培训模式，通过严把法律职业的培训关，切实提高法律职业人员的能力水平。

首先，要针对不同培训对象确立不同的培训类型和内容。就法官单独而言，国外通常将法官的培训分为职前教育和在职培训两大类型，划分依据的标准是学员是否已经获得了法官任职资格。进一步细化区分学员类别，可以考虑区分开领导职务以及非领导职务，对于不同行政级别以及不同等级的在职法治专门人才进行不一样的培训，有一个相对区分的培训侧重点。在培训内容上，根据我国当前的相关政策和文件，可以按照思想政治素质业务能力素质以及职业道德素质为标准划分培训内容。其次，要进一步完善现有法治专门人才培训师资库。师资队伍的层次高低、素质优劣直接决定了培训的质量和水平。各地的公安、检察、法院各系统各部门应建立与本系统相关的培训师资库，要保证师资后备力量充沛，可以邀请当地高校专家教授和相关政府部门领导为法治专门人才进行培训：要完善师资队伍知识更新机制，根据中央的有关政策，及时进行法律知识的更新并与时事热点相结合；要加大师资队伍培训力度，优化兼职教师队伍，要建设一支高素质、健康的法治专门人才队伍，不仅要求培训师具有扎实的理论功底和实践能力，还需要其思想政治素质过硬和职业道德高尚。再次，推进法治专门人才培训信息化平台建设。随着社会信息化程度的加深，网络缩小了空间的距离，减小了时间的阻碍，远程教育、网络培训等是一种高质量、高效率、低成本的现代化教学模式。基于此，在针对法治专门人才的培训方面应当进一步加强培训信息化建设，紧紧依托法治专门机构内部网络以及干部网络学院等，开展积极自主的在线网络学习，为在职法治专门人才自主学习、个性化学习、相互学习提供广阔的平台，也可以进一步提升教育培训管理服务的信息化水平。最后，要进一步完善法治专门人才培训教材。法治专门人才的培训教材是培训的纲领和概要，既能引导师资队伍的教学，也能帮助培训人员的自主学习。完善现有的培训教材，加强培训教材的建设是实现法治专门人才培训教育工作的重要途径，应当秉承精练、实用、完备的原则，坚持理论与实践相结合，围绕时事热点，根据发展灵活完善大纲和概要，适时组织一批业务骨干参与教材的编撰，体现出行业要求和岗位特点，并根据教材有计划地推出高质、精品的课程。

（四）充分运用各种方式，优化法治专门人才激励措施

第一，要进一步完善物质福利待遇制度，为法治专门人才的物质激励保障奠定制度基础。近年来，我国法治专门人才调离辞职离开的主要原因是经济待遇偏低，并且工作的负荷与所获得的薪酬福利不成正比，基于此，西部地区尤其是欠发达地区，应落实好法治专门人才的职级待遇，适当提高工资水平，用更多优惠的政策吸引真正优秀的人才、留住优秀的人才，最大限度地减小人才流失的比率。除此之外，从各种社会新闻以及现实情况来看，公安、检察、法官工作现在正逐步成为高危工作，所以应当从人身安全角度出发，完善法治专门人才的福利待遇，为法治专门人才的人身、财产等购买保险，保证他们工作的安全感，解除法治专门人才队伍的后顾之忧，还需进一步完善法治专门人才队伍考核目标。长期以来，法治专门人才队伍的工作成果主要是以结案数、结案率、重审率来进行估量。但是考评考核的终极目标是通过对法治专门人才司法、执法工作的科学考评，激励引导他们不断提升自己的思想政治素

质、业务能力水平以及完善自己的职业道德观念。所以，法治专门人才的考核评价应当更加广泛，包括思想政治、职业水平、工作业绩、道德品行、工作作风等方方面面。

第二，要充分运用多种激励措施，调动法治专门人才队伍积极性。激励措施单一的话就不能使激励措施的有效性最大化，难以促成整支队伍的健康发展，因此，要想提升法治专门人才队伍激励的有效性，就要注意不断丰富法治人才队伍的激励措施，促成符合法治专门人才职业特点的有效激励和奖惩机制灵活多样地运用情感激励法、精神激励法、授权激励法等方法，在日常管理法治专门人才队伍的同时，以人为本，尊重和理解法治专门人才，关心和支持法治专门人才的工作以及生活，加强人才之间的沟通交流，保证每一位在职人员都能在自己所处的岗位上发挥特长、找到价值、人尽其才，促成法治专门人才参与到司法建设当中。管理者还要留意在职人员不同的性格特征、工作表现以及兴趣爱好，根据不同的人实施不同的激励办法，切实增强激励的实效性，最大限度地激发法治专门人才的工作热情，不断加强集体内部的紧密程度和集体的荣誉感。制定特殊的人才考核和奖励机制，实行专门人才管理制度，升级打造全国法院司法研究重大课题品牌，构建法院专门人才库和专业实践基地。

（五）进一步加强对法治专门人才队伍的监督

法治专门人才队伍行使的是法律赋予其的执法司法权利，承担着保障公民权利、依法打击犯罪、维护社会稳定等职责。法治专门人才从事的工作具有极强的政策性以及法律性，所以必须要做到秉公执法、依法办事，不能有任何偏差。一旦出现偏差，缺乏对法治专门人才权力的监督，必然就会导致司法腐败的发生，其后果比其他行业其他部门的腐败更为严重，一方面会影响到法治专门人才队伍的整体素质和公众形象，另一方面还会极大地降低司法公信力，造成极其恶劣的影响，使老百姓失去对党和政府的信任。基于此，狠抓对法治专门人才队伍的监督就显得十分迫切和重要，必须通过建立多元化的监督体系，加强对法治专门人才队伍的监督和制约，保证整支队伍的廉洁性和纯洁性。首先，要完善现有的监督制约体系，合理规范监督部门的设置并且完善相应的配套措施，在实践当中不断积累经验，把真正行之有效的办法固定下来，将其丰富在现有的监督体系当中，秉持用制度管权、管人以及管事。其次，在现有监督部门设置的基础上再设立专门的监督机构，明确其专门的监督职责，避免"多头监督"和"重复监督"的现象。最后，组建多元化、多角度的监督主体，除了要继续上述几种监督手段外，还要加入新闻媒体、人大以及公众的监督。为了实现这样的监督，同时也必须大力推行警务公开、审务公开、检务公开以及狱务公开等，法治专门人才队伍管理部门应当主动、积极地公开业务程序、工作内容，主动将自己的业务情况和自身表现置于人民面前，真正做到让人民来监督，以此来确保权力在阳光下运行。

（六）加快建立符合职业特点的法治专门人才队伍管理制度，实行差别化管理

2017 年中共中央印发的《关于新形势下加强政法队伍建设的意见》中明确要求，加强政法专门人才队伍建设，制定政法专门人才差别化管理办法。加快建立符合职业特点的法治工作人员管理制度，实行差别化管理。建立法官、检察官逐级遴选制度。初任法官、检察官由高级人民法院、省级人民检察院统一招录，上级人民法院、人民检察院的法官、检察官一般从下一级人民法院、人民检察院的优秀法官、检察官中遴选。

第一，完善法治专门人才职业保障体系，建立法官、检察官、

人民警察专业职务序列及工资制度，特别是要重视解决基层法治专门人才流失的问题，切实增强他们的职业荣誉感和使命感。第二，建立法官、检察官逐级遴选制度。这是提升司法队伍专业化、职业化水平的重要措施，对于建立合理的法官、检察官培养阶梯机制，推动法官、检察官眼睛朝下、精力下沉、主动接地气，增强司法能力，满足司法为民要求，提高司法公信力，意义重大。根据十八届四中会全《决定》精神，除书记员、司法警察等司法辅助人员外，中级以上人民法院和市级以上人民检察院不再直接从应届毕业生中招录法官、检察官。初任法官、检察官由高级人民法院、省级人民检察院统一招录，一律在基层法院、检察院任职。在充分消化现有在编人员基础上，中级以上人民法院、检察院不再任命助理审判员，今后各级人民法院、检察院招录的法官助理符合转任法官、检察官条件的，应当经过法定选任程序，一律到基层人民法院、检察院任职。上级人民法院、人民检察院的法官、检察官，除可面向社会公开招录符合条件的律师、法学学者和其他法律工作者外，一般从下一级人民法院、人民检察院中经过一定年限职业训练的优秀法官、检察官中遴选。

（七）推进立法、执法、司法干部和人才跨部门交流

畅通立法、执法、司法干部和人才跨部门交流的渠道，着眼于改善法治专门人才队伍结构、增强活力、开阔视野、提高能力水平。加强合作交流，形成人才共享机制。充分发挥最高人民法院特邀咨询员、各类专家库作用，以“请进来，走出去”的方式，请专门人才到法院挂职、法院法官到院校进修培训等活动，培养法院专门人才。为高端专门法律人才的培养和国际交流创造条件等。畅通立法、执法、司法部门干部和人才相互之间以及与其他部门具备条件的干部和人才交流渠道，是深化干部人事制度改革的重要举措，

对于法治专门队伍改善结构增强活力、开阔视野、提高能力水平，十分必要。要推进立法执法、司法干部和人才相互之间的交流。建立健全人大与“一府两院”干部和人才交流机制，打通立法、执法、司法三支队伍之间的干部交流通道，积极推动立法、执法、司法系统干部上下交流，注重从基层立法、执法、司法机关和岗位选拔干部。要注重从其他党政部门选拔符合条件的干部和人才到法治部门工作。推动立法、执法、司法机关优秀干部特别是优秀年轻干部到其他党政部门任职、到基层一线和艰苦岗位培养锻炼，帮助他们加深对国情社情民意的了解，增强党的观念和执政意识，提高解决实际问题的能力和水平。重点抓好立法、执法、司法机关各级领导干部的交流，在更大范围、更宽领域选贤任能，积极推动干部跨部门跨条块跨领域交流。尤其要把那些政治上强、经历多岗位锻炼、领导经验丰富、善于抓班子带队伍的人选拔到政法部门主要领导岗位上来。进一步健全领导干部交流制度，认真执行新提拔担任法院、检察院、公安机关主要领导的必须异地交流任职的规定。

三　发展壮大社会法律服务人才队伍

（一）加强社会法律服务人才队伍的思想政治建设、业务建设和职业道德建设

第一，加强律师队伍思想政治建设，把拥护中国共产党领导、拥护社会主义法治作为律师从业的基本要求，构建社会律师、公职律师、公司律师等优势互补、结构合理的律师队伍。司法行政机关要把拥护中国共产党领导、社会主义法治作为律师从业的基本要求，坚持不懈地在律师队伍中深入开展社会主义核心价值观、理想信念、尊法守法、服务民生、纪律作风和廉洁自律等教育，增强广

大律师维护宪法法律权威、公民和法人合法权益，以及社会公平正义的自觉性和坚定性。倡导“诚实守信”执业精神，提高律师队伍的职业素养和专业水平，建设一支忠于党、忠于国家、忠于人民、忠于法律的律师队伍。司法行政机关要针对律师工作规律和特点，坚持经常性教育与适当集中教育相结合，加强经常性教育工作，尤其是要重视律师培训中的思想政治教育，及时有效并有针对性地解决律师队伍中存在的突出问题。坚持律师自我学习与监督检查并重，督促律师自觉学习党的路线、方针、政策，遵守职业道德和执业纪律规范。

第二，提高律师队伍业务素质，完善执业保障机制。加强律师行业党的建设，扩大党的工作覆盖面，切实发挥律师事务所党组织的政治核心作用。教育引导广大律师把拥护中国共产党领导、拥护社会主义法治作为律师从业的基本要求，坚决抵制违反我国宪法原则、不符合我国国情的西方政治制度、法律制度、法治理念，坚决抵制、拒绝参与由境内外敌对势力插手挑起的所谓“维权”活动，不断增强广大律师走中国特色社会主义法治道路的自觉性和坚定性。加强律师事务所管理，发挥律师协会自律作用，规范律师执业行为，监督律师严格遵守职业道德和职业操守。巩固和扩大律师行业党的建设、党的工作覆盖面，切实发挥律师事务所党组织的政治核心作用。律师协会和律师事务所党组织要针对律师在法律服务中的实际，特别是存在的突出问题，创新活动载体、丰富活动形式、拓展活动内容，积极开展党员教育和管理，增强党在律师队伍中的影响力和凝聚力。

第三，加强职业道德建设，树立和践行服务理念。律师是一个特殊的职业，其职业的特殊性就要求律师要有良好的职业道德。《律师法》第3条规定律师应“恪守律师职业道德和执业纪律”，这实际上就是对律师的道德素质要求。加强律师队伍职业道德建设，就是要认真贯彻落实《司法部关于进一步加强律师职业道德建设的意见》和全国律协《律师职业道德基本准则》，健全完善律师职业道德规范制度体系、教育培训机制、监督管理机制、扶持保障政策等长效机制，切实教育引导广大律师做到坚定信念、服务为民、忠于法律、维护正义、恪守诚信、爱岗敬业。律师协会要加强职业道德教育，引导广大律师自觉践行社会主义核心价值观，始终坚持为人民服务宗旨，恪守职业道德，注重执业自律，为当事人提供帮助。

（二）完善律师队伍建设管理制度

加强律师事务所管理，发挥律师协会自律作用，规范律师执业行为，监督律师严格遵守职业道德和职业操守，强化准入、退出管理机制，严格执行违法违规执业惩戒制度。律师协会要进一步加强律师业务素质建设，有计划、有步骤地开展律师业务培训，科学设置培训内容，丰富培训方法，提高培训质量；加强律师专业技能培训，提高其正确理解和运用法律的能力。

司法行政机关作为政府监管律师行业的职能部门，主要负责资质管理和市场监管。目前，对律师资质管理有关规章制度也较为健全，但对法律服务市场秩序、对律师的执业行为和竞争行为的监管还比较薄弱，缺少一整套预警、督察、处理、评价的办法。因此，维护正常的市场秩序，加强对律师流动、律师竞争秩序、律师收费、律师业务活动等方面的监管，制定出相应的办法，是加强政府监管的当务之急。司法行政机关要把握律师队伍发展方向，切实发挥行政管理职能，坚持律师准入标准，引导执业律师严格遵守法律法规及行业规范，树立鲜明的政治立场，保持高度的政治敏锐性，在思想上、行动上始终与党中央保持高度一致，自觉承担律师在法治中国建设中的重任。

司法行政机关和律师协会要按照律师行业规范要求，加强律师事务所制度建设，完善执业公示服务监督、投诉查处、收案收费、利益冲突审查、案件研讨、重大事项报告和财务管理等内部管理制度，促进律师事务所规范合法经营。要学习和借鉴经济发达地区创办规模化、专业化、品牌化律师事务所的经验，完善律师事务所组织形式；鼓励和扶持律师创办规模较大的律师事务所，加强区域合作，开展国际交流，拓展国际业务；建立激励法律服务人才跨区域流动机制，全面提升律师事务所综合服务能力。律师事务所要完善自律机制，加强正规化、专业化、职业化建设，打造优秀法律服务团队。律师协会要与司法行政机关密切配合，发挥行业管理职能，完善律师准入、退出机制，严格执行违法违规惩戒制度。有效的监督惩戒制度是保证律师依法执业的重要制度。加强对律师执业的日常监督，特别是加强对重大案件办理律师的监督管理，依法处理律师违规违纪执业行为，才能推动律师队伍建设取得实效。完善律师和律师事务所年度考核制度，健全律师行业投诉查处工作机制，建立律师不良执业记录披露制度，建立律师执业舆情监督应对机制，强化律师协会自律管理约束机制，及时解决律师执业违法、违纪问题。

（三）优化律师服务人才队伍结构

我国律师从执业资格上分为社会律师、公职律师和公司律师三类。社会律师，也就是通常意义上的律师，按照《律师法》的定义是指“依法取得律师执业证书，接受委托或者指定，为当事人提供法律服务的执业人员”。社会律师可以对外承接案件并且收费。公职律师，是指具有律师资格，供职于行政机关或依法履行社会公共管理、服务职能的事业单位或者政府法律援助机构，经司法行政机关核准取得公职律师执业证，专门从事本机关、本单位法律事务的公职人员。公司律师，是在公司律师试点单位工作，取得法律职业资格证，并已经经过公司同意聘为公司律师的人员，其业务类型一般包括：公司设立、公司并购、公司治理、股权纠纷公司诉讼、公司投资、公司融资、公司改制、公司上市、公司破产、公司清算、公司法律顾问等。要充分发挥三类律师在法律服务中的作用，实现三类律师的优势互补，就要扩大公职律师的范围，提高公司律师的地位，提高社会律师参与法律援助工作的程度。

当前，社会法律服务人才队伍结构不合理，主要表现在两个方面：一方面，就整个法律服务队伍而言，律师、公证员、基层法律服务工作者、人民调解员等之间对比失衡，无法形成整体合力；另一方面，即使是某一行业内部也存在搭配不合理、步调不一致的现象，如，在律师行业中，社会律师、公职律师、公司律师之间竞争的多、合作的少，无法形成互为补充的工作格局。因此，有必要进一步优化法律服务队伍结构，促使律师、公证员、基层法律服务工作者、人民调解员等之间实现拾遗补阙、互促共进；着力打造社会律师、公职律师、公司律师等优势互补、结构合理的律师队伍。

（四）监督社会法律服务行业

监督社会法律服务行业要健全监管制度。律师协会在履行行业自律职责时，也要积极配合政府监管的进行。只有这样才能形成律师管理的合力，增强管理效能，共同推动我国律师业的发展。加强律师队伍的监督必须完善相关制度，实现律师队伍管理的规范化。规范化是法治社会的需要。要强化依法管理、规范管理，做到有规可依、有规必依、执规必严、违规必究。健全完善队伍建设的各项规章制度特别是促进律师队伍依法规范诚信执业的制度，及时修订《律师执业行为规范》和《律师协会会员违规行为处分规则》，明确具体要求，完善相关制度和程序，严明纪律、强化监管问责。面向全社会公布监督电话和电子邮箱，接受人民群众、管理对象对司法行政机关权力运行及法律服务机构执业的咨询、投诉、举报。加强律师协会组织的建设与运作，积极探索构建从业人员自律、行业自治、行政监管、社会监督相协调的法律服务市场监管机制。对违法违规执业用权的行为进行及时约束、惩处。建立健全律师专业评价体系，探索建立律师执业评价办法，完善评价指标体系，促进律师法律服务专业化、规范化，引导律师事务所建设朝着规范化、品牌化、专业化方向发展；研究律师事务所表彰奖励办法，完善行业协会评优程序，提高行业奖励工作科学化水平。

参考文献

1. 经典著作、文献汇编

[1]《马克思恩格斯选集》第 1 卷，人民出版社 1956 年版。

[2]《马克思恩格斯选集》第 13 卷，人民出版社 1962 年版。

[3]《马克思恩格斯选集》第 18 卷，人民出版社 1964 年版。

[4]《马克思恩格斯选集》第 21 卷，人民出版社 1965 年版。

[5]《马克思恩格斯选集》第 20 卷，人民出版社 1971 年版。

[6]《马克思恩格斯选集》第 25 卷，人民出版社 1993 年版。

[7]《马克思恩格斯选集》第 1、2、3 卷，人民出版社 1995 年版。

[8]《马克思恩格斯选集》第 2、9、10、21 卷，人民出版社 2009 年版。

[9]《马克思恩格斯选集》第 1、2 卷，人民出版社 2012 年版。

[10] [古希腊] 亚里士多德:《政治学》，吴寿彭译，商务印书馆 1981 年版。

[11] [英] 洛克:《政府论》，下卷，商务印书馆 1983 年版。

[12] [法] 孟德斯鸠:《论法的精神》上册，张雁深译，商务印书馆 1982 年版。

[13]《列宁全集》第 32 卷，人民出版社 1958 年版。

[14]《列宁全集》第 13 卷，人民出版社 1959 年版。

[15]《列宁全集》第 2 卷，人民出版社 1984 年版。

[16]《列宁全集》第 29、30、34、35、36 卷，人民出版社 1985

年版。
[17]《列宁全集》第13、38、40卷，人民出版社1986年版。
[18]《列宁全集》第43卷，人民出版社1987年版。
[19]《列宁全集》第20卷，人民出版社1989年版。
[20]《列宁全集》第3卷，人民出版社1995年版。
[21]《毛泽东选集》第5卷，人民出版社1977年版。
[22]《毛泽东选集》第2、4卷，人民出版社1991年版。
[23]《毛泽东选集》第6、7卷，人民出版社1999年版。
[24]《邓小平文选》第3卷，人民出版社1993年版。
[25]《邓小平文选》第2卷，人民出版社1994年版。
[26]《江泽民文选》第1、2、3卷，人民出版社2006年版。
[27]《胡锦涛文选》第2卷，人民出版社2016年版。
[28]《习近平谈治国理政》，外文出版社2014年版。
[29]《习近平新时代中国特色社会主义思想三十讲》，学习出版社2018年版。
[30]《习近平关于全面依法治国论述摘编》，中央文献出版社2015年版。
[31]《习近平总书记系列重要讲话读本》，学习出版社、人民出版社2014年版。
[32]《中国共产党第十八届中共委员会第四次会议文件汇编》，人民出版社2014年版。
[33]《中国共产党第十九次代表大会文件汇编》，人民出版社2017年版。
[34]《决胜全面建成小康社会　夺取新时代中国特色社会主义伟大胜利——在中国共产党第十九次代表大会上的报告》，人民出版社2017年版。
[35]《中共中央关于全面推进依法治国若干重大问题的决定》，人

民出版社 2014 年版。
[36]《习近平在首都各界纪念现行宪法公布实施三十周年大会上的讲话》，2012 年 12 月 4 日。
[37]《习近平在省部级主要领导干部学习贯彻党的十八届四中全会精神　全面推进依法治国专题研讨班开班式上发表重要讲话》，2015 年 2 月 2 日。
[38]《习近平在十八届中央纪委二次全会上的讲话》，2013 年 1 月 22 日。
[39]《习近平在中共中央政治局第四次集体学习会议上的讲话》，2014 年 2 月 23 日。

2. 著作类

[1] 王宗礼：《四个全面战略布局之全面推进依法治国》，人民出版社 2017 年版。
[2] 张文显：《全面依法治国：迈向国家治理新境界》，党建读物出版社 2017 年版。
[3] 冯玉军：《全面依法治国新征程》，中国人民大学出版社 2017 年版。
[4] 韩德利、李成道：《依法治国的理论和实践》，中国政法大学出版社 2017 年版。
[5] 吴军：《依法治国新常态》，人民日报出版社 2015 年版。
[6] 宋秉武、赵菁、杨栋：《马克思主义法律思想研究》，中国社会科学出版社 2017 年版。
[7] 张振芝：《依法治国理论和实现途径》，社会科学文献出版社 2017 年版。
[8]《新华文摘》杂志社：《依法治国大家谈》，人民出版社 2015 年版。

[9]《全面推进依法治国热点解读》，新华出版社 2014 年版。
[10] 谢冠富：《依法治国党的建设科学化之道》，中国出版集团东方出版中心 2015 年版。
[11] 江必新：《全面推进依法治国战略研究》，商务印书馆、人民法院出版社 2017 年版。
[12] 姜明安：《行政法》，北京大学出版社 2017 年版。
[13] 杨俊一、张森年：《依法治国的理论与实践创新研究》，上海社会科学院出版社 2015 年版。
[14] 颜晓峰：《建设法治中国》，社会科学文献出版社 2015 年版。

3. 论文类

[1] 肖扬：《依法治国基本方略的提出、形成和发展》，《求是》2007 年第 20 期。
[2] 张文显：《新时代全面依法治国的思想、方略和实践》，《中国法学》2017 年第 6 期。
[3] 姜明安：《建设服务型政府应正确处理的若干关系》，《北京大学学报》（哲学社会科学版）2010 年第 6 期。
[4] 姜明安：《推进落实法治政府建设新要求》，《行政管理改革》2018 年第 1 期。
[5] 曹康泰：《新中国 60 年法治建设的探索与发展》，《求是》2009 年第 14 期。
[6] 张瑜、刘友田《马克思法治思想对我国实施全面依法治国战略的启示》，《哈尔滨学院学报》2017 年第 1 期。
[7] 于艳艳：《中国特色社会主义法治道路研究》，博士学位论文，山东师范大学，2018 年。
[8] 左乐平：《马克思国家观与当代中国马克思主义国家理论建构》，博士学位论文，中共中央党校，2018 年。

[9] 汪家宝：《马克思法哲学思想及其当代意义》，博士学位论文，复旦大学，2008 年。

[10] 周叶中、邓书琴：《论中国共产党党内法规的价值取向——以党员义务和党员权利为视角》，《中共中央党校学报》2018 年第 4 期。

[11] 孔聪：《新时代全面推进依法治国体系化发展的路径探析》，《实事求是》2019 年第 2 期。

[12] 马怀德：《法治政府建设的基本要求》，《中国司法》2018 年第 5 期。

后　记

党的十八大以来，以习近平同志为核心的党中央对全面推进依法治国高度重视，将其放在党和国家事业发展全局中来谋划推进，从关系党和国家长治久安的战略高度来定位法治、布局法治、厉行法治，社会主义法治国家建设取得历史性成就。全面推进依法治国是“四个全面”重大战略的重要组成部分，同时也是协调推进“四个全面”重要制度的基础和法治保障。党的十八届四中全会作出了全面推进依法治国的顶层设计，制定了路线图、施工图，在我国社会主义法治史上具有里程碑意义。党的十九大报告中提出，成立中央全面依法治国领导小组，加强对法治中国建设的统一领导，同时对新时代全面推进依法治国提出了新任务，描绘了到2035年基本建成法治国家、法治政府、法治社会的宏伟蓝图。全面推进依法治国是国家治理的一场深刻变革，是坚持和发展中国特色社会主义的本质要求和重要保障，事关我们党执政兴国，事关人民幸福安康，事关党和国家事业发展。

法治兴则国兴，法治强则国强。全面推进依法治国是一个系统工程，是国家治理领域一场广泛而又深刻的革命。围绕全面推进依法治国，建设社会主义法治国家，我们党提出一系列新理念新思想新战略，为党和国家事业发展提供了科学的理论指引和行动指南。习近平总书记指出，这些新理念新思想新战略，是马克思主义法治思想中国化的最新成果，是全面推进依法治国的根本遵循，必须长期坚持、不断丰富发展。建设社会主义法治国家，坚持党的领导、人民当家作主、依法治国有机统一，依法治国以德治国相结合，坚持依法治国、依法执政、依法行政共同推进，法治国家、法治政府、法治社会一体建设，实现科学立法、严格执法、公正司法、全民守法。习近平总书记指出，全面推进依法治国总目标是建设中国特色社会主义法治体系、建设社会主义法治国家。我们既统筹推进全面依法治国各项工作，又紧紧抓住建设中国特色社会主义法治体系这个总揽全局、牵引各方的总抓手，使全面依法治国各项工作都围绕这个总抓手来谋划，加快形成完备的法律规范体系、高效的法治实施体系、严密的法治监督体系、有力的法治保障体系，加快形成完善的党内法规体系。这个总目标，不仅明确了全面推进依法治国的性质和方向，又突出了工作重点和总抓手，起到了举一纲而万目张、解一卷而众篇明的效果。党的领导是全面推进依法治国的根本保证，必须体现在党领导立法、保证执法、支持司法、带头守法上。加强党对全面依法治国的集中统一领导，把党的领导贯彻到全面依法治国全过程和各方面，不断提高党领导依法治国的能力和水平。依法治国必先依法治党，加强党内法规建设，抓住领导干部这个“关键少数”，提高领导干部法治能力，领导干部依法办事率先垂范，用法治思维和法治方式推动工作，带动地方和部门的干部群众崇尚法治，推动形成践行法治的良好社会风气。建设中国特色社会主义法律体系，树立宪法权威，依法治国首先是依宪治国，依法执政关键是依宪执政，完善宪法的实施和监督制度体系，推进立法体制改革，加强重点领域立法。中国特色社会主义法律体系是中国特色社会主义永葆本色的法制根基，是中国特色社会主义创新实践的法制体现，是中国特色社会主义兴旺发达的保障。加快建设法治政府，政府能否做到依法行政，政府权力能否得到约束，政府行为是否公正规范，不仅关系到法治国家的建设，而且关系到依法治国基本方略的贯彻落实。各级政府带头严格执法，依法全面履行政府职能，在法治轨道上统筹推进各项工作，使行政活动有法可依，有效防范和化解社会矛盾，维护公共利益、人民权益和社会秩序，进而助力法治国家的建设，促进法治社会的建设。大力推进司法公正，弘扬司法民主、促进司法公正、提升司法公信力，深化司法体制改革，完善和发展司法制度。公正是法治的生命线，司法公正对社会公正具有重要引领作用。加强对司法活动的监督，把权力关进制度笼子里。建设法治社会，弘扬法治精神，增强全民法治观念，完善社会法律服务体系，推进多层次领域的依法治理。建设高素质法治人才队伍是全面推进依法治国的基础性、战略性任务，是依法治国、依法执政、依法行政的根本保障，一支德才兼备的法治人才队伍对全面推进依法治国至关重要。全面推进依法治国作为一个复杂系统工程，要求各项具体工作必须有机统一、形成合力，从而深入推进国家治理体系和治理能力现代化。

本书以党的十八大、十八届三中全会、十八届四中全会、十九大精神及习近平总书记关于全面推进依法治国的系列重要论述和新时代中国特色社会主义思想为指导，系统阐述了全面推进依法治国的重大理论和实践问题。愿藉此弘扬法治精神，略陈全面推进依法治国之己见。鉴于作者水平有限，尽管数易其稿，书中仍有疏漏及不足之处，恳请广大读者予以批评指正，不胜感激。中国社会科学出版社的喻苗同志等对本书的修改完善提出了大量宝贵的意见和建议，对他们的辛勤付出表示由衷的感谢。同时本书的出版得到了西北师范大学马克思主义学院的大力支持，在此深致谢意。

王宗礼、赫蓉
2020 年 3 月